聖經

文化解碼

陸揚 潘朝偉　著

三聯書店（香港）有限公司

策劃編輯　　俞　笛
責任編輯　　向婷婷
美術設計　　陳嬋君

書　　名　《聖經》文化解碼

著　　者　陸揚　潘朝偉

出　　版　三聯書店（香港）有限公司
　　　　　香港北角英皇道 499 號北角工業大廈 20 樓
　　　　　Joint Publishing (H.K.) Co., Ltd.
　　　　　20/F., North Point Industrial Building,
　　　　　499 King's Road, North Point, Hong Kong

香港發行　香港聯合書刊物流有限公司
　　　　　香港新界大埔汀麗路 36 號 3 字樓

印　　刷　中華商務彩色印刷有限公司
　　　　　香港新界大埔汀麗路 36 號 14 字樓

版　　次　2012 年 12 月香港第一版第一次印刷

規　　格　16 開（170 × 238 mm）368 面

國際書號　ISBN 978-962-04-3183-8
　　　　　© 2012 Joint Publishing (H.K.) Co., Ltd.
　　　　　Published in Hong Kong

本書原由復旦大學出版社有限公司以書名《聖經的文化解讀》出版，
經由原出版者授權本公司在除中國內地以外地區出版發行。

❧ 目錄 ❧

INTRODUCTION

❧ 導 言 ❧

✳ONE 兩希文化

　　兩希文化是指希臘文化和希伯來文化。作為西方文化的兩個淵源，它們始終是互為表裡、相輔相成，共同鑄就了西方的思想和文化傳統。從歷史上看，西方自從中世紀開始，希伯來傳統下延的基督教文化，就結合希臘文化中的新柏拉圖主義，開始成為精神生活的正途。文藝復興見證了柏拉圖主義如何重新一統天下，水到渠成促生了之後的「理性世紀」，也進而催生了高舉自由、平等、博愛旗幟的啟蒙運動。兩希文化中的希臘文化，因此被視為一目瞭然的西方文化的主流。它的核心，是在於科學替代宗教，成了社會進步和精神救贖的靈魂。

　　但是希伯來傳統的基督教文化，同樣是始終深深浸潤在西方思想的血脈裡。雖然西方的基督教文化本身已經充分融和了希臘文化的因素，但這並不意味著它的希伯來源頭可以輕易忘卻。較早將希伯來和希臘並提，也就是較早提出兩希文化概念的，可推19世紀英國的詩人和批評家馬修·阿諾德（Matthew Arnold）。阿諾德在他的名著《文化與無政府狀態》中，把文化定義為光明和甜美。光明象徵教育，甜美象徵藝術。文化因光明而甜美，因甜美而光明。簡言之，文化就是人類所思所想過的最好的東西。

　　《文化與無政府狀態》的第四章，標題就是「希伯來主義和希臘主義」。阿諾德認

And that from childhood you have known the Holy Scriptures, which are able to make you wise for salvation through faith which is in Christ Jesus.

All Scripture *is* given by inspiration of God, and *is* profitable for doctrine, for reproof, for correction, for instruction in righteousness,

(2 Timothy 3:15-16)

為西方文化中有兩種大致是互為對立的力量。「對立」不是形容它們的性質，而是說它們在歷史上和人類的思想行為上，表現為不同的形態，並且由此將整個世界一分為二。阿諾德認為可以以人類的兩個種族來給它們命名，把這兩種力量叫做希伯來主義和希臘主義。而西方的文化，就在這兩種力量之間發展，有時候一端為強，有時候另一端為強。但人類文化的理想狀態，應該是希伯來文化和希臘文化兩者的平衡，雖然這一平衡的理想狀態從來也沒有達到過。

值得注意的是，阿諾德強調希伯來文化和希臘文化的最終目標，其實是殊途同歸的。甚至它們的語言，細細思量下來，也幾乎是如出一轍。譬如希伯來文化的終極目標，可以說是「與神聖自然同在」，但這何嘗不是希臘文化追求的最終目標？問題是，希臘文化長久以來唯我獨尊。阿諾德列舉德國詩人海涅等人的看法，指出希臘文化總是把希伯來文化看作自己的陪襯和對照，自然而然就養成了希臘文化的一端獨大。但是，阿諾德指出，這一狀態既是誤解也有失公平，因為無論是希臘文化還是希伯來文化，兩者的目標和目的，如前所說，其實是殊途同歸的。

但是目標雖然一樣，追求這個終極目標的途徑卻是大相徑庭。據阿諾德的分析，希臘文化的最高理念是如其本然看世界。希伯來文化的最高理念則是行動和服從。這一差異是根深蒂固的。所以希臘人孜孜不倦同身體和慾望作鬥爭，理由是它們阻礙了正確的思想。同樣，希伯來文化也在和身體及其慾望搏鬥，原委卻是它們妨礙了正確的行動。但無論在希臘文化還是希伯來文化的根基處，我們看到的都是慾望。在希臘文化，它熱愛的是理性，講究人性的自然發展；在希伯來文化，它鍾愛的是神性，講究人性的約束和克制。所以希臘文化和希伯來文化的區別，說到底也是世俗文化和神聖文化的區別。關於希伯來文化，阿諾德發現它就是基督教的傳統：

基督教將行為高架於知識之上，絲毫沒有改變希伯來主義的基本傾向。自我征服、自我奉獻，以及服從，不是順從我們的個人意志，而是順從上帝的意志，是這一形式的基本理念。同樣，它也是我們普遍叫做希伯來主義的那一學科的基本理念[1]。

---

[1] Matthew Arnold, *Culture and Anarchy and Other Writings*, edited by Stefan Collin, Cambridge: Cambridge University Press, 1993, p.128.

希伯來文化下延的恐怕並不僅僅是基督
教的傳統，而毋寧說是一種更廣泛意義上的
宗教情懷。牛頓力學體系以上帝為「第一推
動力」。美國《獨立宣言》將上帝的旨意和
自然法則並提，強調人人生而平等，造物主
賦予他們不可讓予的權利。甚至今天美元的
紙鈔上面，每一張也都赫然印著「上帝吾人
信仰」（In God We Trust），這一切都可以
視為這一廣義的宗教情懷的見證。或者說，
它就是希伯來文化的遺產。

Now to the King eternal, immortal, invisible, to God who alone is wise, *be* honor and glory forever and ever. Amen.

(1 Timothy 1:17)

兩希文化的概念對於中國讀者來說肯
定也不陌生。梁漱溟就說過，「兩希」好比
西方文明的「兩翼」和「兩輪」，相助它前
行不止。比較來看，希臘文化賜予後人的是
充滿陽光的理性和科學精神，它把世界當作
認知的對象，堅信人類的理性可以窮究宇宙
的奧秘，科學可以造福人類，讓人類成為自
然的主人。希伯來文化下傳的則毋寧說是一
種苦難意識、一種堅韌不拔的絕對的道德律
令。康德把我們完整的世界分為「現象界」
和「物自體」兩個部分，以現象界為理性知
識的認知世界，以物自體為包括宗教在內的
道德的世界。前者是必然的，後者是自由的；
前者是相對的，後者是絕對的。海涅曾經對
康德作解構主義的閱讀，說康德把上帝放在
「物自體」的世界裡，即是說，上帝是理性
知識沒有辦法來加以證明和說明的，這也意
味著上帝究竟存在與否，也就成了一個問
號。海涅的闡釋得到恩格斯的高度評價。康

德的哲學因此被喻為哥白尼式的革命。但是，康德理性無以為能闡釋上帝的命題，說到底還是正統的希伯來文化的思想模式。它的核心是人類的理性並不是無所不能的，對於上帝這樣至高無上的存在，它根本就無從理解、無從揣摩。

但是，即便無從理解、無從揣摩，那又怎樣呢？它絲毫無損上帝的光輝像燦爛的星空那樣照耀我們，成為我們心中絕對的道德律令。康德認為宗教的精義不在於信仰和崇拜，而在於道德。為此他將純粹道德和基督教信仰，難分難解地定義為一體，這在根本上說是要人在道德上行善事時，不要考慮上帝在或不在，換言之，是不是有一個至高無上的上帝在監督我們還在其次，關鍵是完全依憑我們善良意志的絕對律令，出於自覺來為人處事，唯其如此，人才是一個自由的人。

尼采的一句名言是「上帝死了」。但是尼采在這裡所說的上帝，很大程度上不但是希伯來文化，還是希臘文化的象徵。尼采熟悉並且仰慕的是希臘文化，他感慨古代人有哲學家的悠閒風度，現代人則急功近利，出盡風頭的是商人而不是哲人。所以，既然上帝是否存在都還是一個問號，那麼他是死了還是活著，也就變得無關緊要。關鍵是傳統價值分崩離析、難以為繼，這是尼采為之痛心疾首，也有心力挽狂瀾來作補救的。在這裡，上帝毋寧說就成為傳統道德的一個代名詞了。

希伯來文化也好，基督教文化也好，同希伯來文化合流的希臘文化也好，甚至，作為終極道德律令的上帝也好，這一切最終都融合為一，是為《聖經》。《聖經》這一希伯來文化的聖典，一方面作為西方文化的經典，它是阿諾德定義文化的「光明」和「甜美」，一方面也在普及的層面上，深深浸潤在西方人的日常生活之中。套用《聖經》開篇的話，或者便是，太初有《聖經》，然後有西方文化。這未必是誇張之詞。

⊤wo 《舊約》的年譜

《聖經》如對這個語詞普遍的理解，我們指的是基督教的經典《舊約》和《新約》。《舊約》本是猶太教的經典，猶太教不願意自己的經典被人叫做「舊約」，所以按照文化平等的原則，《舊約》完全可以依今天以色列人的意願，

叫做《希伯來聖經》。但是語言的意義是約
定俗成的，在大家習慣把基督教繼承下來的
猶太教經典《舊約》叫做《希伯來聖經》之
前，我們還是把它叫做《舊約》吧。

從《聖經》的文化內涵來看，一方面《舊
約》無愧於古代以色列民族的文學經典。有
人說過，《舊約》即便作為純文學來讀，也
就是說，排除神聖意義不談，即便著眼於它
的純粹審美價值，也高於《荷馬史詩》。這
個判斷或許有些誇張，但並非空穴來風。《舊
約》的敘述風格是不動聲色的，用不動聲色
的文字來描述驚心動魄的事件，誰能不說那
正可顯出一種非常高遠的文學魅力來呢？另
一方面，《聖經》又當然不是文學。它不僅
有想像，而且有紀實，它彌足珍貴地以神聖
書寫的方式，記敘了從石器時代開始，一直
到羅馬帝國的這段人類文明的遠古史。它以
自己獨特的風格，把史詩、悲劇、歷史、哲
學、政治和抒情等等融為一體，進而將真實
的空間、虛構的空間、想像的空間結合起來，
鑄就了西方神聖傳統的文化底蘊。如果說文
化不僅指所思所言的最好的東西，而且涵蓋
了我們日常生活的悲歡喜怒，涵蓋了我們生
存的欣喜和痛苦、絕望和希望，那麼毋庸置
疑，《聖經》作為兩希文化之一的經典，就
是西方思想雙水分流，或者說分分合合，終
歸一脈的一個搖籃了。

這個搖籃從年代上看，其悠久遙遠似乎
是邈不可考的。誰能知道上帝創造天地的確

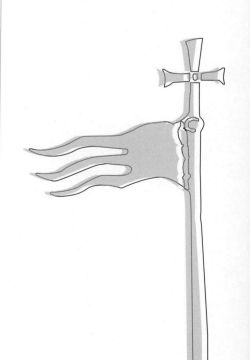

切歲月呢？誰又能知道上帝創造亞當是在什麼世紀呢？但是學界大致對《聖經》描寫的年代有一個共通的看法，特別是根據美索不達米亞的年表，結合天文學記敘和古代埃及王朝考古發現的對照研究，一般把公元前 2500 年前後，定為《聖經》事件的早期發生年代。這一時期在巴勒斯坦這塊貧瘠的土地上，遊牧民族隨著氣候的變化遷移流動，南達埃及的尼羅河流域，北抵美索不達米亞的兩河流域，將古代埃及和巴比倫文明融合起來，形成了古代世界裡極為獨特的希伯來文化圈。這一時期的埃及和美索不達米亞都還處在早期王朝時期。希臘文化處在早期的克里特文明時期，羅馬文化還壓根沒有蹤影。

亞當和夏娃被逐出伊甸園，該隱殺死兄弟亞伯，該隱的子孫佈滿大地，終而讓上帝忍無可忍發大水，淹滅一切生靈，獨留下挪亞一家來收拾殘局，重新開啟世界，以及後來巴別塔的變故，我們就順著這個年代，往上推吧。

亞伯拉罕一般認為是公元前 19 世紀左右的人物。根據 1985 年美國 Zonderwan 公司出版的《新國際版研究聖經》（The NIV Study Bible）的記述，亞伯拉罕誕生是在公元前 2166 年。公元前 2091 年，從美索不達米亞南下的亞伯拉罕家族渡過幼發拉底河，到達迦南，也就是今天的巴勒斯坦。公元前 2080 年亞伯拉罕生以實瑪利，前 2066 年生以撒，這一年亞伯拉罕正值一百大壽。公元前 2050 年，亞伯拉罕向上帝獻祭以撒。多虧上帝耶和華索要以撒終究不過是試試亞伯拉罕的忠心，要不然，以色列民族的遠古史，可就要重新寫過了。

以撒生雅各，雅各後來聽從上帝的意旨，改名為以色列，從此希伯來人又有了以色列人這個名稱。雅各的十二個兒子，後來就繁衍出了以色列民族的十二個支派。公元前 1915 年，雅各生約瑟，公元前 1898 年，十七歲的約瑟心高氣傲為哥哥們不容，死裡逃生被賣到了埃及。然後約瑟憑著他會圓夢的好本領，位極人臣，做了埃及的宰相。公元前 1876 年，約瑟與因為家鄉鬧饑荒到埃及借糧食的哥哥們相認，雅各一家因此搬到了埃及。這是以色列人和埃及人和睦相處、各得其所的好時光。以撒去世是在公元前 1886 年，早在雅各家移民埃及前十年，他沒有福分得享豐衣足食的埃及生活。公元前 1859 年，雅各去世。約瑟去世是在公元前 1805 年。

以色列人客居埃及，不知不覺就過了四個世紀。這四個世紀，也是巴比倫

王國崛起的時期。但是埃及頻頻改朝換代之後，以色列人好景不再，竟至在埃及法老的嚴厲政策之下，淪落為奴隸和苦役勞工。本來埃及的異域文化，已經在很大程度上滲透到以色列人的血脈之中，一個民族為了肉體上的安逸，心甘情願來當奴隸，它的生死存亡也就岌岌可危了。所以多虧上帝耶和華同摩西立法，勒令他將以色列人帶出埃及，這才有了《聖經》以後的故事。摩西降生被推算為在公元前 1526 年。摩西帶領以色列人出埃及，渡過紅海，實施成功的奴隸大逃亡，則被定位在公元前 1446 年。

亞當夏娃開墾自己的家園

公元前 1406 年，對於希伯來文化來說，是一個值得紀念的年頭。這一年摩西與世長辭，摩西手下大將約書亞秉承摩西遺志，奮力征戰，終於回到了迦南，這塊上帝當初應許亞伯拉罕的流奶與蜜之地，這塊苦難之鄉。在同周圍部落的不斷征戰過程中，以色列人的遊牧文化漸而發展成為農耕文化，這是以色列人和同時期其他古代部族判然不同的地方。唯其農耕，可望有更多閒暇，來回顧和構想本民族迴腸蕩氣的發展歷史。以色列人在迦南這塊地方，原本是眾多彼此殺得死去活來的部族中的一個，甚至長時期都不是它的死對頭非利士人的對手，而且巴勒斯坦這個地名，說起來也是以一音之轉，得名於「非利士人」（Philistines）。可是以色列人留下了一部《舊約》，獨獨因為這部《舊約》，希伯來文化煥然成為西方文化的策源

所在。這可見，歷史並不總是按部就班、依憑規律前進，它其實多有出人意表的神來之筆。

公元前 1375 年約書亞去世。從公元前 1375 年到前 1050 年，是士師時期。所謂士師，確切是指從約書亞到撒母耳之間的以色列統治者。士師們大都首先是軍事首領，而不是像他們的英文譯名 Judges 所示，是為法官。《士師記》記述的是以色列人進入迦南之後，到建立王國這一段紛亂時期的歷史，它以十二位士師的功績為中心，敘述以色列和外邦之間刀光劍影的民族生存史。最後一位士師是撒母耳，撒母耳德高望重差不多可以比肩摩西。如果說摩西是帶領以色列人出埃及，確立了以色列人的民族意識，那麼撒母耳就是醞釀以色列王國，開創了大衛和所羅門時代的輝煌。撒母耳誕生在公元前 1105 年，在大祭司位上整二十年，從公元前 1075 年執政到公元前 1055 年。

公元前 1050 年以色列王國宣告成立。這一年掃羅被撒母耳立為以色列的第一個國王。按照《撒母耳記上》的記敘，這一神聖權力向世俗權力的轉移，一開始就顯得勉為其難。隨著撒母耳年事漸高，他有心讓兒子繼位，但是兩個兒子多行不義，以色列局勢發生微妙的動盪，非利士人也蠢蠢欲動，眾長老憂心忡忡一道來拜見撒母耳，如此才有了掃羅為王的故事。掃羅在位是公元前 1050 至前 1010 年。掃羅戰死後，大衛和所羅門各為王四十年。大衛當政是公元前 1010 到前 970 年。所羅門當政是公元前 970 年至前 930 年。大衛和掃羅沒有血緣關係，但是大衛之後，王室的血脈延續了下去，所以大衛才像是真正的帝王。大衛和所羅門時代，無疑是以色列歷史上最為輝煌的一段時光。

但是所羅門去世後，發生的傳位問題似乎同撒母耳多少相似。公元前 930 年，發生了以色列的南北國土兩分。起因是所羅門之子羅波安施行暴政，以色列人乃與大衛家族分道揚鑣，分裂出北國，立當初所羅門的臣子耶羅波安為王。大衛的血脈因此是在南國猶大延綿。唯其延綿的是耶和華情有獨鍾的大衛的血統，所以南國猶大，比北國以色列更具有正統的味道。從以色列南北兩分開始，《舊約》出現了「離棄耶和華必受審判」這個新的主題。

所羅門之後就是《列王紀》的時代。到公元前 586 年耶路撒冷淪陷，這個時代延續了三百四十四年。這當中，北國以色列的第一個國王耶羅波安在位二十二年，之後繼承王位的先後有拿答、巴沙、以拉、心利、暗利等人。猶大

國的羅波安作王十七年，此後繼位的先後有
亞比央、亞撒、約沙法等人。公元前 722 年，
北國以色列亡於亞述。最後一個國王何細亞
朝秦暮楚，原本向亞述王進貢，後來又偷偷
聯絡埃及，終於國破家亡，被亞述王打入牢
獄。以色列人，也悉盡被擄到了亞述。

南國猶大亡於巴比倫王尼布甲尼撒二世
的鐵騎，它的命運更為淒慘。最後一個猶大
王西底家，原本是尼布甲尼撒第一次攻佔耶
路撒冷時所立的傀儡。但是西底家不甘心做
傀儡的命運，作王九年後，再向巴比倫的夙
敵埃及靠攏。尼布甲尼撒傾全軍再次攻擊耶
路撒冷，城破後，尼布甲尼撒當著西底家的
面殺死他的所有兒子，剜去西底家的雙目，
用銅鏈鎖往巴比倫。耶路撒冷被洗劫一空，
城牆被拆毀，神廟、王宮和許多民宅被付之
一炬，活著的居民幾乎全被擄到巴比倫。由
此開始以色列歷史上無比辛酸的一段「巴比
倫之囚」的歷史。至此作為一個獨立的國家，
以色列不復存在。

「巴比倫之囚」的歷史其實為時不長。
先知耶利米當初預言說，尼布甲尼撒是上帝
懲罰猶大的工具，可是尼布甲尼撒自己也會
受到上帝的懲罰。尼布甲尼撒二世在位是公
元前 605 年至前 562 年，巴比倫的國勢正是
如日中天。公元前 562 年，尼布甲尼撒二世
去世後，不過二十多年，到公元前 539 年，
盛極一時的巴比倫王國，便被居魯士大帝率
領的波斯軍隊所滅。

Everyone who is called by My
name, whom I have created for My
glory; I have formed him, yes, I have
made him."

(Isaiah 43:7)

居魯士大帝即《舊約》中的「波斯王古列」，在位時間是公元前 558 至前 529 年。居魯士征服各國後，下令恢復巴比倫、亞述和猶太各地神廟。乃下詔通告在巴比倫的猶太人，帶著被擄來的聖殿器物，回歸故土，重建聖殿。公元前 538 年，第一批猶太人在是時猶大總督所羅巴伯的率領下，返歸故里。人數據《以斯拉記》載：「會眾共有四萬兩千三百六十名。此外，還有他們的僕婢七千三百三十七名，又有歌唱的男女二百名。」（2：64）人口有四萬多，還有僕人婢女和歌唱班子，可以看出猶太人的「巴比倫之囚」光景，在物質生活上並沒有受到巴比倫人多大為難。這從後面族長們為聖殿重建所作的捐獻裡，也可以看出來：「有些族長到了耶路撒冷耶和華殿的地方，便為上帝的殿甘心獻上禮物，要重新建造。他們量力捐入工程庫的金子六萬一千達利克、銀子五千彌拿，並祭司的禮服一百件。」（2：66—69）事實上，所羅巴伯（Zerubbable）這個名字，就是一個地道的巴比倫名字，雖然，所羅巴伯原是大衛家族最後一個王約雅斤的嫡孫。這的確是一個文化大融合的時期。

公元前 458 年，第二批猶太人在以斯拉帶領下回到耶路撒冷。公元前 432 年，最後一批猶太人回歸。至此《舊約》的歷史結束，它最終講述的是分散在波斯各地的猶太人如何得到拯救，避免了全體滅亡的故事。但值得注意《歷代志上》第三章第十七節以下，它把又名耶哥尼雅的約雅斤的譜系又寫了下去，寫到所羅巴伯以後的許多代人，這些人物的事蹟真要追述起來，肯定就是《舊約》以外的故事了。

《舊約》凡三十九卷，最早的希伯來文本分為律法書、先知書和聖著三個部分。律法書是指《摩西五經》，即據信作者為摩西的開篇五卷書。但是今天基督教的《舊約》，則基本上是把律法書即《摩西五經》一併歸入敘事類，然後根據先後順序，分全書為敘事類、聖著和先知書三個部分。如是，敘事類包括《創世記》、《出埃及記》、《利未記》、《民數記》、《申命記》、《約書亞記》、《士師記》、《路得記》、《撒母耳記上》、《撒母耳記下》、《列王紀上》、《列王紀下》、《歷代志上》、《歷代志下》、《以斯拉記》、《尼希米記》、《以斯帖記》。這一部分從亞當的創造講到猶太人重歸家園，敘述的是以色列民族的歷史。其中若干篇章可能敘事色彩不甚明顯，如講解祭祀和律法規條的《利未記》和《申命記》，但是即便這兩卷書，也是有一個清晰可

辨的敘事結構的。

聖著包括《約伯記》、《詩篇》、《箴言》、《傳道書》、《雅歌》、《耶利米哀歌》六卷。其中《詩篇》、《箴言》、《傳道書》、《雅歌》四卷是傳統所說的「智慧書」，或者說「智慧文學」。智慧有神的智慧和人的智慧，兩者相差不可以道里計。《箴言》說，「敬畏耶和華是智慧的開端。」（1：7）這可見，智慧書的主題，就是如何用神的智慧，來啟蒙人的智慧。而《約伯記》和《傳道書》，則充分顯示了希伯來文化的思辨色彩，在上帝無所不在的公正下，如何理解無辜者蒙難？如何使我們轉瞬即逝的短暫一生見出意義？無疑這些都是很嚴肅的哲學問題。但是聖著迎面撲來的首先是它們的文學氣息：《約伯記》是最偉大的希伯來悲劇；《詩篇》當然是絕妙好詩；《箴言》抒寫人生哲理；《傳道書》悲哀人生的虛空；《雅歌》通卷幾乎就沒有提到上帝，它歌唱的是最純真的男歡女愛；而《耶利米哀歌》，一詠三歎亡國的悲痛，真是刻骨銘心。

先知書計《以賽亞書》、《耶利米書》、《以西結書》、《但以理書》、《何西阿書》、《約珥書》、《阿摩司書》、《俄巴底亞書》、《約拿書》、《彌迦書》、《那鴻書》、《哈巴谷書》、《西番雅書》、《哈該書》、《撒迦利亞書》、《瑪拉基書》共十六卷。先知書在希伯來傳統中，被稱為後先知書，通常為四卷，即《以賽亞書》、《耶利米書》、《以

西結書》，和後面的「十二小先知書」，唯《但以理書》被歸入了聖著。後先知書是相對於前先知書而言。前先知書是指《約書亞記》、《士師記》、《撒母耳記上》、《撒母耳記下》、《列王紀上》、《列王紀下》凡六卷。就此而言，便可看出先知的傳統，幾乎是和以色列的歷史一樣悠久的，這個傳統可以追溯到摩西時代。先知是上帝的代言人，他們的預言不光是宣告守約的蒙福和背約的懲罰，而且每每是當時社會、政治和軍事形勢的精確判斷。值得注意的是，後先知書裡，先知說預言的時代背景，已經是以色列南北兩分，國家處在政治、軍事和社會的劇烈動盪之中。無論是北國以色列還是南國猶大，都是在風雨飄搖之中。所以不奇怪，瀰漫在先知書中的是淒風苦雨，充滿了苦難和悲情意識。

THREE 《新約》的年譜

　　《新約》記述的是一個人的生死和榮光。這個人是耶穌。但是耶穌誕生在哪一年我們並不清楚，可清楚的是，他並不是誕生在想當然的公元元年。甚至今天的聖誕節 12 月 25 日，究竟是或不是耶穌出生的日子，也還是有所爭議。敘述耶穌生平事蹟的四卷福音書裡，《馬太福音》、《馬可福音》和《路加福音》內容大同小異，語言風格也如出一轍，故而一般將這三卷書稱之為「同觀福音」，唯有《約翰福音》大不相同，它的主題是生命和光。據統計，《馬可福音》中，百分之九十一的內容見於《馬太福音》，百分之五十三的內容，見於《路加福音》。由此引出一系列疑問：同觀福音的作者們是不是有賴於同一個材料來源，不論它是口頭的傳統，還是某一種早期福音？抑或《馬可福音》就是《馬太福音》和《路加福音》的底本？要不然，三卷書是在相互參照？但是即便如此等等，耶穌出生在哪一年，也還沒有到底確定下來。

　　一般認為耶穌出生在公元前 6 到前 5 年，這是大希律王的時代。大希律王是羅馬帝國在其猶太行省的代理王，從公元前 37 年至前 4 年，統治加利利和撒馬利亞。大希律一半猶太人血統，一半以東人血統，所以對於不服他統治的猶太人，唯有使用高壓政策。這個人物中世紀戲劇中是兇神惡煞角色的原型。莎士比亞《哈姆雷特》中有一句話是「比希律還要希律」（it out-herods Herod），指的就是這位仁兄。意思是說，演員演戲要好好說話，不要手舞足蹈，

像個兇神惡煞。大希律聽說有數位東方博士來到耶路撒冷，到處打聽那生下來要做猶太人王的嬰兒住在哪裡。出於本能，他把博士們召到宮裡，讓他們找到耶穌後給他報信。博士們憑藉天上升起的新星指路，來到耶穌降生的房屋，獻上黃金、沒藥和乳香，然後便換一條道回國，卻沒有報告大希律王。大希律聞知怒火中燒，下令殺盡伯利恆並四境所有兩歲之內的男孩。這個血腥屠嬰的事件，可以比較《史記》所載趙氏孤兒的故事，屠岸賈下令若無人獻孤，要將晉國男嬰中與趙氏孤兒同庚者斬盡殺絕，這個情節同希律王屠嬰，何其相似。

公元 7 到 8 年，耶穌進聖殿聽道。這一年他十二歲。

公元 26 年，耶穌的表兄施洗者約翰開始佈道。同一年約翰給耶穌洗禮。耶穌受洗後，在迦拿行第一件神蹟變水為酒。這一年耶穌也開始在猶太地方佈道了。

公元 27 至 28 年，耶穌進行公開的傳道活動，在加利利作登山寶訓，收下了彼得等十二門徒，且頻頻用撒種、稗子等比喻說法。耶穌還給末大拉的瑪利亞驅鬼。從此以後，末大拉的瑪利亞就一直跟隨耶穌。同一年間，約翰因為譴責希律王娶寡嫂是道德腐敗，被囚入牢獄。一年後，約翰被希律王斬首。此希律王不是彼血腥屠嬰的大希律王，此希律是大希律的兒子安提帕，公元前 4 年至公元 39 年統治加利利。《新約》中提到

And I heard a loud voice from heaven saying, "Behold, the tabernacle of God *is* with men, and He will dwell with them, and they shall be His people. God Himself will be with them *and be* their God.

"And God will wipe away every tear from their eyes; there shall be no more death, nor sorrow, nor crying. There shall be no more pain, for the former things have passed away."

(Revelation 21:3-4)

最多的，就是這位希律王。

公元 29 年，耶穌在加利利守第三個逾越節。他醫治了管會堂人的女兒和其他一些病人，預言自己將要受難，然後復活降臨。

這一時期，羅馬帝國派駐猶太行省的總督是彼拉多。彼拉多在位是公元 26 至 36 年。公元 30 年，復活節前的星期日，耶穌騎驢進耶路撒冷。星期一，耶穌潔淨聖殿，趕出做買賣的三教九流，稱聖殿不像萬國禱告的地方，倒像賊窩。祭司長們又恨又怕，便想除滅耶穌。星期四，最後的晚餐。星期五，耶穌受審後被釘上十字架。復活節星期日，耶穌復活。四十天後耶穌升天。第五十天即耶穌升天後的第一個五旬節，聖靈降臨。門徒們領受聖靈後，開始四出宣傳福音。基督教由此誕生。

公元 35 年，保羅皈依基督教。保羅出生在公元 10 年，是法利賽人，本名掃羅，後來住在大數。保羅曾經逼迫教會和信徒，改宗後，保羅不遺餘力傳佈基督教，立下了不朽功勞。

公元 44 年，雅各殉道。這時候巴勒斯坦當政的是大希律的孫子，希律王亞基帕一世。亞基帕一世殺死了雅各，又把彼得打入了牢獄。

公元 46 至 48 年，保羅第一次旅行傳教。

公元 49 至 50 年，耶路撒冷會議。這是基督教會歷史上的第一次全體會議。會議的主要議題是外邦人是不是也非得接受割禮，然後才能得救？在保羅的堅持下，會議終於達成了妥協。

公元 50 到 52 年，保羅第二次旅行佈道。

公元 53 到 57 年，保羅第三次旅行傳教。保羅的三次旅行傳教，遍及地中海北部歐洲地區，將基督教從耶路撒冷傳到了羅馬。

公元 57 年，《羅馬書》寫成。這是保羅積二十餘年傳教經驗，講解基督教教義完整而有系統的著作，在哥林多寫成。

公元 59 至 61 或 62 年，保羅分別在該撒利亞和羅馬被囚。

公元 67 至 68 年，保羅和彼得在羅馬遇害。

公元 90 至 95 年，約翰被放逐到拔摩海島，這是羅馬到以弗所遙遠航程中的最後一站。95 年，約翰在海島的山洞裡得到天啟示，寫成《啟示錄》。

公元 44 至 100 年，巴勒斯坦《新約》事件發生的地區，大部分是在希律

王亞基帕二世治下。亞基帕二世是亞基帕一世的兒子。

《新約》凡二十七卷，最初用希臘文寫成，所以應是典型的雙水合流，是為兩希文化的結晶。按照其內容，它可以分為福音書、使徒行傳、書信、啟示錄四個部分。可是使徒行傳和啟示錄，都各只有一卷。所以為方便起見，通行的一個做法是，不妨把《新約》的書卷一分為二：福音書和使徒行傳、書信和啟示錄。

福音書四卷都是記述耶穌的生平、教誨、死亡以及復活。但講的雖然是同一個故事，敘述的角度卻有所不同，面向的讀者顯然也有所不同。但是毋庸置疑，它們是今天西方文化中的聖誕節和復活節等節日的來源。值得一提的是，福音書顯示了同《舊約》的緊密聯繫。耶穌潔淨耶和華的聖殿，就是最好的例子。耶穌口口聲聲說自己是上帝的兒子，福音書的作者都心悅誠服地予以認同。上帝的兒子的說法，《詩篇》裡就有預言：

受膏者說：「我要傳聖旨。
耶和華曾對我說：『你是我的兒子，
我今日生你。』」（2：7）

不僅如此，耶穌顯然是被擁戴者看作猶太傳統的先知。不但福音書的作者，老百姓也都這樣認為。如《馬太福音》就說，法利賽人想要捉拿耶穌，可是懼怕眾人，「因為眾人以他為先知」（21：46）。不光是先知，

四卷福音書的作者

而且大家看來都還知道耶穌是大衛的子孫。《馬可福音》寫耶穌遇到一個討飯的瞎子，瞎子聽見是耶穌，就喊著說：「大衛的子孫耶穌啊，可憐我吧！」（10：47）耶穌當時就治好了瞎子的眼疾。要飯的瞎子尚且知曉耶穌是大衛的子孫，可見耶穌同《舊約》傳統的關係，真是深入人心。耶穌藉大衛的榮光佈道，可是他關切的卻是最底層的社會群體。毋寧說，耶穌是把大衛的榮光普及到了最微賤的角落。

使徒行傳即《使徒行傳》一卷。一般認為它的作者是路加，成書在公元77 年前後。它以彼得、約翰和保羅等人的傳教經歷為線索，記述了原始教會建立和發展的歷史。同福音書比較，《使徒行傳》可以視為是續寫了耶穌的故事。即是說，它敘寫耶穌復活後第一個五旬節聖靈如何降臨，眾門徒如何受感聖靈，又如何憑藉聖靈的能力，四出為耶穌復活作見證，從而廣為傳佈福音。就此而言，使徒行傳也不失為一部「聖靈行傳」。

書信即使徒書信，凡二十一卷。其中前十三卷的作者一般認為是保羅，它們是《羅馬書》、《哥林多前書》、《哥林多後書》、《加拉太書》、《以弗所書》、《腓立比書》、《歌羅西書》、《帖撒羅尼迦前書》、《帖撒羅尼迦後書》、《提摩太前書》、《提摩太後書》、《提多書》、《腓利門書》。保羅書信有一些是在旅行佈道期間寫成，如《哥林多前書》、《哥林多後書》等。有一些是在監獄裡寫的，稱之為監獄書信，如《以弗所書》等。《提摩太前書》、《提摩太後書》和《提多書》，則是保羅在羅馬獲釋與再次監禁期間寫的，以教會人員為對象，講述如何治理教會和牧養「群羊」，所以稱之為教牧書信。但是不論是保羅書信也好，還是其他書信，即曾被歸入保羅名下的《希伯來書》，以及另七卷書《雅各書》、《彼得前書》、《彼得後書》、《約翰一書》、《約翰二書》、《約翰三書》和《猶大書》也好，都是為第一代歸信基督的人所寫，它們固然是解答了許多基督教教義的疑難問題，但並不是完整的教義大全。它們大都是有的放矢，針對流行時弊有感而發，即興寫作的特點遠大於體系構建的努力。這也是早期教會文獻的特點。

啟示錄指的即是《新約》的最後一卷書《啟示錄》。《啟示錄》又名《約翰啟示錄》，可見這卷書的作者雖然有爭議，但是在名義上，大家都認可它是約翰的作品，不論是托名的約翰也好，真實的約翰也好。《啟示錄》是典型的

啟示文學，它預言世界末日的降臨，預言最後審判，預言耶穌第二次降臨來開闢新天新地。這一切，可以說都是極盡了文學的想像力。唯其如此，世界的末日、最後的審判、基督的再一次來臨是不是發生在如作者預言的公元 1000 年，已經變得無關緊要。緊要的是它們早點晚點總要來臨。說真的這好像也是我們人類的必然命運。耐人尋味的是《啟示錄》裡出現的許多數字的象徵意義，特別是七。作者提到七靈、七教會、七燈台、七星、七印、七號、七碗等等，這裡的七，極具有神秘意義。基督教裡後來推出聖喬治、聖安德魯、聖帕特里克等七位守護神，希臘文化裡也有梭倫、泰勒斯等希臘七賢，還有七將攻忒拜的傳說。可是，基督教文化姑且不論，希臘文化裡對七的愛好，可是遠在《啟示錄》面世之前呀。這是不是和天上的北斗七星有什麼關係呢？

Therefore, if anyone *is* in Christ, *he is* a new creation; old things have passed away; behold, all things have become new.

(2 Corinthians 5:17)

CHAPTER 1

創世之初

《創世記》是《聖經》開篇第一章，毋庸置疑它也是《舊約》連同《新約》中最顯赫也是最重要的一章。《創世記》講述天地萬物的起源和以色列的遠古歷史，敘事人據信是一併寫了《出埃及記》、《利未記》、《民數記》和《申命記》的摩西。摩西如何能寫出他兩千多年以前的歷史？《創世記》是歷史還是神話？看來是兩者兼而有之。一般認為摩西是憑藉古代遺物、石碑記載和民間傳說撰出此一《聖經》開卷的宏大篇章，所以《創世記》一定程度上應具有歷史的真實性。特別是《創世記》的散文文體，不同於《舊約》大部分篇章的詩歌體，對於印證敘事的真實性，似乎也多了一層保障。從詞源上看，「創世記」的英文 Genesis，是源出《舊約》七十子文本的希臘譯文 Geneseos，在《舊約》的語境中，它的意思是誕生、譜系等。這個詞的希伯來文 Bereshith，就是此卷書的第一個詞「起初」。這有點像孔子《論語》的風格。

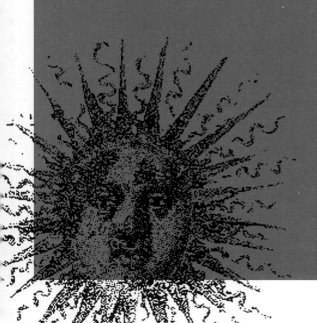

✻ONE 光的比較

《創世記》裡，上帝六日創造世界，被造的第一樣東西是光。太初時分，宇宙似乎一如今日那樣是無邊無際的，有的是難分難解的混沌和虛空。《創世記》這樣描述光的創造：

> 起初上帝創造天地。地是空虛混沌，淵面黑暗；上帝的靈運行在水面上。上帝說：「要有光」，於是就有了光。上帝看光是好的，就把光暗分開了。（1：1—4）

這是不是世界的起源？或者說，世界的起源就是這「起初」？這個問題似乎是不言而喻的，但是也並非沒有疑問。比如說，按照《創世記》的敘述，上帝創世的秩序是第一天造光，第二天造出天和地，但是既然上帝的靈在造出光之前，就已經運行在水面之上，這水是從哪裡來的？是不是這水是原始的物態，就像科學發現揭示的那樣，一切生命孕育其中？但是，這先天地而存在的水假如不是上帝所創造，假如水在上帝創世之初就和上帝並生，那麼它是天外之水嗎？可是即便是天外之水，既然日月星辰，乃至浩浩宇宙都是上帝所造，這原始的水豈能又是例外？故此我們面臨的問題便是：假如創世之初的水是上帝所創造，那麼上帝的創造就並不是始於「起初上帝創造天地」。而假如這最初的水不是上帝所創造，那麼上帝創世整個兒就變得毫無意義。推究起來，真是叫人百

Then God said, "Let there be lights in the firmament of the heavens to divide the day from the night; and let them be for signs and seasons, and for days and years;

"And let them be for lights in the firmament of the heavens to give light on the earth"; and it was so.

(Genesis 1:14-15)

思不得其解。

因此我們發現了一些解釋的努力。其一是說,太初在《創世記》描繪的創世過程之前,地球上就有了動物和植物,但是沒有人,是天使在管理這些原始的生物,這是史前的世界。後來,天使長撒旦率部眾反抗上帝,妄圖取而代之,被上帝打入地獄。上帝一怒之下,乃摧毀地球,所以有了「地是空虛混沌,淵面黑暗」一語。此說同樣有《聖經》裡面的文字為證。如《以賽亞書》:

明亮之星,早晨之子啊!

你何竟從天墜落?

你這攻敗列國的,何竟被砍倒在地上?

你心裡曾說:

「我要升到天上,

我要高舉我的寶座在上帝眾星以上;

我要坐在聚會的山上,在北方的極處;

我要升到高雲之上,

我要與至上者同等。」(14:12—14)

這是言撒旦當初貴為一人之下、萬人之上時候的光彩和野心。如果說有史學家懷疑這一節文字,以及其後明亮之星被打落陰曹地府的描寫,是不是喻指巴比倫王,那麼《以西結書》第二十八章,則被認為是更為明確地交代了撒旦因狂傲而由天使墮落為魔鬼的過程,如上帝耶和華所言:

你因美麗心中高傲,

又因榮光敗壞智慧,

我已將你摔倒在地,

使你倒在君王面前,

好叫他們目睹眼見。

你因罪孽眾多,

貿易不公,

就褻瀆你那裡的聖所。

故此,我使火從你中間發出燒滅你,

使你在所有觀看的人眼前變為地上的爐灰。(28:17—18)

　　假如我們認可上面兩段文字是指撒旦的墮落，那麼《創世記》是不是表徵了無際無涯、無始無終宇宙裡的第一次創造，便也頗費猜測起來。不過無論如何，至此水先於上帝創世的出現，終究是有了想像的空間。一如原始生命是從浩瀚海洋裡孕育而出，水依托起創世之先的上帝之靈，如此思想起來，便也是情有可原。

　　撒旦初為明亮之星也是光。確切地說「明亮之星」是指金星，它的光彩不消說是眾星之最。上帝挾雷電之威打敗撒旦的叛軍，用他自己的話說，便是讓火從撒旦身上發出，燒滅的是撒旦自己的光華。其實當初撒旦無論具有怎樣的榮光，都是不足道的。事實是世間一切的光，比起上帝創世第一日創造的光，都顯得微不足道。空濛混沌的黑暗淵面之上，因為上帝的意志，一瞬間而變得光明燦爛起來，那是怎樣一種崇高的景象。光由此成為理性和文化的崇高象徵，《創世記》在這裡當仁不讓就成了最為權威的經典資源。

　　《創世記》中光的創造成為西方文化中崇高的典範，公元 1 世紀就見於希臘作家托名朗吉弩斯（Pseudo-Longinus）的著名文獻《論崇高》的第九章。作者稱猶太人的立法家，這裡當然是指摩西，當他在其《摩西五經》裡開篇就敘寫「上帝說：『要有光』，於是就有了光」，是表達了一種神性的崇高觀念。托名朗吉弩斯的看法後來在黑格爾那

撒旦墜入地獄

裡得到了回音。黑格爾致力於從精神方面來闡釋崇高的緣起，這與康德認定崇高不在自然界而在我們心裡的說法，可以說是一脈相承。黑格爾在他的《美學》中，稱上帝創造宇宙是崇高本身最純粹的表現，復引《創世記》中「上帝說：『要有光』，於是就有了光」，作為崇高最突出的典範。這當然不是黑格爾一個人的感受，設想太初上帝在空虛混沌、淵面黑暗中創造天地，光明頓出的這一瞬間，其輝煌燦爛給予我們的震撼，肯定絕不僅僅是視覺上的愉悅。

上帝造光作為希伯來文化的崇高範式，可以和希臘文化中的光照範式作一比較。希臘文化中的光照範式首推柏拉圖《理想國》第七卷中的著名「洞喻」。柏拉圖設想有一個地洞，洞裡有囚徒束縛住手腳，面壁而坐。囚徒自幼便是如此面壁，面壁就是他們的世界。然後有一人在地上升火，復於洞口和火焰之間，築起一堵矮牆，又有人在牆後，手支木偶舞動起來。如此火光把木偶的影子投射到洞壁上面，囚徒眼見面前有活潑潑的人影活動得歡，更有地面上路人的說話聲下達洞壁，給反饋過來，囚徒所見所聞，便以為這是天經地義的真實世界。這時候有一個囚徒掙脫繩索，走出地洞，來到地面上。最初他因為不適應的緣故，會眼冒金星，非常痛楚。但是很快他會適應過來，然後看到了影子的來源，那是火光。而他環顧四周，最終看到了太陽。太陽是一切生命的來源，是為最高的理念。那就是善。柏拉圖在這裡提出了他著名的「向日式比喻」，太陽作為一切光明之源，作為善的理念，同《創世記》中上帝造光的原型雙峰並峙，一併下延了光在世俗和神聖文化傳統中最為崇高的地位。

《創世記》交代上帝創造了光，沒有交代上帝創造黑暗。光明是上帝創造，黑暗是不是上帝創造？《創世記》似語焉不詳。「起初上帝創造天地。地是空虛混沌、淵面黑暗。」給人的印象更像是黑暗本是上帝創世之前，或者說宇宙誕生之前即已存在的原始樣貌，它們正在等待上帝創造光明和秩序，降臨於上。但是《以賽亞書》中我們讀到了這一段話：

> 從日出之地到日落之處，使人都知道除了我以外，沒有別神，我是耶和華，在我以外並沒有別神。我造光，又造暗。我施平安，又降災禍；造作這一切的是我耶和華。（45：6—7）

這段話意味深長，它意味不僅光是上帝所造，黑暗同樣是上帝所創。《以賽亞》書的作者這裡明顯是想強調上帝創造了光明也創造了黑暗，創造了善也

創造了惡。僅此一端，上帝耶和華就大不同於是時或亦在成形之中的瑣羅亞斯德教的善惡兩元神。上帝是至善的，但是他並不是與惡對峙的那一種原始力量。反之善和惡、光明和黑暗一併收入他的麾下。故此，《出埃及記》裡我們看到上帝調遣黑暗，降災於埃及人：

> 耶和華對摩西說：「你向天伸杖，使埃及地黑暗，這黑暗似乎摸得著。」摩西向天伸杖，埃及遍地就烏黑了三天。（10：21—22）

這三天裡，唯有以色列人家中都有亮光。這令我們想起《詩篇》：「你必點著我的燈。耶和華我的上帝必照明我的黑暗。」（18：28）至此可見上帝的至高無上，非「至善」一語足以形容。希伯來一神教的崇高範式，由是觀之，當是朝向無限的一種名可名、非常名的延伸。或者用黑格爾的術語來說，它雖然被表達出來了，卻仍然高高居於個別現象乃至個別現象的總和之上。

> For You will save the humble people, but will bring down haughty looks.
> For You will light my lamp; the LORD my God will enlighten my darkness.
> For by You I can run against a troop, by my God I can leap over a wall.
>
> (Psalms 18:27-29)

Two 太初有智慧？

回到《創世記》開篇給人的疑問。按理說上帝創世之初，只有混沌，就像我國的盤古開天地，以及大多數創世神話一樣，是從「無」中創造出「有」來。但是我們發現上帝在開始創造之前，他的靈已經像一隻鳥兒那樣，翱翔在水面上了。這水是哪裡來的

呢？另外，「地是空虛混沌」，不但有水，而且還有地呢。這先於上帝創世的水和地，是抑或不是上帝的創造呢？怎麼在上帝開始創造之前，就已經有了水和地了呢？

所以很自然，《聖經》的許多闡釋家們，寧可相信上帝在「起初上帝創造天地」之前，就已經開始了他的創造。這也有例為證，《箴言》裡我們讀到這樣的文字：

> 在耶和華造化的起頭，
>
> 在太初創造萬物之先，就有了我。
>
> 從亙古，從太初，
>
> 未有世界以前，我已被立。
>
> 沒有深淵，
>
> 沒有大水的泉源，我已生出。（8：22—24）

《箴言》的作者是所羅門，它的主題是智慧，這裡開言說話的，正也是擬人化為女性的「智慧」自身。誠如「智慧」緊接著又交代說，耶和華還沒有創造大地和田野的時候，她就已經出生了。耶和華在淵面上劃出地平線，上使蒼穹堅硬，下使淵源穩固，復為滄海定出界限，為大地立定根基，那時候她就是侍奉在耶和華身邊的工師或者說工匠。智慧如何出生？既然萬物都是上帝的創造，智慧當然也是上帝的創造。要之，上帝最初創造的就不是天地或者光，而是智慧。智慧最早來到這個世界上，或者說，她比這個世界更要古老，因為上帝率先創造智慧，然後同智慧一道創造了世界。

但是上帝率先創造智慧的命題遠非無懈可擊。智慧是否就是上帝的大能呢？上帝創造世界，用的當然是他的大能，而上帝的大能裡，首要的理應就是智慧。如是我們可以再讀《箴言》：「耶和華以智慧立地，以聰明定天，以知識使深淵裂開，使天空滴下甘露。」（3：19—20）這裡的智慧同聰明、知識並舉，似都可理解為上帝的智慧、聰明和知識。如是智慧與其說是上帝的造物，不如說是上帝自己的屬性。甚至《詩篇》中我們也見到類似的表述：「耶和華啊，你所造的何其多，都是你用智慧造成的。」（104：24）上帝創世不是盲目的，他當然要用智慧。

那麼，怎麼解釋前文智慧所言，「在耶和華造化的起頭，在太初創造萬物

之先，就有了我」呢？通覽《聖經》，我們
沒有讀到過上帝未立世界之前，先已立定聰
明或者知識，我們只有反覆讀到智慧先於世
界的說法。就像《聖經》的記述有時候很難
用歷史的邏輯來加以考證，而且各個篇章之
間，也每每是矛盾叢生，所以上帝到底是率
先創造智慧，還是《箴言》裡先造智慧的說
法只是一個隱喻，直到今天爭執依然存在。
哈佛大學希伯來文學教授詹姆斯·庫格爾在
其《如其本然的聖經》一書中，就認為上帝
先造智慧不是隱喻，而是確確實實的創造。
不僅如此，他還提出了一個問題，那就是既
然上帝太初率先造了智慧，既然上帝是在智
慧的幫助下創造了世界的其餘部分，那麼
《創世記》為什麼偏偏遺漏了這至關重要的
一筆呢？為什麼聖經開篇不是「起初上帝創
造智慧，然後創造天地」呢？

　　庫格爾把《箴言》裡的「在太初創造萬
物之先，就有了我」同《創世記》裡的「起
初上帝創造天地」兩相比較，認為它們敘述
模式相似，兩者都提到創世之始的「起初」
或者說「太初」[1]，這非出偶然。他的看法是，
《創世記》中的「起初」，毋寧說是一個微
妙的暗示，暗指智慧。所以《聖經》的其他
篇章裡，「起初」一語可理解為智慧的一個
暱稱，寓指上帝創造的第一樣東西。這樣，
《聖經》開篇的意思就不是「起初上帝創造

斐洛

---

[1] 這裡的「起初」和「太初」希伯來原文中為同一個詞，英
文為 beginning，本書後作「起初」。

天地」，而是「憑藉智慧上帝創造天地」。更確切地說，上帝是同他率先創造的智慧一道創造了天地。庫格爾指出，這樣一種闡釋方式也許不對現代讀者的口味，但是它確實在古代聖經闡釋家中間相當流行，他引了公元 1 世紀亞歷山大的猶太教哲學家斐洛的一段話：

> 通過使用不同的名稱來加指示，摩西表明這高貴的富有神性的智慧是有著許多名字：他管它叫「起初」、「形象」、「上帝的外觀」①。

這可見把《創世記》開篇解作上帝先造出智慧，然後藉智慧相幫創造了世界，並非異想天開，而早就有了一個悠久的闡釋傳統。至於這個闡釋傳統的理論基礎，庫格爾指出，那是基於這樣一種堅定的信念，那就是《聖經》的每一言必是言出有據，且是微言大義。這意味著《聖經》文本的每一個細節都必須深入下去，細細稽考，因為它們是為神聖意志的神聖佈局。由是觀之，《創世記》第一章和《箴言》第八章裡「起初」意象的重複出現，不可能是純然巧合，而必然是神聖意志的悉心安排。就像斐洛的喻意解經傳統所示，《聖經》需要從字面義當中深入下去，讀出精神義來。《創世記》開篇的字面義是起初上帝創造天地，那麼精神義呢？顯而易見，那便是「起初」是智慧的一個名字，上帝最初是和智慧一道創造了世界。由此我們發現斐洛的喻意解經也並非天馬行空，不著邊際，它同樣在現代的聖經闡釋家中間得到了回應。

THREE 上帝造男造女

人是上帝的最後一件作品。無疑它也是上帝最得意，同樣恐怕也是最傷心的一件作品。我們看到上帝創造亞當之後，把他安置在伊甸園裡，讓他侍弄花草，看守園子。上帝這樣囑咐亞當：「園中各樣樹上的果子，你可以隨意吃，只是分別善惡樹上的果子，你不可吃，因為你吃的日子必定死。」（2：16—17）但是亞當追隨夏娃，一道吃了智慧樹上的果子。吃過以後他並沒有死，至少他並沒有像上帝預言的那樣，當天就死。實際上亞當活了九百三十歲。《聖經》沒有交代夏娃活了多少歲數，不過我們估計和她的丈夫亞當也是相去無多。要之，如何解釋上帝的話「你吃的日子必定死」？難道上帝就是嚇唬亞

---

① 斐洛：《喻意解經》，1：43（Philo, *Allegorical Interpretations*, 1:43）。

當不成？解決這個疑問，庫格爾的提議是讀
《詩篇》卷四：「在你看來，千年如已過的
昨日。」（90：4）千年如一日，這正相應
我國「山中方一日，世上已千年」的說法，
這樣來看亞當的九百三十歲高壽，也就剛剛
是差一點沒到「一天」。可見上帝所言不虛。

　　但是且慢，即便《詩篇》中言上帝的千
年有如已過的昨天，緊接下來一句又說，「又
如夜間的一更」（90：4）。這可見上帝的
千年如一日應是比喻的說法，上帝的千年可
以如一日，還可以更為短暫如夜間的一更，
我們設想《詩篇》假如把這比喻推進下去的
話，把上帝的千年比作轉瞬即逝的一剎那，
也完全是在情理之中。所以亞當的九百三十
歲高齡，同上帝的時間概念根本沒法比較。
亞當食禁果當日死，還是以後壽終正寢而
亡，已經變得無關緊要，事關緊要的是亞當
必死，死亡必將從亞當開始，成為生生不息
人類的必然歸宿。這就是人類始祖違背上帝
之命，犯下偷食禁果這一「原罪」之後，必
當領受的懲罰。

　　亞當和夏娃接受的懲罰是被逐出伊甸
園。亞當和夏娃離去以後伊甸園又是什麼模
樣？《創世記》載，上帝趕走亞當和夏娃之
後，在伊甸園的門口安設了基路伯和四面發
火焰的劍。基路伯是美索不達米亞文化裡流
行的門神，人面獅身抑或牛身，帶有雙翼。
由基路伯加上火焰劍來把守園子，亞當和夏
娃即便想插翅飛回，也沒有可能。上帝如此

偷吃智慧果

樂土

嚴加把守伊甸園，想必是防備亞當和夏娃留
戀這裡無憂無慮的好時光，一旦承受不了大
地上的苦難煎熬，會重返樂園蔽身。這就顯
示了伊甸園的方位問題，它是在地上呢，還
是在天上？上帝安置基路伯和火焰劍把守伊
甸園，說明它應該是在地上。就《創世記》
的記述來看，「耶和華上帝在東方的伊甸立
了一個園子」（2：8），不僅如此，還有河
流從伊甸流出來滋潤那園子，其中有兩條便
是大名鼎鼎的從古代巴比倫流淌至今的河流：
「第三道河名叫底格里斯，流在亞述的東邊。
第四道河就是幼發拉底河。」（2：14）這可
見伊甸園應該是在地上而不是在天上。

　　但是疑問依然存在。上帝逐出亞當和夏
娃之後，為什麼還要安置基路伯和火焰劍看
守園子，而不乾脆把它夷為平地呢？由此歷
代《聖經》評論家在這個亞當和夏娃背影之
後的伊甸園裡，讀出了古代希伯來人的來生
觀念。即是說，上帝有心留下這個園子，讓
義人來生有一個安歇處。古代希伯來文化裡
沒有明確的靈魂概念，但是同大多數近東文
明一樣，都相信人死之後還有如影飄忽的存
在延續。這個生命之後的影相何去何從，無
疑在相當程度上困擾著遠古初民。上帝逐出
亞當夏娃，封閉伊甸園，由是觀之，便是一
個明確的信號，示意義人死後將在這裡得到
永生，一如《創世記》裡耶和華這樣陳述他
逐出亞當的動機：「那人已經與我們相似，
能知道善惡。現在恐怕他伸手又摘生命樹的

The LORD God planted a garden
eastward in Eden, and there He put
the man whom He had formed.
　And out of the ground the LORD
God made every tree grow that is
pleasant to the sight and good for
food. The tree of life *was* also in the
midst of the garden, and the tree of
the knowledge of good and evil.
　Now a river went out of Eden to
water the garden, and from there it
parted and became four riverheads.

(Genesis 2:8-10)

果子吃，就永遠活著。」（3：22）這裡「生命樹」和永生的意象，都顯示得再清晰不過。基路伯和火焰劍守住園門，由此推想應是除非做義人，否則來世別想染指生命樹上的長生果實。西奈荒漠中以色列人的艱難人生，在這裡便也於生命盡頭處依稀瞥見了一道希望之光。

現在的問題是，《聖經》裡有男女平等嗎？或者說，《聖經》裡的男人和女人是處在平等的地位嗎？回答這個問題就像我們讀一切昔日的偉大經典，似乎容不得樂觀。不過在人被創造之初，男人女人委實是相當平等。《創世記》裡，一開始上帝造人的有關記載是這樣的：

上帝就照著自己的形象造人，乃是照著他的形象造男造女。上帝就賜福給他們，又對他們說：「要生養眾多，遍滿地面，治理這地；也要管理海裡的魚、空中的鳥，和地上各樣行動的活物。」（1：27—28）

這裡男人和女人被創造得十分平等，他們都依照上帝自己的形象造出，如此思想下來，往極端說稱女人的性別同樣也是上帝的性別，邏輯上應也並無不可。上帝對男人和女人一視同仁，一樣為他們祝福，一樣要他們生兒育女，佈滿大地，一樣委命他們管理海裡的魚、空中的鳥以及地上的走獸。這是我們人類的黃金時代，無分彼此，無分性別，無分尊卑，人類就是上帝的兒女，時時刻刻與上帝同在，多麼好啊。

但是我們更熟悉的是《創世記》第二章裡上帝造人的描寫。不過是在一轉眼之間，我們讀到耶和華上帝用地上的塵土造人，將生氣吹在他的鼻孔裡，這就有了我們的始祖亞當。亞當是塵世裡的第一個人。他是一個男人！然後是上帝將那人安置在伊甸園，讓他好好看守園子。由此可見我們這個世界上最初是沒有女人的。最初上帝創造的是男人，上帝把他安置在伊甸園裡，委任他獨自一人照看這個花園。這個男人只有父親沒有母親，他的父親就是造物主耶和華，亞當與耶和華同在。

但是我們發現這個名叫亞當的第一個男人，在伊甸園裡感到孤獨了。上帝無所不知，當然體諒亞當，由此我們看到了女人的創造：

耶和華上帝說：「那人獨居不好，我要為他造一個配偶幫助他。」耶和華上帝用土所造成的野地各樣走獸和空中各樣飛鳥，都帶到那人面前，看他叫什麼。那人怎樣叫各樣的活物，那就是它的名字。那人便給一切牲畜和空中飛鳥、

野地走獸都起了名，只是那人沒有遇見配偶幫助他。耶和華上帝使他沉睡，他就睡了；於是取下他的一條肋骨，又把肉合起來。耶和華上帝就用那人身上所取的肋骨造成一個女人，領她到那人跟前。（2：18—22）

注意上帝說的「那人獨居不好，我要為他造一個配偶幫助他」這句話。這一句話，就注定女人天生來就是男人的幫手，男人的補充。更有甚者，一開始上帝還是造動物來給亞當做伴，眼看動物幫不了忙，才最後造了女人。幫他什麼？無非是幫他度過寂寞，照看園子。起初上帝造了亞當，後來上帝造的一切都屬於亞當的世界，亞當在這個世界裡是理所當然的主人。這還不算，當第一個男人和第一個女人偷吃智慧果，給逐出伊甸園時，上帝給予夏娃如是宣判：「我必多多加增你懷胎的苦楚，你生產兒女必多受苦楚。你必戀慕你丈夫，你丈夫必管轄你。」（3：16）這是說，女人肉體上將倍受生產痛苦，精神上將死心塌地依戀丈夫，行動上將唯丈夫命令是從。總之男尊女卑已成定局。更要命的是上帝還獨判定女人要與蛇為敵，蛇專咬女人，不咬男人。男人損失什麼？他沒有任何損失，不過是告別悠閒的園丁生活，開始出去闖蕩世界。闖蕩世界，對於男人本來就是天經地義的事情。

《聖經》的文字是神聖的文字，神聖的文字如此來挑唆人類一半對另一半的和諧聯繫，難道不令神聖兩字成為一個頗費猜測的

And the LORD God said, "*It is not good that man should be alone; I will make him a helper comparable to him.*"

(Genesis 2:18)

問號？所以上帝造男造女需要仔細讀解。事實上我們也讀到了許多圓說男女平等的努力。比如有人指出，上帝說，「我要為他造一個配偶幫助他。」這裡至為關鍵的「幫助」一詞，值得認真考究。幫助意味著幫手，意味著男人為主，女人為僕。但追蹤這個詞的希伯來原文 ezer，其語境被認為是種平等的，而不是依附的甚至僕從的關係。比如，人同樣可以說，「主啊，幫助我吧。」沒有人敢因此斷言這人膽大妄為以至於此，竟然要上帝來做他的僕從。所以這裡講述的與其說是人類的身份，不如說是人類的相互關係。「幫手」不是女人的身份定位，而是她的服務性質，意味她不是競爭者，不是旁觀者，而要和男人相輔相成，合而為一。所以，男人和女人是平等的。

這樣來看，《創世記》第一章裡的上帝造人情節，就更值得認真來讀。據《聖經》學者詮釋，太初上帝六天創造光和夜黑、大地和海洋、動物和植物，最後是男人和女人的記述，清楚表明男人和女人一樣是依照上帝形象造成，一樣對生育後代和畜牧種植負有責任。而誠如英文裡的 man 既是指男人又是指整個人類，希伯來文中的 adam，既是亞當即第一個人，也可以解讀為整個人類。所以上帝創造亞當，也就是上帝創造人類，無論是隱喻還是在字面的意義上。不錯，第二章裡夏娃又給創造出來，作為亞當的幫手，但這是因為男人獨居「不好」，由此我們知道我們這個世界上第一件不好的東西，就是「獨居」！所以男人要「離開父母與妻子連合，兩人成為一體」（2：24）。這當然並不意味女人低下一等。女人之所以是為幫手，豈不是唯因男人分明是生來就有缺陷，只有女人到來，方才構成完整的生命？不錯，《創世記》裡說女人要受男人管轄，但這是在人受蛇誘惑，犯下原罪之後。由是觀之，男人盤剝女人的戀慕心，進而來對她發號施令，就是他自己墮落之後的天性使然了。

Ｆｏｕｒ　巴別塔和語言的變亂

巴別塔是《創世記》裡的著名典故，它的發生背景是挪亞洪水過去不久，天下人口音相似，語言相通，當時遷移到示拿地的平原上面，準備修城築塔：

那時，天下人的口音言語都是一樣。他們往東邊遷移的時候，在示拿地遇見一片平原，就住在那裡。他們彼此商量說：「來吧，我們要做磚，把磚燒透

了。」他們就拿磚當石頭，又拿石漆當灰泥。他們說：「來吧，我們要建造一座城和一座塔，塔頂通天，為要傳揚我們的名，免得我們分散在全地上。」耶和華降臨，要看看世人所建的城和塔。耶和華說：「看哪，他們成為一樣的人民，都是一樣的言語，如今既做起這事來，以後他們所要做的事就沒有不成就的了。我們下去，在那裡變亂他們的口音，使他們的言語彼此不通。」於是，耶和華使他們從那裡分散在全地上，他們就停工不造那城了。因為耶和華在那裡變亂了天下人的言語，使眾人分散在全地上，所以那城名叫巴別。（11：1—9）

「巴別」（Bable）即希伯來語中的「巴比倫」，原義為「通向神的大門」，但是在以上希伯來文化的語境中，「巴別」的意義就變成了「變亂」、「混亂」。上帝不願意人類有一樣的語言，乃至無所不能成就，是以變亂人類的語言，使各言其言，無以溝通，這樣人類也不至於有朝一日不知天高地厚，來同上帝一爭高低。故這裡的核心問題是語言。建造巴別塔喻示了一種勞而無功的非分之想，而且，後來做過「巴比倫之囚」的以色列人，對巴比倫這個「大城」肯定也不會有什麼好感。

巴別塔在現代知識體系的文化內涵，無論如何是意味深長的。美國德魯神學院舊約教授費維爾說過這樣的話：「巴別塔是西方社會的一個文化徵象（icon）。語言理論、哲

巴别塔

學、政治學、倫理學，建築革新、技術批評，
帝國視域，抨擊都市化，後現代生活形象，
種族分化和隔離的論爭，以及對人類傲慢的
譴責，都訴諸巴別塔以獲得象徵性支持和庇
護。」[①] 巴別塔最初只不過是一座塔。一座塔
何以終而變成一個無所不包的文化「徵象」，
似乎也是說來話長。我們至少可以從它的巴
比倫語境和猶太語境來加以考察。

就巴比倫語境來看，早在公元前三千多
年前，巴比倫文明就已經興盛於西亞兩河流
域的美索不達米亞平原上，是人類最古老的
文明之一。儘管巴別塔的故事僅見於《聖經》
的記述，而且史學家們並沒有發現過確鑿材
料，證明巴別塔就是巴比倫。但自巴別塔成
為文化考察對象的那一刻起，就和巴比倫難
解難分了。這不僅僅是因為兩個概念存在著
語源學上的相似，更因為輝煌的巴比倫的確
建有許多雄偉壯觀的高塔。古希臘的史學之
父希羅多德遊蹤曾達巴比倫，為人們留下了
第一手資料。據希羅多德記載，的確有座偉
大的巴比倫城，城牆堅固，裡面建有旋梯型
通天巨塔，以作神廟之用。《聖經》中同樣
留下了許多關於雄偉「大城」巴比倫的描述。
而現代考古學則似乎印證了希羅多德的記
錄，在已經破譯的巴比倫文明留下的泥板文
書和碑銘中，多次提到巨型塔的建造。隨著

① D. N. Fewell, "Building Babel", *Postmodern Interpretations of the Bible: A Reader*, edited by A. K.M. Adam, Missouri: Chalice Press, 2001, p.1.

歷史文獻的日漸豐富，一座通天塔赫然復現在廣袤的美索不達米亞平原上，氣象萬千，象徵著人類文明的無窮創造力。時至今日，無論這巴比倫塔同《聖經》中的巴別塔到底有沒有關係，甚至巴比倫塔是否真的存在，都已無足輕重，因為在想像的天地裡，巴比倫塔連同古老輝煌的巴比倫文化一起，早已融進了巴別塔的歷史概念。巴比倫塔在某種程度上，構成了巴別塔這個文化符號的物質內容。

就猶太語境來看，猶太民族同巴比倫人一樣，創立過人類最早的文化遺產。公元前約 10 世紀的大衛王時代，是猶太文化幾乎轉瞬即逝的極盡輝煌時期，大衛之子所羅門王不僅因為智慧，更因為他好大喜功建造了富麗堂皇的聖殿和宮殿而名揚後世。但是在這輝煌時期之前和之後，猶太人大多數時候過著顛沛流離的生活。他們不可能有充裕的時間來造通天塔，所羅門的宮殿只是曇花一現，聖城耶路撒冷也始終是一副破敗的景象。變動不居的環境迫使猶太人生存智慧的取向不是物質，而是精神，這也決定了猶太語境獨特的文化特徵：精神上的優越感和濃厚的道德說教氣質。所以比較來看，巴比倫語境中，歷史輕易忽略了與塔相關的一切悲哀和不幸，唯突出了塔的壯美，那是巴別塔的物質文化維度。反之在猶太語境中，塔有多麼奇偉無關宏旨，道德上的善惡評判取代審美的觀照，成了詮釋巴別塔的主要維度。

因此《創世記》中背靠猶太語境來讀巴別塔的記述，塔是什麼模樣變得無關緊要，巴別塔故事本身成了一個留下無窮闡釋空間的經典文本。雖然，這個故事本身的結構遠談不上嚴謹，比如有人提問，人類建造巴別塔為自己揚名何錯之有？上帝既然是無所不能，又何必懼怕？這些問題言人人殊，所見各不相同。巴別塔故事出現在《創世記》中，此後《舊約》再也沒有提起過。但在猶太專事講解經書的教師拉比（Rabbi）的詮釋傳統中，很快就生成了第一文本——巴別塔故事被具體化、道德化。巴別塔故事於是成了罪與罰的故事，這個罪首先是驕傲之罪。驕傲的由來顯然有其現實根源。猶太人在流徙的過程中飽受其他民族的欺凌，更有過作「巴比倫之囚」的慘痛經歷，對巴比倫無疑是深惡痛絕的。《舊約》經常提到巴比倫，稱之為「大城」，這個大城雖然被認可是雄偉壯觀，卻被猶太人罵作「大妓女」，對之進行了無情地詛咒，用詞惡毒可謂無所不用其極。有趣的是，猶太人詛咒巴比倫等異族

人的理由，主要不是自身受到了殘酷的迫害，而是這些異族人無視上帝的驕傲。很顯然，猶太人儘管身處非常兇險的環境，精神上卻始終具有一種優越感，他們覺得自己是上帝的選民，自覺不自覺地就在世俗世界代表上帝發聲，扮演起了道德審判者的角色。如是巴別塔的「塔頂通天」同雄偉的大城巴比倫滿可以對號入座，塔頂通天的大城象徵著統一政治、文化、宗教的強權。故而在散居在外的猶太人看來，巴別塔就是他們的巴比倫壓迫者害怕失去霸權而作的一次絕望的努力。於是，異族人的驕傲之罪成了巴別塔最核心的象徵意義之一。

　　回到語言變亂的話題。法國哲學家德里達在他的《巴別塔》一文中，更從語言說起，由此提出了翻譯不可能的命題。德里達首先提出的問題是，建構和解構巴別塔的，是哪一種語言？對此他回答說，建構和解構巴別塔的是這樣一種語言，其間「巴別」這個專有名詞可以給一片混亂地譯成「變亂」。而既然「巴別」是專有名詞，那麼理應是不可翻譯的，但是由於某種浮想聯翩的變亂，我們自以為有一種獨特的語言可以把它轉述，轉述的結果就是一個普通名詞變亂。德里達發現伏爾泰在他的《哲學詞典》裡，已經對此表示了他的驚訝。他轉引了伏爾泰的如下文字：

　　我不明白為什麼《創世記》說「巴別」（Babel）是指變亂，因為 Ba 的本義是指父

"Come, let Us go down and there confuse their language, that they may not understand one another's speech."

So the LORD scattered them abroad from there over the face of all the earth, and they ceased building the city.

Therefore its name is called Babel, because there the LORD confused the language of all the earth; and from there the LORD scattered them abroad over the face of all the earth.

(Genesis 11:7-9)

親，Bel 則是指上帝；巴別指的是上帝之城，指的是聖城。古代人如此來命名他們所有的都城。但是毋庸置疑，無論是因為建築師把塔造到八萬一千猶太尺那麼高後就不知所以了，還是因為到那時眾人的語言就變亂起來了，巴別的意思就變成了變亂。很顯然，從那時候起德國人就聽不懂中國人說話了；因為根據學者波夏爾（Bochart）的說法，漢語和高地德語最初分明就是同一種語言[1]。

這裡伏爾泰自然是開了一個玩笑。但是伏爾泰不動聲色的揶揄在德里達看來，是顯示了「巴別」這個詞的真正的意思，那就是它不僅僅是一個不可傳譯的專有名詞，而同時也是一個關涉某一類泛指的普通名詞。這個普遍名詞指的並不僅僅是變亂，即便如伏爾泰所見，這裡變亂至少就有兩重意義：其一是語言上的變亂，其二還是塔造不下去時的不知所以狀。問題是，伏爾泰暗示了巴別這個詞之言混亂，不僅在於上述兩義，而且它還是作為聖父的上帝之名。故巴別是混亂之城，也是聖父上帝之城。上帝以他的名字開闢了一個其間人無以溝通理解的公共空間。只有專有名詞，理解無有可能；沒有專有名詞，理解同樣無有可能。而這不可能的根源就在於上帝，上帝給萬物命名，它理所當然也就是語言的本原。

巴別塔標誌上帝變亂挪亞子孫的語言，懲罰他們建塔崇拜自己，「傳揚我們的名」這一驕傲自大情緒。但巴別塔同樣還意指人類自亞當偷食禁果墮落之後，世俗之城巴比倫的第二次墮落。如前所述，「巴別」即希伯來語中的巴比倫。Babel 是組合名詞，如德里達上引伏爾泰語所見，Ba 是父親，Bel 是上帝。所以巴別乃是上帝之名，巴比倫的名稱也是上帝的名稱，是為聖城。語言本來是上帝賜給人類的禮物，上帝以「巴別」為「變亂」，變亂了巴比倫城的語言，也變亂了整個兒的人類的語言，所以在德里達看來，上帝是語言的本原也是變亂的本原。他指出，上帝一怒之下取締了人類的語言稟賦，或者至少是攪亂了它，在他的子孫中間播下了變亂，用他慣用的雙關語策略來說，這便是 Gift-gift：Gift 德文裡是毒殺，英文裡則是稟賦和禮物，所以上帝是毒殺了人類的語言稟賦，毒殺了他賜予人類的禮物。

---

[1] Derrida, "Des Tours de Babel", Derrida, *Acts of Religion*, ed. Gil Anidjar, New York: Routledge, 2002, p.105.

　　但是語言的變亂也是語言的開始，正是從這裡開始，各地的母語起步了。這意味著上述語言分支、語言時代和語言譜系的全部歷史，都是閃族語言的歷史。故而，上帝是通過把自己的名字強加給造塔人，開啟了巴別塔的解構，也開啟了普世語言的解構，驅散截斷了閃族人的宗譜世系。德里達指出，如此他同時是顯示了翻譯之必需，同時又禁止了翻譯。故語言離散混亂呈多元化狀態，悉盡發生在「巴別」這個上帝的、來自上帝的、衍生於上帝的專有名詞公佈之後。這就像因誤譯而約定俗成的上帝之名耶和華，其希伯來原文中的表達方式 YHWH，原是無以發聲的，因為裡面根本就沒有元音。所以即便更正「耶和華」，改稱「亞衛」，也還是不得要領。而如一些文本譯上帝名為「雅威」者，則基本上是南轅北轍，同上帝名不可名的宗旨背道而馳。

　　或許我們還可以說，上帝遣散造塔人眾也不全然是懲罰，因為人們由此可以按照自己的夢想，獲得自由和發展了。巴別塔未倒塌之前，唯一通行的語言是上帝的語言，人類盲目傚法上帝絕對正確的語音，猶如鸚鵡學舌。巴別塔的倒塌促使語言分化，民族國家和民族身份得以形成，巴別塔故事這樣來看，就是開啟了人類文化的歷史。

EIVE 亞伯拉罕信仰

　　《創世記》交代的人類譜系大體是這樣的：上帝創造亞當、夏娃。亞當和夏娃生該隱和亞伯。該隱因為妒忌上帝看不中自己的穀物類供品，只要亞伯獻祭的羊，怒而殺死兄弟。之後亞當又生了塞特。該隱和塞特的子孫無數，而且大都長命。亞當活了九百三十歲，塞特活了九百零五歲。就該隱這一支脈來說，該隱生以諾，以諾生瑪士撒拉，瑪士撒拉生拉麥，拉麥生挪亞。這當中以諾活了三百六十五歲，瑪士撒拉活了九百六十九歲，挪亞更是驚人，他在五百歲的時候，生了三個兒子閃、含、雅弗。遠古的人果然都那麼高壽嗎？果然四五百歲的時候還能生育嗎？看來這也不是希伯來文化特有的想像。《莊子・逍遙遊》說，「而彭祖乃今以久特聞，眾人匹之，不亦悲乎？」彭祖據信活了八百多歲，是中國的高壽之最，《國語》和《史記》都認可彭祖確有其人，莊子更幾次三番推薦他吐故納新、熊經鳥申的長壽之道。同《舊約》裡的人類長壽先祖相比，彭祖的蹤跡似乎具有更大的真實性。不過我們發現，所有這些長壽的記述，都沒有超過一千歲，可見人類長壽和永生的希望，其實還是容易滿足的。

　　挪亞六百歲時發洪水，洪水過後又活了三百五十年。上帝對挪亞說，要生養眾多，在地上昌盛繁茂。挪亞沒有辜負上帝的期望，挪亞的三個兒子裡，閃的第八代子嗣，就是亞伯蘭即後來的亞伯拉罕。亞伯拉罕是當今世界上三大宗教猶太教、基督教和伊斯蘭教的先祖。

　　亞伯蘭娶妻撒萊，撒萊是個絕色美女，卻到老不見生育。在亞伯蘭七十五歲的時候，上帝對亞伯蘭發話了，上帝說：「你要離開本地、本族、父家，往我所要指示你的地去。我必叫你成為大國。我必賜福給你，叫你的名為大。」（12：1—23）「叫你的名為大」看來是直譯過度了，它的意思是讓你揚名四方。亞伯拉罕後來豈止是揚名四方呢。亞伯蘭和侄兒羅得因而率領部族，浩浩盪盪向迦南進發。迦南（Cannan）介於地中海和約旦河之間，包括今天的以色列、黎巴嫩和一部分的約旦，就是後來叫做巴勒斯坦的這一塊地方。這是上帝應許給亞伯蘭的好地方。可是這塊地方原先有主人，而且居民大都信奉喜好以人作祭的巴力神。這似乎就決定了以色列以後戰亂頻仍、艱難求生的歷史。當是時，迦南正遭遇大饑荒，亞伯蘭無奈只好南遷埃及。沒想到埃及法老覬覦撒萊的美

色，亞伯蘭沒有因此招致殺身之禍，真是他的福氣。

埃及碰壁，亞伯蘭重返迦南。他的侄子羅得住在繁華的大城市所多瑪，不想遭遇以攔王的攻擊，羅得的財物被掠，本人也當了俘虜。亞伯蘭聞訊率領家裡生養的三百一十八名精煉壯丁，攻進以攔王的營地，將羅得一家並財物，以及被俘獲人口財產等，全部奪回，交還給所多瑪王。亞伯蘭由此聲名大振。卻說亞伯蘭在迦南安居十年，依然沒有子嗣。這時候髮妻撒萊做了一個決斷，她對亞伯蘭說：「耶和華不讓我生育，求你和我的使女同房，或者我可以因她得子呢。」撒萊的使女是埃及人夏甲。夏甲果然給亞伯蘭生了一子，取名以實瑪利。夏甲母子後來的命運可以想見，她即便有了孩子，也如何能期望同撒萊的主婦身份分庭抗禮呢？夏甲和她的幼子後來給撒萊驅逐到巴蘭的曠野裡流浪，所幸上帝也給以實瑪利賜了福，應許他生下十二個支脈，一樣也成為大國。以實瑪利被認為是阿拉伯人的先祖。上帝似乎早就預料到了以色列人和阿拉伯人的紛爭，他對以實瑪利的關照，其實還是相當周全的。西方文化中，以實瑪利是無家可歸流浪者的同義語，想想美國 19 世紀麥爾維爾的著名小說《白鯨》，見證了這個茫茫大海上驚心動魄復仇故事的敘事人，開篇第一句話就是「叫我以實瑪利吧」。

亞伯蘭九十九歲的時候上帝同他立約

✝ 挪亞一家走出方舟

裝運動物入方舟

了。這是上帝第一次同人類立約，而且是無
條件的立約，上帝只要求亞伯蘭的後裔接受
割禮，由此作為他們和耶和華立約的證據。
具體說，亞伯蘭後裔世世代代的男子，不論
是家裡生的，還是用銀子從外人那裡買來
的，必在生下的第八日施行割禮。唯其如此，
上帝的約可望立在亞伯蘭後裔的肉體上面，
作為永遠的約。除此之外，上帝並沒有要求
亞伯蘭必須這樣那樣，然後才願意賜福。
上帝的應許是無條件的。雖然，割禮到後來
只有猶太民族堅持下來，同樣作為亞伯拉罕
後裔的基督教和穆斯林，已經早早告別了這
個傳統。這可見文化自有出其不意的變遷軌
跡，有時候連上帝也始料不及。我們看到上
帝對亞伯蘭說了這樣的話：

　　我與你立約，你要作多國的父。從此以
後，你的名不再叫亞伯蘭，要叫亞伯拉罕，
因為我已立你作多國的父。我必使你的後裔
極其繁多，國度從你而立，君王從你而出。
我要與你並你世世代代的後裔堅立我的約，
作永遠的約，是要作你和你後裔的上帝。我
要將你現在寄居的地，就是迦南全地，賜給
你和你的後裔，永遠為業。（17：4—8）

　　亞伯蘭（Abram）從此叫做亞伯拉罕
（Abraham），前者的意思是「尊貴的父」，
後者的意思則是「多國的父」，一音之轉，
所指相差不可以道里計。不僅如此，上帝也
一併給亞伯拉罕的髮妻撒萊（Sarai）改了名
字，讓她以後叫作撒拉（Sarah）。Sarai 也

WHEN Abram was ninety-nine
years old, the LORD appeared
to Abram and said to him. "I am
Almighty God; walk before Me and
be blameless.
　　"And I will make My covenant
between Me and you, and will multi-
ply you exceedingly."

(Genesis 17:1-2)

好，Sarah 也好，本義都是公主，但是後者更有「多國之母」的意思，也就是說，撒拉將和她的丈夫亞伯拉罕一樣，成為列國的高祖。可是這時候亞伯拉罕九十九歲，撒拉也九十歲了。女人到九十高齡，還能生育嗎？事實上當上帝許諾讓亞伯拉罕的髮妻撒拉也生一個孩子的時候，亞伯拉罕當時誠惶誠恐匍匐在地，心裡卻在發笑，尋思「一百歲的人還能得孩子嗎？撒拉已經九十歲了，還能生養嗎？」（17：17）。但是撒拉果然就生了孩子。按照耶和華的吩咐，這孩子取名以撒（Issac），Issac 的意思就是發笑。看來當時亞伯拉罕不相信神諭有多麼靈驗，心裡直犯嘀咕，忍不住發笑的時候，上帝早就心知肚明了。不但心知肚明，而且偏偏要以「發笑」來命名亞伯拉罕這個夢寐以求，甚至到來都不敢相信的孩子。可見上帝是非常希望自己的大能讓人永誌在心的。

上帝同亞伯拉罕的立約是無條件的。上帝揀選亞伯拉罕作為他的子民，自然有他的一番心意。這心意不必言詮，實際上也是無以言詮的。上帝說，「為你祝福的，我必賜福與他；那詛咒你的，我必詛咒他。地上的萬族都要因你得福。」（12：3）亞伯拉罕作為上帝精心挑選與之立約的人類先祖，其身份和地位由此得到了根本的保障。上帝與亞伯拉罕立約，意味著以色列人從此將是耶和華的特殊選民。這一契約就像日月星辰一樣，永遠不能廢除。他們即便背叛了這個契約的規定，也不能解除它，而只能按照契約招致懲罰，乃至整個民族遭受苦難，直到毀滅。

值得注意的是，亞伯拉罕作為當今世界三大宗教的先祖，從猶太教脫胎而出的基督教自不待言，伊斯蘭教裡亞伯拉罕名為易卜拉欣，一樣有易卜拉欣同真主立約的故事。如《古蘭經》說，「真主所說的是實話，故你們應當遵守崇奉正教的易卜拉欣的宗教，他不是以物配主的。」（3：95）這裡「易卜拉欣的宗教」阿拉伯原文是 millata-Ibraahiim，millah 即宗教、信仰、信條的意思，據統計這個詞在《古蘭經》裡出現了十五次，其中七次直接涉及亞伯拉罕即易卜拉欣。亞伯拉罕也好，易卜拉欣也好，他意味著對至高唯一神的絕對服從。這絕對的服從馬上就要得到驗證，它委實是人類文化中最為驚心動魄的驗證。對此《創世記》是這樣描寫的：

上帝要試驗亞伯拉罕，就呼叫他說：「亞伯拉罕！」他說：「我在這裡。」上帝說：「你帶著你的兒子，就是你獨生的兒子，你所愛的以撒，往摩利亞

地去，在我所要指示你的山上，把他獻為燔祭。」亞伯拉罕清早起來，備上驢，帶著兩個僕人和他兒子以撒，也劈好了燔祭的柴，就起身往上帝所指示他的地方去了。到了第三日，亞伯拉罕舉目遠遠地看見那地方。亞伯拉罕對他的僕人說：「你們和驢在此等候，我與童子往那裡去拜一拜，就回到你們這裡來。」亞伯拉罕把燔祭的柴放在他兒子以撒身上，自己手裡拿著火與刀，於是二人同行。以撒對他父親亞伯拉罕說：「父親哪！」亞伯拉罕說：「我兒，我在這裡。」以撒說：「請看，火與柴都有了，但燔祭的羊羔在哪裡呢？」亞伯拉罕說：「我兒，上帝必自己預備作燔祭的羊羔。」於是二人同行。（22：1─8）

✝ 亞伯拉罕殺子

這是非常質樸的《聖經》的文風，它在不動聲色之間，去掉一切蕪枝蔓葉，敘述了一個驚恐萬狀的故事。活人獻祭無疑是遠古時代的遺風，希臘悲劇裡也有希臘聯軍統帥阿伽門農因艦隊受阻，被迫向月亮和狩獵女神阿耳忒彌斯獻祭的情結，他獻祭的是親生女兒伊菲革尼婭。雖然阿伽門農聞訊之時暴跳如雷，賭神發誓說他愛女兒更甚過妻子，根本就不答應，但最後阿伽門農百無奈何，不得不騙來女兒，擺上祭壇，唯阿耳忒彌斯舉刀關頭，慈悲開恩，一陣風攝走伊菲革尼婭，當了自己的祭司。阿伽門農終究還是在十年後的班師之日，為此丟了自己的性命，死在妻子和其情夫刀下。

比較《聖經》和希臘悲劇的風格，可以見出素樸和華麗、神聖和世俗兩種文化傳統的影子。亞伯拉罕獻祭的極為簡樸的、似乎不帶任何感情色彩的三言兩語式敘述，其實最是令人動容的。它和《創世記》後面約瑟的故事一樣，都屬於列夫‧托爾斯泰推崇備至的超越一切國界的「世界性文學」。以至於有的文學批評家斷言，僅就純粹的文學價值而言，《聖經》也高過《荷馬史詩》。燔祭即火祭，它意味著亞伯拉罕不但要殺死他最鍾愛的孩子，而且要把他燒烤熟了獻給上帝。這裡的懸念和悲情已經超出了一切人類的想像。事實上它所表徵的信仰的絕對性，也的確超乎了一切世俗邏輯的闡釋努力。反之阿伽門農的獻祭，則充分見出世俗文化中的一切或然性和必然性。阿伽門農先是遣俄底修斯回邁錫尼，藉口許配阿基里斯，把女兒伊菲革尼婭帶來。進而反悔，讓老奴回去告訴妻子不要把女兒送來，乃至妻子終於發現自己上當受騙。如是各種雲譎波詭的情感因果層層推進，最終為阿伽門農將來的慘死埋下了必然的種子。無怪這一段故事日後成為從埃斯庫羅斯到歐里庇得斯的悲劇母題，它所激發的憐憫和恐懼，然後得到淨化的悲劇情感，正是希臘文化留給我們的最為意味深長的美學遺產。

亞伯拉罕後來的所為，敘述節奏同樣是波瀾不興的。我們讀到父子兩人到了上帝所指示的地方，亞伯拉罕就在那裡搭起一個祭壇，擺好柴火，捆綁起兒子以撒，放在柴堆上，然後伸手拿刀，要殺他的兒子。這時候天使的聲音從天上傳來，叫住了亞伯拉罕：「現在我知道你是敬畏上帝的了，因為你沒有將你的兒子，就是你獨生的兒子，留下不給我。」（22：12）亞伯拉罕舉目觀望，看到小樹林裡有一隻公羊給纏住了角，就取了公羊，獻為燔祭，替下了兒子。殺子獻祭似乎是遠古時代流行的一種儀式，希臘文化中如阿伽門農的遭遇所示，顯然同樣是有這樣的風俗。改用公羊替代子女獻祭，應具有殺子祭神到此結束的象徵意義。人類的原始風俗，由此在向文化過渡了。

亞伯拉罕的信仰同樣是無條件的信仰，世俗生活的患得患失，甚至最為親近的骨肉，在這個無條件的信仰面前，都只能義無反顧地割捨不戀。信仰不是因為有所希冀、有所索取和回報的夙願，信仰的目的就是信仰本身，它是盲目的本能，不計得失，不計後果，流淌在生命的血脈裡面。上帝試驗亞伯拉罕，就是用這樣駭人聽聞的極端形式，示範了他的選民的絕對忠誠。

CHAPTER2

出埃及

有人說，以色列的真正歷史緣起於出埃及。這是說，希伯來文化很可能最初是來自不同民族、不同文化背景人眾的混雜型文化，唯其通過其最初先輩的出埃及事件，以色列同上帝之間才產生了獨特的關係。希伯來文化，也由此開始彰顯出她自己的鮮明特徵來。

這一切見於《舊約》，也是《摩西五經》的第二卷書《出埃及記》。**《出埃及記》的主旨就是上帝耶和華怎樣通過摩西，救贖在埃及淪為奴隸的以色列人，指引他們史詩一般長征逃出埃及。**同時，顯示上帝怎樣和摩西立下十誡，使希伯來人有了正式的立法；以及人一旦違背他和上帝之間所立的約，將會受到怎樣的懲罰。出埃及的時間如前所述，一般認為是在公元前1446年，根據之一是《士師記》中的這一段話：「以色列人住希實本和屬希實本的鄉村，亞羅珥和屬亞羅珥的鄉村並沿亞嫩河的一切城邑，已經有三百年了。」（11：26）這是埃及國內第十八王朝的時期。

⊛ONE 為什麼出埃及

以色列人的出埃及故事，緣由還得從《創世記》說起。如前所述，亞伯拉罕生以撒，以撒生雅各。雅各後來奉上帝之命，改名為以色列，他的十二個兒子，是以色列十二個支脈的祖先。十二個兒子當中，第十一子約瑟最得父親寵愛，免不了驕傲，結果就因為弟兄之間的忌妒和紛爭，被賣到埃及為奴。可是約瑟會圓夢。當初他就是因為洋洋得意同哥哥們說夢，說夢見太陽、月亮和十一顆星向他下拜，幾乎招致殺身之禍。有一次埃及法老連著做了兩個奇怪的夢：先是夢見河裡走出來七頭肥壯的母牛，在河邊吃草，可是一轉眼河裡又上來七頭瘦弱的母牛，吞食了七頭肥壯的母牛；接著法老又夢見一棵麥子長了七顆麥穗，肥大又佳美，可是一轉眼，它又長出來七個乾瘪焦黃的穗子，七個乾瘪焦黃的穗子，就吞食了七個肥大佳美的穗子。法老百思不得其解，最後找到約瑟。約瑟說，法老做的其實是一個夢，七頭肥壯的母牛也好，七個肥大的麥穗也好，它們都是指七個豐年。反之，七頭醜陋的母牛也好，七個乾瘪的麥穗也好，它們都是指七個災年。所以埃及將有七個豐年，然後緊跟著是七個災年。而且這饑荒是如此之大，使人忘卻了先前的七個豐年。埃及因此在豐年拚命積蓄聚斂糧食，當七個荒年來臨的時候，周圍遍地哀鴻，埃及卻是有備無患，

† 約瑟給法老說夢

甚至還可以供應糧食給鄰國。這裡我們再一次見證了七的神秘意義。後來,當上埃及宰相的約瑟,和哥哥們兄弟相認,雅各一家遷居埃及與約瑟重逢:「約瑟遵著法老的命,把埃及最好的地,就是蘭塞境內的地,給他父親和弟兄居住,作為產業。」(《創世記》47:11)

以色列人迅速繁衍,人口急速增加,成為一個強盛的民族,住滿了埃及。可是以色列人並沒有很長的好日子。約瑟的故事可能發生在許克所斯帝國侵佔埃及的時期。許克所斯帝國是公元前 17 世紀在亞洲的一個帝國,這些統治埃及的人,本身不是埃及人,所以才比較可能委派約瑟,一個非埃及人做宰相。約瑟的時代過去以後,埃及有一個新的法老登基,對約瑟的事毫無所知,反而擔心以色列人數的激增,恐怕有一天比埃及人強盛,成為他們的威脅。因此,埃及人逐漸轄制、壓迫以色列人,使他們淪為貧苦的奴隸。《出埃及記》開篇就提到:

> 有不認識約瑟的新王起來,治理埃及,對他的百姓說:「看哪,這以色列民比我們還多,又比我們強盛。來吧!我們不如用巧計待他們,恐怕他們多起來,日後若遇什麼爭戰的事,就連合我們的仇敵攻擊我們,離開這地去了。」於是埃及人派督工的轄制他們,加重擔苦害他們。(1:8—11)

這些文字似乎是形容許克所斯帝國控制埃及的時代過去以後,一位埃及人法老統治埃及的時期。埃及人對以色列人的壓制越來越重,可是以色列人似乎是習慣了當奴隸的日常生活,他們住在城市裡,有吃有喝,自由是天方夜譚的奢望,而且他們似乎對此也沒有多大的熱情。一個民族的希望,眼看就這樣付之東流了。

為了遏止以色列人的繁衍,法老命令希伯來的兩個接生婆,凡有男嬰降世,一律格殺勿論。但是接生婆回稟說,希伯來婦人天生健壯,接生婆還沒有看到,孩子已經生下來了。法老因此向全國發佈了一道命令:

> 法老吩咐他的眾民說:「以色列人所生的男孩,你們都要丟在河裡;一切的女孩,你們要存留她的性命。」(1:22)

這似乎是人類歷史上最早的屠嬰記錄,而且屠嬰命令針對的,總是男嬰。僅此而言,就可見出男性是如何從他剛剛降生起,就生活在刀光劍影的血腥世界裡。摩西就是在這樣的背景下誕生的。摩西出生在以色列一個利未族的家

庭裡，他的出生極有傳奇色彩。母親先是將
他藏匿了三個月，後來藏無可藏，只好將他
放在一個蒲草箱裡，擱在河邊的蘆葦叢中。
正巧法老的女兒到河邊沐浴，發現這男嬰，
動了惻隱之心。一邊男嬰的姐姐趁機跑出來
說，在希伯來婦人中，給這孩子找個奶媽不
好嗎？如是摩西的親生母親鬼使神差給摩西
當了奶媽，摩西名義上的母親，則是埃及的
公主。公主給孩子取名「摩西」（Moses），
意思是水裡拉出來的。

　　「摩西」是埃及的名字，他在埃及的王
宮裡長大，受埃及最上等的宮廷教育。但是
他又是以色列的血統，有親生母親給他當奶
媽。所以就摩西本人來說，是再清楚不過的
埃及和以色列跨文化的產兒。摩西長大成人
並得知自己真實身份後，嘗試用自己的力量
改善以色列人的生活情況，但事與願違。一
天，他盛怒之下打死了一個欺辱以色列人的
埃及人，自己原有的以色列人身份也因此傳
佈開去。摩西只好逃亡，他來到西奈半島的
沙漠曠野。在米甸結識了遊牧部落的祭司葉
忒羅，同他的女兒西波拉成婚，生下二子。
平時就放牧岳父的羊群，一切宏願自然都煙
消雲散。

　　摩西的信仰因此是來源於沙漠曠野，而
不是埃及的王宮。誰會想到，摩西會在他八十
歲的時候，遇到上帝呢。那一天，摩西放羊
放到何烈山也就是西奈山上，有耶和華的使
者在燃燒的荊棘叢裡向摩西顯現。摩西看那

屠嬰

發現摩西

荊棘熊熊燃燒，卻沒有燒燬，不禁大吃一驚。然後荊棘裡傳來了上帝招呼他的聲音，摩西走上前去，但聞上帝言：「我是你父親的上帝，是亞伯拉罕的上帝，以撒的上帝，雅各的上帝。」（3：6）但是摩西蒙住了臉，他究竟也還是沒有看到上帝。上帝大象無形，即便對於摩西，看來也不在例外。

　　耶和華對摩西說，「我要打發你去見法老，使你可以將我的百姓從埃及領出來。」（3：10）說老實話要摩西回去真是勉為其難，摩西壓根就無心再回去同埃及人打交道。耶和華向他顯示了許多神蹟，包括將他手裡的木棍變成條蛇，讓他好好的手突然長麻風，又突然痊癒，摩西都還無動於衷。我們不妨看這一段對話：

　　摩西對耶和華說：「主啊，我素日不是能言的人，就是從你對僕人說話以後，也是這樣，我本是拙口笨舌的。」耶和華對他說：「誰造人的口呢？誰使人口啞、耳聾、目明、眼瞎呢？豈不是我耶和華嗎？現在去吧！我必賜你口才，指教你所當說的話。」摩西說：「主啊，你願意打發誰，就打發誰去吧！」（4：10—13）

　　摩西如此推諉，上帝勃然大怒，可是大怒也沒有辦法。到底還是又請出摩西能言善辯的哥哥亞倫，才說動摩西攜妻兒回歸埃及。這可見先知的稟賦很多時候並不是與生俱來，即便像摩西那樣天降大任於斯人，他都還是無動於衷。值得注意的是，後來口才

So the LORD said to him, "Who has made man's mouth? Or who makes the mute, the deaf, the seeing, or the blind? *Have* not I, the LORD?

"Now therefore, go, and I will be with your mouth and teach you what you shall say."

But he said, "O my Lord, please send by the hand of whomever *else* You may send."

(Exodus 4:11-13)

逾越節的誕生

滔滔雄辯的是摩西，反而耶和華說是能言的亞倫，一直顯得沉默寡言。看來話語和權利，真是一對攣生兄弟。

　　法老當然不願意自己的奴隸遠走高飛。一開始摩西和亞倫只是向法老告三天假，讓他們到曠野去祭一祭以色列人自己的上帝。法老卻說：「耶和華是誰，使我聽他的話，容以色列人去呢？我不認識耶和華，也不容以色列人去！」（5：1—2）不僅如此，法老還變本加厲，制定新條例，加重勞役，使以色列人叫苦連天，摩西和亞倫頓時就成了人民公敵。無奈之下，摩西和亞倫重新晉見法老，既然言語不起作用，摩西就開始施法了。

　　摩西假耶和華的大能，給埃及降下十個災禍。一是血災，埃及所有的河水變為血水。二是蛙災，全埃及青蛙氾濫成災。三是虱災，遍埃及的塵土變成了虱子。四是蠅災，蒼蠅鋪天蓋地而來。五是畜疫災，全埃及牲畜染上瘟疫，幾乎死光。六是瘡災，埃及的人畜長滿毒瘡。七是雹災，冰雹與天火從天而降，專打埃及人，不打以色列人。八是蝗災，埃及全境不剩一點綠色。九是黑暗之災，埃及三天三夜，漆黑無光。可是《聖經》說，耶和華使法老的心剛硬，他就是不答應以色列人出走。這時候上帝藉著摩西和亞倫的手，行了第十個神蹟。這最後一個災害，無疑是最為可怖的災害，它是以其人之道，還治其人之身，再一次顯示了屠嬰的血腥。

　　但這一次屠嬰是上帝的旨意。上帝差遣

And it came to pass at midnight that the LORD struck all the firstborn in the land of Egypt, from the firstborn of Pharaoh who sat on his throne to the firstborn of the captive who *was* in the dungeon, and all the firstborn of livestock.

(Exodus 12:29)

死亡的使者在逾越節半夜，把埃及一切頭生的人畜殺死，上自法老，下至僕婢，甚至所有的牲畜都不能倖免。唯獨這次可怕的災禍之後，法老才心驚膽戰，立即下令放人。關於這第一個逾越節的來歷，《出埃及記》是這樣記載的：

> 於是，摩西召了以色列的眾長老來，對他們說：「你們要按著家口取出羊羔，把這逾越節的羊羔宰了。拿一把牛膝草，蘸盆裡的血，打在門楣上和左右的門框上。你們誰也不可出自己的房門，直到早晨。因為耶和華要巡行擊殺埃及人，他看見血在門楣上和左右的門框上，就必越過那門，不容滅命的進你們的房屋，擊殺你們。這例你們要守著，作為你們和你們子孫永遠的定例。」（12：21—24）

逾越節因此成為以色列人特有的文化、永遠的定例。過逾越節時，以色列人宰殺羊羔，將羊羔的血塗在門框和門楣上，假定當死亡天使見到血的記號，便逾越過去。一家人逾越節夜晚都要留在家中，一起吃燒烤的羊羔、無酵餅和苦菜的家宴。由此，猶太民族重溫歷史，紀念祖先曾在埃及為奴受苦，以及上帝把他們從奴役中拯救出來，帶領他們進入迦南建立國家的歷史。家宴於猶太曆尼散月 15 日（陽曆 4 月前後）舉行，必須有好幾種有象徵意義的食品，大家齊唱逾越節之歌，復述以色列人從埃及得釋放的典故。最年幼的孩子要分別提出四個問題：「今晚與其他的夜晚有何分別？為什麼今晚只吃無酵餅？為什麼今晚吃生菜時要蘸鹽水兩次？為什麼今晚要倚著椅背吃？」全家在父親的引導之下依次誦讀逾越節的禮文《哈加達》（Haggadah），復述《出埃及記》中的事蹟，以回答上面四個問題。為什麼今晚只吃無酵餅？無酵餅是用來提醒猶太人，他們的祖先曾在埃及為奴。因此逾越節也稱為「除酵節」。

唯獨殺死頭生子這一災，徹底震懾了法老。是夜，法老、他的臣僕和所有埃及人都被驚醒，只聽到一片號啕哀哭聲，非常恐怖，因為家家戶戶都死了人。終於以六十萬男丁為主的以色列人，得以浩浩盪盪，徒步離開他們客居為奴太久的埃及。上帝白天用雲柱，夜間用火柱指引他們日夜兼程，沿著古地中海的商道一路前行。以色列人出埃及的路線，本身不啻是一次艱難困苦的長征：「法老容百姓去的時候，非利士地的道路雖近，上帝卻不領他們從那裡走，因為上帝說：『恐怕百姓遇到打仗後悔，就回埃及去。』所以，上帝領百姓繞道而行，走紅海曠野的路。」（13：17—18）

然後是過紅海的神蹟。法老待以色列人離開後，惱羞成怒，親率戰車和騎兵跟蹤追擊，在比哈西錄附近趕上了逃亡的以色列人。前面是大海，後面是法老的追兵，驚惶失措的以色列人開始埋怨摩西：

難道在埃及沒有墳地，你把我們帶來死在曠野嗎？你為什麼這樣待我們，將我們從埃及領出來呢？我們在埃及豈沒有對你說過，不要攪擾我們，容我們服侍埃及人嗎？因為服侍埃及人比死在曠野還好。（14：11—12）

✝ 渡過紅海

好死不如賴活。這是以色列人的天性嗎？抑或它就是我們所有人的天性？這可見人的天性是多麼需要啟蒙。摩西就是這樣一個啟蒙者。他首先要拯救以色列人的肉體，然後再拯救以色列人的思想。在這千鈞一髮的時刻，摩西舉手向海伸出手杖，上帝興起強風將海水兩面分開，好像兩堵牆，海底變成乾地，以色列人走乾地過了紅海。埃及的追兵跟在後頭，也下到海中。當以色列人一上了對岸，摩西再次向海伸出手杖，上帝使海水復合，淹沒所有的戰車、馬匹和軍兵：

當日，耶和華這樣拯救以色列人脫離埃及人的手，以色列人看見埃及人的死屍都在海邊了。以色列人看見耶和華向埃及人所行的大事，就敬畏耶和華，又信服他和他的僕人摩西。（14：30—31）

以色列人就這樣走出埃及，開啟了他們新的生路和心路歷程。出埃及的事件，因此

是標誌了以色列民族的誕生，也闡明了他們存在的主旨，成為以色列民族宗教信仰的基礎，一如《申命記》所言：

> 耶和華專愛你們，揀選你們，並非因你們的人數多於別民，原來你們的人數在萬民中是最少的。只因耶和華愛你們，又因要守他向你們列祖所起的誓，就用大能的手領你們出來，從為奴之家救贖你們脫離埃及王法老的手。所以你要知道耶和華你的上帝，他是上帝，是信實的上帝；向愛他、守他誡命的人守約，施慈愛直到千代；向恨他的人當面報應他們，將他們滅絕。凡恨他的人，必報應他們，決不遲延。所以你要謹守遵行我今日所吩咐你的誡命、律例、典章。（7：7—11）

Two 摩西十誡

摩西十誡某種程度上，可視為上帝通過摩西給以色列人的精神啟蒙。事實上，即便擺脫法老追兵，以色列人的出埃及記也還遠談不上一帆風順。過紅海後以色列人進入書珥曠野。三天找不到水喝，後來看到了水，卻是苦水。摩西求告耶和華，耶和華讓他砍下棵樹扔在水裡，水才變成了甜水。後來又沒有東西吃，以色列人再一次責怪摩西和亞倫，說是將他們從埃及的肉鍋邊上帶到了這塊不毛之地，坐以待斃。這時候上帝再一次顯示神蹟，先是晚上有數不清的鵪鶉從天而降，給大家吃不盡的鵪鶉肉。然後，早晨起來，營地四周有狀如白霜的小圓物，這是聖經裡特有的食物：「這食物，以色列家叫嗎哪（manna），樣子像芫荽子，顏色是白的，滋味如同摻蜜的薄餅。」（16：31）天降鵪鶉和嗎哪，到底是解除了以色列人荒野中的糧源之憂。

以色列人出埃及三個月之後，來到西奈山下，安下營來。就在西奈山上，耶和華通過摩西，向以色列人頒佈了十誡。事實上，上帝頒佈十誡，聽眾不光是摩西一人，還有以色列的所有百姓。這有耶和華同摩西所說的話為證：「我要在密雲中臨到你那裡，叫百姓在我與你說話的時候可以聽見，也可以永遠信你了。」（19：9）上帝在電閃雷鳴中，被火簇擁著降臨山頂，作為《舊約》根基的「摩西十誡」，由此誕生：

> 我是耶和華你的上帝，曾將你從埃及地為奴之家領出來。除了我以外，你

不可有別的神。

　　不可為自己雕刻偶像；也不可做什麼形象，彷彿上天、下地和地底下、水中的百物。不可跪拜那些像，也不可侍奉它，因為我耶和華你的上帝是忌邪的上帝。恨我的，我必追討他的罪，自父及子，直到三四代；愛我、守我誡命的，我必向他們發慈愛，直到千代。

　　不可妄稱耶和華你上帝的名；因為妄稱耶和華名的，耶和華必不以他為無罪。

　　當記念安息日，守為聖日。六日要勞碌做你的工，但第七日是向耶和華你上帝當守的安息日。這一日你和你的兒女、僕婢、牲畜，並你城裡寄居的客旅，無論何工都不可做；因為六日之內，耶和華造天、地、海，和其中的萬物，第七日便安息，所以耶和華賜福與安息日，定為聖日。

　　當孝敬父母，使你的日子在耶和華你上帝所賜你的土地上得以長久。

　　不可殺人。

　　不可姦淫。

　　不可偷盜。

　　不可做假見證陷害人。

　　不可貪戀人的房屋；也不可貪戀人的妻子、僕婢、牛驢，並他一切所有的。（20：2—17）

　　十誡是摩西律法的核心，以後耶和華繼續向以色列人宣示的全部律法，都是本著十誡的精神展開。上帝耶和華本人的出場極具有戲劇性，顯得驚心動魄而令人生畏。對此

摩西向以色列人宣讀十誡

《出埃及記》的描述是，「眾百姓見雷轟、閃電、角聲、山上冒煙，就都發顫，遠遠地站立。」（20：18）這可見上帝頒佈律法，首先是以他自己顯身的巨大的震懾力量，賦予他的誡命以毋庸置疑的權威性。這在下面的對話中也顯現出來。以色列百姓對摩西說，求你和我們說話，我們一定聽，不要讓上帝和我們說話，我們怕死。摩西則安慰他的百姓說，「不要懼怕，因為上帝降臨是要試驗你們，叫你們時常敬畏他，不至犯罪。」（20：21）這一求一答之間，上帝頒佈十誡的威勢，也躍然紙上。

以十誡為總綱，上帝進而頒佈了許多戒律和刑罰細則。如果說十誡在很多方面還是高屋建瓴的精神嚮導，如第一條就是宣佈耶和華上帝是曾將以色列人從埃及帶出來的唯一神，第二條是禁止偶像崇拜，第三條是不許妄稱耶和華上帝的名字。這些誡命，毋寧說首先是上帝的一種自我定義。但是接下來，上帝頒佈的律法就不嫌其詳，幾乎涵蓋了社會生活的各個方面。如第一條就是善待奴僕，規定若買希伯來人做奴隸，六年之後應當給他自由。這同以色列人在埃及的屈辱地位，構成鮮明對比。有一些條例則反覆傳誦，成了跨文化的格言。例如：

若有別害，就要以命償命，以眼還眼，以牙還牙，以手還手，以腳還腳，以烙還烙，以傷還傷，以打還打。（21：23—25）

這般樣受到了重傷害，必針鋒相對，以暴抗暴的倫理，其實非常符合以色列民族最初形成時期所面臨的兇險生存環境。

當時摩西走下山來，把耶和華的命令和典章一一述說給以色列百姓聽，以色列百姓異口同聲說，既然是上帝交代的，那麼我們就一定遵行。摩西因此將耶和華的律令一一記載下來，第二天清早，在山下修了祭壇，又按以色列十二個支派，立了十二根柱子。然後帶領七十位以色列長老，再一次上山。但是靠近上帝的，依然只有摩西一人：「耶和華的榮耀在山頂上，在以色列人眼前，形狀如烈火。摩西進入雲中上山，在山上四十晝夜。」（24：17）四十晝夜過後，摩西下山，耶和華交給他兩塊石版，《出埃及記》裡特別說明，「是上帝用指頭寫的石版」（31：18）。這是上帝留下的唯一的文字蹤跡。如今它們在哪裡呢？

摩西十誡可以說是《舊約》形成的基礎。它主要是道德律令，對於宗教儀式的繁文縟節，反而著言不多。但是以色列的民族意識就在摩西十誡的頒佈當中生

長起來。十誡本身的含義，是顯示虔敬誠信和堅守公義，要比任何形式上的禮儀重要得多。從更為廣泛的角度看，摩西律法可以比較年代上與它最近，大約公元前1700年左右的《漢謨拉比法典》，兩者都顯示了鮮明的、毫不含糊的公義概念。這是人類最初時代的法典，它們的主體，就是濃厚的道德意識。道德和法律，我們看到在人類文明的初始階段，就是那樣難分難解地聯繫在一起了。

THREE 出埃及的意義

出埃及的意義是再怎麼強調，都不為過的。只有在出埃及以後，以色列人的民族意識，才漸而愈益變得清晰起來。事實上，上帝耶和華都時時提醒以色列人，讓他們用出埃及的故事來教育兒女，討論信仰，確保他們的信仰得以傳承。《申命記》裡，我們讀到上帝如此指示他的子民們：

日後，你的兒子問你說：「耶和華我們上帝吩咐你們的這些法度、律例、典章，是什麼意思呢？」你就告訴你的兒子說：「我們在埃及做過法老的奴僕，耶和華用大能的手將我們從埃及領出來，在我們眼前，將重大可怕的神蹟奇事，施行在埃及地和法老並他全家的身上，將我們從那裡領出來，要領我們進入他向我們列祖起誓應許之地，把這地賜給我們。耶和華又吩咐我們遵行這一切律例，要敬畏耶和華我們的上帝，使我們常

得好處，蒙他保全我們的生命，像今日一樣。我們若照耶和華我們上帝所吩咐的一切誡命謹守遵行，這就是我們的義了。」（6：20—25）

不僅如此，後來在君王的時代，以色列人偏離傳統的信仰，去敬拜別神的時候，先知在呼籲他們歸正時，也常常提到傳統信仰的核心——出埃及的事蹟：「以色列年幼的時候，我愛他，就從埃及召出我的兒子來。先知越發招呼他們，他們越發走開，向諸巴力獻祭，給雕刻的偶像燒香。」（《何西阿書》11：1—2），以及「我曾將你從埃及地領出來，從作奴僕之家救贖你；我也差遣摩西、亞倫，和米利暗在你前面行」（《彌迦書》6：4）。

出埃及的意義是什麼？上帝把海水分開，使以色列人行走乾地過海，卻把追殺他們的軍兵淹沒在海裡。他們安全抵達對岸時歡唱：「我要向耶和華歌唱，因他大大戰勝，將馬和騎馬的投在海中。耶和華是我的力量，我的詩歌，也成了我的拯救。這是我的上帝，我要讚美他，是我父親的上帝，我要尊崇他。」（《出埃及記》15：1—2）出埃及事蹟述說上帝的拯救，呼籲讀者與以色列人一同歡慶上帝的救恩。在以色列人世世代代的崇拜中，出埃及事蹟是他們頌讚上帝的主題，不斷地浮現在他們的讚美詩之中。其中最具代表性的一首是《詩篇》136 篇：

> 稱謝那擊殺埃及人之長子的，
> 　因他的慈愛永遠長存。
> 他領以色列人從他們中間出來，
> 　因他的慈愛永遠長存。
> 他施展大能的手和伸出來的膀臂，
> 　因他的慈愛永遠長存。
> 稱謝那分裂紅海的，
> 　因他的慈愛永遠長存。
> 他領以色列從其中經過，
> 　因他的慈愛永遠長存；
> 卻把法老和他的軍兵推翻在紅海裡，
> 　因他的慈愛永遠長存。（136：10—15）

縱觀《舊約》，在以色列的歷史中，每當遭遇危機時，出埃及事蹟便會帶

給他們鼓勵和盼望。以色列國在公元前 587
年被巴比倫帝國所滅，國破家亡、百姓被擄
到外邦。如《以賽亞書》所載，當以色列人
絕望時，先知以賽亞就這樣鼓勵他們：

「我是耶和華你們的聖者，是創造以色
列的，是你們的君王。」耶和華在滄海中開
道，在大水中開路，使車輛、馬匹、軍兵、
勇士都出來，一同躺下，不再起來；他們滅
沒，好像熄滅的燈火。耶和華如此說：你們
不要記念從前的事，也不要思想古時的事。
看哪，我要做一件新事，如今要發現，你們
豈不知道嗎？我必在曠野開道路，在沙漠開
江河。（43：15—19）

在此，以賽亞不但向上帝呼籲，並且滿
懷信心，盼望被擄之民的歸回，預言他們將
要歌唱著來到錫安（耶路撒冷的別稱），重
建聖殿和修建城牆，這意味著一個「新的出
埃及」：「耶和華救贖的民必歸回，歌唱來
到錫安；永樂必歸到他們的頭上。他們必得
著歡喜快樂；憂愁歎息盡都逃避。」（35：
10）

「新的出埃及」不光是在指後來王國猶
太人在波斯大帝居魯士的詔令下的回歸耶路
撒冷重修聖殿，耶穌救世的使命也被詮釋為
另一個「新的出埃及」。教會裡，眾信徒就
是「新以色列」。使徒馬太引證先知何西阿
論述在《舊約》時代，上帝將以色列人從埃
及召出來時，用了「我的兒子」（兒子為單
數）一語。在《新約》時代，耶穌基督代表

And the ransomed of the LORD
shall return, and come to Zion with
singing, with everlasting joy on their
heads. They shall obtain joy and
gladness, and sorrow and sighing
shall flee away.

(Isaiah 35:10)

上帝的一群「新子民」，也就是「新以色列」。故此，《馬太福音》描述耶穌的父母為了逃避希律王殺害，一樣是逃到了埃及：

> 他們去後，有主的使者向約瑟夢中顯現，說：「起來，帶著小孩同他母親逃往埃及，住在那裡，等我吩咐你；因為希律必尋找小孩子，要除滅他。」約瑟就起來，夜間帶著小孩子和他母親往埃及去；住在那裡，知道希律死了。這是要應驗主藉先知所說的話，說：「我從埃及召出我的兒子來。」（2：13—15）

將嬰孩耶穌帶到埃及避難的事件，如上所見，正應驗了當初以色列先知何西阿所說的話：「我從埃及召出我的兒子來」（《何西阿書》11：1）。一如在摩西出世的時代，法老曾經下命令殺死所有的男嬰，在埃及的以色列人因喪子痛哭，相似地，耶穌降生的時候，希律王也下命令殺死所有的男嬰：「希律見自己被博士愚弄，就大大發怒，差人將伯利恆城裡並四境所有的男孩，照著他向博士仔細查問的時候，凡兩歲以裡的，都殺盡了。」（《馬太福音》2：16）希律屠嬰命令既下，猶太人再次因喪子而痛哭。《馬太福音》藉著將發生在耶穌身上的事件與出埃及事件對比，論證耶穌基督就是新約時代的摩西，他要完成「新的出埃及」，他拯救的那一群人，就是「新以色列」。

耶穌與門徒的最後晚餐，也就是逾越節的筵席。如《路加福音》所載：「除酵節，須宰逾越羊羔的那一天到了。耶穌打發彼得、約翰說：『你們去為我們預備逾越節的筵席，好叫我們吃。』」（22：7—8）。耶穌要藉著自己所流的血和所受的死設立「新的約」，正如以色列人在西奈山與上帝立約一樣。耶穌與門徒吃最後的晚餐時，拿起餅來，祝謝之後，便掰開分給門徒，說：「你們拿著吃，這是我的身體。」接著又拿起杯來，祝謝了，遞給他們，說：「你們都喝這個，因為這是我立約的血，為多人流出來，使罪得赦。」（《馬太福音》26：26—28）。所以使徒保羅提醒哥林多的信徒，主耶穌就是那「逾越節的羔羊」（《哥林多前書》5：7）。

的確，誰都無法否定出埃及帶給古代以色列宗教、現代猶太教以及基督教的重要意義。在每一個時代裡，似乎都有「出埃及」的事蹟，述說某個社群的誕生，以及他們經歷上帝拯救之後的感謝之情。出埃及的故事自有一種獨特的魅力，不斷地引起讀者的回應，對古代的以色列人、現代的猶太人、天主教徒或基督教徒是這樣，對教外人士也是如此。

CHAPTER 3

《利未記》的文學性

《利未記》是《摩西五經》的第三卷，據信係摩西所撰。它**記述以色列人在摩西率領下出埃及後，上帝在會幕中向摩西曉諭的誡命、律令和典章**。利未人是以色列的一族，是上帝召選出來的祭司和神殿守護人。故而《利未記》是《聖經》中的「祭司手冊」，也是古代以色列人的「信仰手冊」。這樣看來，《利未記》就是神聖故事的組成部分，它指導以色列人如何保持祭儀的潔淨，如何蒙神悅納，以及如何保持相互之間的美好關係。但是這些都是有關祭司祭儀的各類律法，它們是遠古習俗文化的記錄，和文學又有什麼關係呢？說實在的，在《聖經》所有的書卷裡，《利未記》是屬於那一類同文學最不相干的篇章。不過且慢，以文學涉及**結構**和**懸念**，涉及人類的**情感**而言，這就有話可說了。

❋ONE 《利未記》的結構

　　《利未記》不是講故事，鮮有情節可以引人入勝。但是《利未記》同樣有一個敘事結構，這個結構大致是這樣的：利未人因為在鎮壓祭拜金牛犢事件中，堅定支持摩西，被選定為祭司部落。耶和華在新建成的會幕中呼叫摩西，一一講述了獻祭條例和行祭過程，以及祭司獻各類祭儀的責任。祭典的儀式是相當複雜且有講究的。以耶和華喜歡的燔祭為例，按照獻祭場合的重要性、獻祭人的社會地位和經濟條件，又分為公牛祭、公羊祭和鳥祭三種等級。就頭一等的公牛祭來看，上帝是這樣交代摩西的：

　　　　他的供物若以牛為燔祭，就要在會幕門口獻一隻沒有殘疾的公牛，可以在耶和華面前蒙悅納。他要按手在燔祭牲的頭上，燔祭便蒙悅納，為他贖罪。他要在耶和華面前宰公牛；亞倫子孫作祭司的，要奉上血，把血灑在會幕門口壇的周圍。那人要剝去燔祭牲的皮，把燔祭牲切成塊子。祭司亞倫的子孫，要把火放在壇上，把柴擺在火上。亞倫子孫作祭司的，要把肉塊和頭並脂油，擺在壇上火的柴上。但燔祭的臟腑與腿，要用水洗，祭司就要把一切全燒在壇上，當作燔祭，獻與耶和華為馨香的火祭。（1：3—9）

　　燔祭之所以為上帝特別鍾愛，是因為它是點滴不留全部獻給神的，因此燔祭牲口一般要燒乾淨。想想當初，亞當的兩個孩子裡，

NOW the LORD called to Moses, and spoke to him from the tabernacle of meeting, saying,

"Speak to the children of Israel, and say to them: 'When any one of you brings an offering to the LORD, you shall bring your offering of the livestock—of the herd and of the flock.

(Leviticus 1:1-2)

上帝如何獨讚許亞伯的燔祭，視而不見該隱的穀物祭吧。燔祭的目的如上所見，是為贖罪。它的因果是如果獻祭人要活下去，那麼就必須有其他生命替代赴死。這同樣是一種遠古文化的遺風。

摩西聽從上帝的吩咐，把兄長亞倫和亞倫的兒子們帶到會幕，立為聖祭。亞倫與他的幾個兒子於是按照摩西傳達的耶和華指令，按部就班開始獻祭。亞倫獻了贖罪祭、燔祭、平安祭，耶和華的榮光就向眾民顯現，有火從耶和華面前出來，在壇上燒盡燔祭和脂油。眾民一見，都歡呼匍匐在地。但是這時候出了意外，亞倫的兩個兒子拿答和亞比戶沒有依照耶和華吩咐，用凡火給上帝獻祭，頓時有火從祭壇上出來，將兩人燒死在耶和華面前。這時候，耶和華重申祭司們應該遵守的禁忌和條例，以及一應日常生活中的潔淨條令。亞倫舉行禮儀，宰殺公牛犢為本家族的祭司贖罪，又將兩隻公山羊送入曠野，以頂替以色列眾人的一切罪孽，是為替罪羊。上帝又頒佈亂倫禁忌條令，佈定節期，詳細規定了以色列人在社會生活中的行為準則。

以上是《利未記》的梗概。它並非同文學沒有緣分，我們首先可以來看它的結構。或者我們可以說，《利未記》的結構是一個精心構築的典型的三角形結構。就起首的三章來看，第一章是講燔祭，第二章是講素祭，第三章則交代平安祭，這是以三為進的第一層結構。進而視之，無論是燔祭、素祭，還是平安祭，都又進一步三分，具體到三種祭品。第一章裡燔祭的祭品依次是牛、羊和鳥。以牛為祭的條例上面已經有了陳述，以羊為祭是這樣的，當然，同樣需要獻上一隻沒有殘疾的公羊：

> 要把羊宰於壇的北邊，在耶和華面前，亞倫子孫作祭司的，要把羊血灑在壇的周圍。要把燔祭牲切成塊子，連頭和脂油，祭司就要擺在壇上火的柴上。但臟腑與腿要用水洗，祭司就要全然奉獻燒在壇上。這是燔祭，是獻與耶和華為馨香的火祭。（1：11—13）

我們看到公羊的獻祭方式與公牛大致相當，但是敘述人沒有因而一言帶過，而是以相當的篇幅予以重複了公牛獻祭的場景。這是非常細緻的敘述，極有戲劇色彩。之下還有鳥獻祭儀式的交代。鳥為燔祭，耶和華明令應當用斑鳩或雛鴿，但是程序有所不同：

> 祭師要把鳥拿到壇前，揪下頭來，把鳥燒在壇上，鳥的血要流在壇的旁邊。

又要把鳥的嗉子和髒物除掉，丟在壇的東邊
倒灰的地方。要拿著鳥的兩個翅膀，把鳥撕
開，只是不可撕斷。（1：15—17）

　　即便如此，鳥祭的篇幅並不長於簡單重
複公牛場景或公羊場景。這是相當均衡的以
三為進的結構。甚至人物亦然：一為宰牛人，
一為祭司，一為上帝。戲劇性就在這三個方
位之間展開。祭司是亞倫的子孫，這在敘述
裡面被多次強調，顯然是凸現了祭儀的西奈
背景。摩西和其兄長亞倫都是利未人，摩西
在西奈山奉耶和華命頒佈十誡後，以色列人
曾因摩西再次上山遲遲不歸，三心二意竟至
鑄造金牛犢頂禮膜拜。摩西返歸後大怒之下，
不但焚燬金牛犢，把它磨成粉末，強令眾人
喝下，更命利未人持刀營中，殺死三千叛教
者。這是利未人之為祭司部族的由來，也是
給祭儀染上濃墨重彩的西奈背景。獻祭儀式
本身的敘述是按部就班、有條不紊從容進行
的，但是滾滾風雷已經醞釀其中了。

　　第二章的素祭一樣三分，三種祭品分別
是爐中烤的、鐵鏊上烤的和煎盤作的調油無
酵細麵食品。第三章平安祭的三種供品則分
別是牛、羊羔和山羊，無分公母，但必須沒
有殘疾。從敘事的角度來看，不同祭品供奉
的描寫，應可在一統祭儀中帶進一點變化，
正符合「雜多的統一」（unity in variety）這
個來歷悠久的美學原則。不同的祭品也是以
應不時之需。公牛當然是為上乘，但事實上
它是富裕階級的專利，並不是人人都能負擔

得起。退而求之便可以在山羊和綿羊裡面挑選公羊。鳥祭則顯然是為更貧困階層預備。這一點《利未記》後文還有提及，如「她的力量若不夠獻一隻羊羔，她就要取兩隻斑鳩或是兩隻雛鴿，一隻為燔祭，一隻為贖罪祭」（12：8）。這是指生育的婦女獻祭。可見，獻祭是古代希伯來民族生活的一個不可或缺的組成部分，人無分男女貧富，概莫能外。

Two 祭司的服飾

　　祭司的服飾就美學的角度來看，是無論如何值得注意的。縱觀《出埃及記》裡記述祭司的服飾製作，美非但沒有在質樸名下被迴避過去，甚至上帝自己也明令祭司的衣服要縫製得漂亮，比如耶和華對摩西說：「你要給你哥哥亞倫作聖衣為榮耀，為華美。」（28：2）這和耶和華平時三令五申禁止形象崇拜，包括對他本人形象崇拜的嚴厲態度，迥然不同。上帝告訴摩西，亞倫和他祭司兒子們的服飾，要用金線、藍線、紫線、朱紅色線，並細麻來加以製作。聖衣的名分也有講究，它們分為胸牌、以弗得（ephod）、外袍、雜色的內袍，以及冠冕和腰帶。這裡面的主體是以弗得，這是大祭司的法衣，是用上述各色線交織細麻線精心織成，它有兩條肩帶，上面各鑲一塊紅寶石，每塊寶石上刻寫雅各六個兒子的名字，如是十二個名字便是雅各即以色列的十二個支派。亞倫身著這件大祭司服，肩擔以色列的十二個支派，其中的象徵意義當然不言而喻。寶石鑲嵌在金槽上，更有精金擰成的鏈子搭在兩個金槽上面，這一種金光燦爛的華美，自可想見。

　　祭司以弗得的外袍飾有一種鈴（pamon），為古代服飾裝飾中少見。鈴裝飾在袍子周圍底邊上，間居於各色線織成的石榴之間。《出埃及記》裡，我們看到耶和華這樣交代摩西：「在袍子周圍的石榴中間要有金鈴鐺。一個金鈴鐺一個石榴，一個金鈴鐺一個石榴，在袍子周圍的底邊上。」（28：33—34）進而重申：「又用精金作鈴鐺，把鈴鐺釘在袍子周圍底邊的石榴中間。一個鈴鐺一個石榴，一個鈴鐺一個石榴。」（39：25—26）由此可見鈴鐺同樣是精金製作，用來裝飾高級祭司的袍子，在袍子的底邊上相間飾以石榴和鈴鐺。鈴鐺為金，石榴也不簡單，須用藍色、紫色、朱紅色線並捻的細麻予

以織成。而如後來《新約》的闡釋，這等精
心製作的聖衣不光可見出製作人的謹慎和忠
心，更具有天人呼應的重要意義，因為它是
「天上事的形狀和影像」（《希伯來書》8：
5）。鈴可以是樂器，但是此處精金製作的
鈴鐺顯然還是主要用於裝飾，它的嚴格意義
上的音樂功能，應是可疑的。

　　《利未記》的祭儀法典是以色列人出埃
及後，曠野流浪中信仰根基的建樹。它不僅
規範了古代以色列人與上帝的立約關係，以
及在此一關係中的行為準則，而且為嗣後一
代代猶太民族的信仰留下了祭典禮儀的範式。
這一範式的確立遠不是風平浪靜的，驚心動
魄的滾滾風雲，瞬忽之間在我們面前展開。

✝ 胸牌和以弗得

THREE 天火降臨

　　亞倫及其四子被封為祭司後，有七天是
平安無事的。摩西叮囑亞倫和他的四個孩子
在會幕門口煮肉並吃肉，再吃承接聖職筐子
裡的餅，剩下來的肉和餅則用火焚燒，如此
七天不出會幕的門，等待承接聖職的日子滿
了，才可以出去。所以，「七天你們要晝夜
守住會幕門口，遵守耶和華的吩咐，免得你
們死亡，因為所吩咐我的就是這樣。」（8：
35）亞倫和他的四個做祭司的兒子不敢稍有
疏忽，自是小心翼翼聽從摩西轉述的上帝之
命，可以說是無懈可擊地守完了祭典的準備
階段。

但是死亡依然不可思議地隨著天火降臨。第八日亞倫並眾子按照上帝的律例準則開始執行祭司職責。起初一切按部就班，皆大歡喜，但是輪到亞倫的兩個兒子拿答和亞比戶出場，因為沒有按照規定，擅自用凡火敬香，竟招致耶和華震怒，當時就被燒死在祭壇面前：

> 亞倫的兒子拿答、亞比戶，各拿自己的香爐，盛上火，加上香，在耶和華面前獻上凡火，是耶和華沒有吩咐他們的，就有火從耶和華面前出來，把他們燒滅，他們就死在耶和華面前。（10：1—2）

上帝真是天威莫測，拿答和亞比戶何罪之有，竟至於糊里糊塗就死於非命？上帝的正義凡人應當如何領會，這確實成為一個莫大的謎。《利未記》通篇敘寫祭典禮儀，少有情節，但是情節一旦顯現，便直接推向高潮，拿答和亞比戶的死，正是在此一意義上顯示了潛伏在《舊約》深層結構之中的悲劇特徵。上帝的意旨遠不是清楚明白的，拿答和亞比戶究竟犯下的是什麼罪，《舊約》始終語焉不詳，上帝在燒死拿答和亞比戶之後，藉摩西之口說，「我在親近我的人中要顯為聖；在眾民面前，我要得榮耀」（1：3）。這話依然叫人雲裡霧裡，不知拿答和亞比戶的罪名究竟是在哪裡。由是觀之，好人受難，或者說，好人因過失而受難的希臘悲劇的主題，可以說是一樣在《利未記》中得到了彰顯。

但是《利未記》的主人公不是拿答和亞比戶，而是亞倫。亞倫眼見自己的孩子被燒死，當然不會高興。事實上天火燒過後摩西轉達上帝之言，亞倫就默默無語，一言不發。祭典結束後，摩西要找做贖罪祭的公山羊，那原是亞倫的另外的兒子按例當在聖所裡食用的，結果卻發現被一把火燒了。摩西大怒，叱責亞倫剩下的兩個兒子以利亞撒和以他瑪說，這贖罪祭是至聖的東西，主把它交給你們是要你們擔當大家的罪孽，在耶和華面前為他們贖罪，你們如何就沒有按照我的吩咐，在聖所裡吃這祭肉呢？我們發現當時亞倫就把摩西給頂了回去：

> 亞倫對摩西說：「今天他們在耶和華面前獻上贖罪祭和燔祭，我又遇見這樣的災，若今天吃了贖罪祭，耶和華豈能看為美呢？」摩西聽見這話，便以為美。（10：19—20）

亞倫是不是感到兩個兒子的死是上帝給他本人的一個警告？是不是感覺到上帝正在同他疏遠開來？之後《約伯記》中如驚濤駭浪般展開的以人的自由

意志追問上帝神義的悲劇衝突，在此似已聲色不動地埋下了種子。上帝的神義可以猜測嗎？上帝的神義恐怕不是凡人可以猜測的。

拿答和亞比戶招致殺身之禍，是因為用「凡火」獻祭了。但即便是「凡火」獻祭，他們也並非在行上帝令行禁止的事情，充其量是沒有一絲不苟尊奉祭典的既定程序。所謂「凡火」（'esh zarah），一般認為同樣可以翻譯作「非我屬類的火」，換言之它不是祭典上規定的用火，而是民間流行的用火方式。但是僅僅因為沒有按部就班按照上帝的律令行祭，就非得搭上祭司的性命以作補償？這樣的天條，思想下來足以使人戰戰兢兢。上帝果然容不得凡人的任何一點疏忽嗎？要之，後面亞倫的另外兩個兒子本來應該在聖所裡吃作贖罪祭的公山羊肉，結果卻因為父親阻止，沒有食祭反而燒了贖罪祭，如何不見耶和華再一次降罪？兩相比較起來，亞倫倖存的兩個兒子違反祭典程序，分明較死於天火的拿答和亞比戶更甚，何以這一次上帝就無所作為，反之願意聽從亞倫的解釋，並且通過摩西的傳達，認以為美？這可見上帝的神義，其實不是凡人可以猜度的。

因此，拿答和亞比戶究竟是不是死於疏忽之罪，歷代《舊約》的闡釋家中間也是疑問蜂起，不乏有人認定拿答和亞比戶不是因罪而亡，反之死亡實為兩人昇華的一個形式。持此一觀點的邏輯是，上文所引上帝在燒死拿答和亞比戶後藉摩西之口所說的「我

NADAB and Abihu, the sons of Aaron, each took his censer and put fire in it, put incense on it, and offered profane fire before the LORD, which He had not commanded them.

So fire went out from the LORD and devoured them, and they died before the LORD.

And Moses said to Aaron, "This is what the LORD spoke, saying: 'By those who come near Me I must be regarded as holy; and before all the people I must be glorified.' " So Aaron held his peace.

(Leviticus 10:1-3)

在親近我的人中要顯為聖」一語，指的就是拿答和亞比戶，既然同上帝親近，當然就是德而不是罪的親近。不僅如此，兩人據載是「死在耶和華面前」，這是不是意味著兩人不是死在祭典現場，而是升入天國，名副其實地「死在耶和華面前」？如果此說可以成立，那麼耶和華降下的火毋寧說便是一種導引，引導兩人的靈魂駕裊裊青煙，升騰到上帝跟前。公元 1 世紀著名猶太教哲學家亞歷山大的斐洛解經，即作如是說。斐洛指出抓住拿答和亞比戶的不是猛獸，而是一道永恆燦爛的天火：

> 因為他們真心實意拋棄怠惰，一片虔誠獻上了他們的熱情、熱忱和熱血，瞬息之間燒滅了他們的血肉之軀。這火對於世間來說是為「異類」，因為它屬於上帝的天國……他們駕乘裊裊青煙，直達天庭，在那裡他們才化為虛空，就像祭壇上充分燃燒下來的祭品，升騰進了天上的輝煌[①]。

這差不多有羽化登仙的氣派，拿答和亞比戶因此死而化入永恆的榮光，燒滅可朽的，換來不朽的，那其實是大家都羨慕的歸宿。而他們「死在耶和華面前」，說到底也應該是復生，緣由是人的屍體不可能橫陳在上帝面前，這就難怪耶和華何以在天火燒過之後，緊接著就說，「我在親近我的人中要顯為聖」，親近的人由是觀之，當然就是拿答和亞比戶。所以兩人委實是成聖，而遠不是死於非命。斐洛的喻意解經素來以天馬行空，想像力高漲蜚聲，但是天馬行空背後其實有著相當豐實的文化和歷史基礎，而並不是信口開河。近年如詹姆遜·庫格爾 1997 年出版《如其本然的聖經》，所持的也是這一看法。

但是我們大多數人沒有斐洛的稟賦，也沒有斐洛的想像力，因此拿答和亞比戶的死，無論如何看來也是一個悲劇事件。上帝的正義果真如此雲遮霧障、鬼神莫測嗎？假如說人徹底斷絕了猜度神聖意志的希望，那麼神聖意志的存在對於人類還有什麼意義可言？因此言雖不能言，非言不能傳也。由此不乏有人將目光轉向《出埃及記》裡金牛犢的插曲，利未人遵摩西命，殺死三千金牛崇拜者後，當時摩西有一個耐人尋味的隱喻，摩西是這樣說的，「今天你們要自潔，歸耶和華為聖，各人攻擊他的兒子和弟兄，使耶和華賜福與你們」（32：29）。現在《利未記》裡，我們見到摩西的隱喻終於露出真容，利未人的「兒

---

① Philo, "On Dreams", *Philo*, eds. and trans. F. Colson and G. Whitakeer, Book Ⅱ, Loeb Classical Books, Cambridge: Harvard University Press, 1966, p.67.

子和弟兄」果不其然歸聖耶和華，一切原來
早在意料之中。這樣看來，利未人到底是為
手刃自己的同胞，付出了血的代價。

　　由此可以見出《利未記》的文學性來。
它是一齣悲劇，但是基本上沒有情節的鋪
墊，它既沒有表現希臘悲劇中人的自由意志
和乖戾命運的悲壯衝突，也未必顯示希伯來
傳統中人神無法溝通的那一種悲聲如《約伯
記》，它的悲劇色彩更接近早期羅馬作家加
圖（Marcus Porcius Cato）的悲劇定義，即悲
劇是以歡欣始，悲慘終；喜劇是以悲慘始，
歡欣終。在這一場由神聖意志一手導演的悲
劇中，人終將意識到他的苦難和屈辱究竟根
源何在。

✝ 膜拜金牛犢

CHAPTER 4

《申命記》的人道精神

《申命記》是摩西五經的最後一卷書。它的篇名希伯來文是 elleh haddebarin，意思是「以下所記」，這同樣相似於《論語》的風格。《申命記》的開篇是這樣的：「以下所記的是摩西在約旦河東的曠野，疏弗對面的亞拉巴，就是巴蘭、陀弗、拉班、哈洗錄、底撒哈中間，向以色列眾人所說的話。」（1：1）

從《舊約》七十子希臘文本，到聖哲羅姆的拉丁通俗譯本，以《申命記》（Deuteronomium）即重申律法，來稱謂這一卷書，則被認為是誤譯了該卷書第十七章十八節「律法抄本」（copy of this law）一語。由此《申命記》是意謂「第二部律法」。這個名稱事實上也差強人意。傳統認為它是摩西在約旦河東岸的曠野隔河眺望上帝應許之地，向以色列人發佈的三篇重要講話，重申上帝在西奈山的命令，故而漢語《聖經》將卷名譯作《申命記》。希臘文記載希伯來人律法的主要著作有兩卷書：《利未記》和《申命記》。

《利未記》著重於與宗教禮儀有關的事務，《申命記》則著重於信仰生活的實踐，它表述了上帝對人類，特別是對社會中弱小者的關懷。

❋ONE 《申命記》的框架

　　《申命記》是律法重申。可是就像《舊
約》所有敘事類書卷一樣，它同樣有一個敘
事框架。這個框架是以色列人進入迦南之
前，如上所述在約旦河東岸的曠野中安營紮
寨時，摩西的三次講道。三次講道也是《申
命記》的三分結構。加上摩西之死的描述，
整個結構分四個板塊。摩西這時候的心情
無疑是相當複雜的。在帶領以色列人出埃及
後，多少因為摩西的疏忽，沒有能夠及時制
止以色列民眾的反叛行為，到後來率領利未
人大開殺戒，也多少已有亡羊補牢的意味。
所以摩西很清楚，按照上帝賞罰分明的個
性，他親自進入迦南美地的夙願，看來是終
成泡影了。由此他選定了矢志不渝敬畏上帝
的約書亞為他的接班人。對此《申命記》裡，
摩西是這樣記述的：

　　　耶和華因你們的緣故向我發怒，不應允
　我，對我說：「罷了！你不要向我再提這事。
　你且上毗斯迦山頂去，向東、西、南、北，
　舉目觀望，因為你必不能過這約旦河。你卻
　要囑咐約書亞，勉勵他，使他膽壯，因為他
　必在這百姓前面過去，使他們承受你所要觀
　看之地。」（3：26—28）

　　如是，摩西一而再，再而三給以色列百
姓講道，語重心長告誡以色列人必須遵奉上
帝誡命，再不能反覆無常，以便能在約書亞
的率領下，勝利進入迦南這塊應許之地。正

THESE are the words which Moses spoke to all Israel on this side of the Jordan in the wilderness, in the plain opposite Suph, between Paran, Tophel, Laban, Hazeroth, and Dizahab.

(Deuteronomy 1:1)

是鑒於這樣的心境，同前兩卷書《利未記》和《民數記》就事論事的敘事風格比較起來，《申命記》更富有情感色彩和個人色彩。

摩西的第一次講道，篇幅是從第一至四章，主要是回顧以色列人出埃及之後的經歷，復述了《民數記》的基本內容。但三篇講道中最重要的，是從第四至二十八章的第二篇講話，它的篇幅，也構成了《申命記》的主體。第二篇講道中，摩西開門見山就重申了上帝在西奈山上頒佈的「十誠」，並且復現了當時的語境：

這些話是耶和華在山上，從火中、雲中、幽暗中，大聲曉諭你們全會眾的，此外並沒有添別的話。他就把這話寫在兩塊石板上，交給我了。（5：22）

摩西可謂殫精竭慮地來重申律法，他實在是要以色列人在禍福之間作出明智的選擇。唯其如此，上帝才會把迦南這塊流奶與蜜之地賜給以色列人。反之背信棄約，必遭上帝懲罰，導致永遠的沉淪。因此，摩西著重闡述第一誠，強調上帝耶和華是至高無上的唯一的神，除了耶和華天下再沒有別的神：

以色列啊，你要聽。耶和華我們上帝是唯一的主。你要盡心、盡性、盡力愛耶和華你的上帝。（6：4—5）

這個唯一神的至高信仰，是以色列民族宗教意識的最高概括，無怪後來耶穌，也把它稱之為「第一條誡命」。所以遵從神命，充分重視祭祀敬拜和宗教稅負的重要性，建樹民族和個人的道德必然，勢在必行。由此，在從第二十九至三十三章的第三篇講話中，摩西再一次講述上帝與以色列人立約之言。在曠野顛沛流離的近四十年經歷中，摩西深知以色列人天性忤逆，其實何止是以色列人呢，恐怕忤逆權威，說到底就是人類的天性。摩西說：「我知道你們是悖逆的，是硬著頸項的。我今日還活著與你們同在，你們尚且悖逆耶和華，何況我死後呢？」（31：27）所以在此關鍵時刻，他義無反顧要重申上帝的律法和誡命。摩西的歌，摩西臨終之前的勸勉和祝福，體現的也都是這一主旨。

摩西不會自己記述自己的死亡故事，所以《申命記》裡摩西故世，薪火相傳給約書亞的部分，顯然是他人的手筆。但是《申命記》的絕大多數文字是摩西所撰，則像《摩西五經》的作者權歸為摩西一樣，是為學界公認的。事實上，《聖經》裡的其他篇章也可以證明這一點。如《列王紀上》：「照著摩西律法上所寫的行主的道、謹守他的律例、誡命、典章、法度。」（2：3）

甚至《新約》裡，耶穌也充分認可摩西對《舊約》律法的著作權。《馬太福音》中有一段意味深長的插曲。時法利賽人來跟耶穌找岔子，話題是結婚和離婚的問題。法利賽人說，人無論什麼緣故都可以休妻嗎？耶穌說，起初上帝造人，是造男造女。上帝並說，人要離開父母，與妻子連合，所以婚姻是上帝配合的，人不可分開。接著法利賽人就談到了摩西律法：

> 法利賽人說：「這樣，摩西為什麼吩咐給妻子休書，就可以休她呢？」耶穌說：「摩西因為你們的心硬，所以許你們休妻，但起初並不是這樣。我告訴你們：凡休妻另娶的，若不是為淫亂的緣故，就是犯姦淫了；有人娶那被休的婦人，也是犯姦淫了。」門徒對耶穌說：「人和妻子既是這樣，倒不如不娶。」耶穌說：「這話不是人都能領受的，唯獨賜給誰，誰才能領受。因為有生來是閹人，也有被人閹的，並有為天國的緣故自閹的。這話誰能領受，就可以領受。」（19：7—12）

公元3世紀著名的希臘教父奧里金（Origen），就是因為感悟耶穌上文所說的「並有為天國的緣故自閹的」的一語，舉刀自閹，專心著述，論證上帝的榮光。這可見「倒不如不娶」這樣的獨身禁慾的理念，並不是人人都可以消受的。事實上，《聖經》一定程度上是認可獨身禁慾生活的，如保羅《哥林多前書》第七章第二十五節中「如果

結婚，就不要離婚；如果獨身，就不要結婚」的說法。但總體上看，《聖經》從來就沒有將獨身高架於婚姻之上。所以，能夠結婚，就結婚吧。這是耶穌的教訓，也是摩西的教訓，當然說到底，它也是上帝的教訓。

《申命記》為《摩西五經》畫上了一個圓滿的句號。它這樣記述了摩西之死：

> 於是，耶和華的僕人摩西死在摩押地，正如耶和華所說的。耶和華將他埋葬在摩押地、伯毗珥對面的谷中，只是到今日沒有人知道他的墳墓。摩西死的時候一百二十歲。眼目沒有昏花，精神沒有衰敗。（34：5—7）

以色列人在摩押平原為摩西哀哭了三十天。說起來，摩西比較他的先輩們，並不算長壽。亞伯拉罕一百七十五歲，以撒一百八十歲，雅各一百四十七歲，約瑟一百一十歲。可是除了亞伯拉罕，誰像摩西那樣得到上帝的如此垂青呢？

Two 安息日和安息年

《申命記》重申律法，如上所見首先是復述上帝西奈山上發佈的「十誡」。十誡是摩西律法的核心和靈魂，它起頭便如此宣告：「我是耶和華——你的上帝，曾將你從埃及地為奴之家領出來。」（5：6）上帝如何顧念以色列人在埃及做奴隸、如何用他的大能救出以色列人等既往追憶，不斷在《申命記》中出現，這是要以色列人知道上帝不能容忍欺壓。事實上，上帝吩咐以色列人善待他人或牲畜的許多誡命中，常常提醒他們自己曾經在埃及地作過奴隸。例如提到在安息日，人不但自己要停工歇息，也要讓兒女、僕婢、寄居者及牲畜休息之後，緊接著便提醒他們：「你也要記念你在埃及地做過奴僕；耶和華——你上帝用大能的手和伸出來的膀臂，將你從那裡領出來」（5：15）。這正如孔子所言：「己所不欲，勿施於人。」上帝帶領以色列人出埃及，目的是要帶領他們進入迦南美地，建立一個與埃及生活不同的自由公平的社會。就此而言，上帝與以色列立約，就是賜他們以律法，作為建立此一美好社會的指導原則。

十誡中的第四條誡命中，上帝這樣命令以色列人：

> 當照耶和華——你上帝所吩咐的守安息日為聖日。六日要勞碌做你一切的工，但第七日是向耶和華——你的上帝當守的安息日。這一日，你和你的

兒女、僕婢、牛、驢、牲畜,並在你城裡寄
居的客旅,無論何工都不可做,使你的僕婢
可以和你一樣安息。你也要記念你在埃及地
作過奴僕;耶和華——你上帝用大能的手和
伸出來的膀臂,將你從那裡領出來。因此,
耶和華——你的上帝吩咐你守安息日。(5:
12—15)

這一條誡命,就如創造人類的上帝,指
導人類怎樣保養和維修身體:人類的身體每
六天需要休息一天,才能使身心靈更新舒暢,
時常維持在最佳狀況。它不單吩咐以色列人
自己要七日休息一日,連兒女、僕婢、牛、驢、
牲畜並外族勞工都要休息,充分地流露出上
帝的關懷之情。他關懷婦孺、僕婢、寄居的
外族人,甚至關懷牲畜。上帝不准許以色列
人自己休息卻以牲畜、僕婢或外族勞工代勞,
故強調「無論何工都不可做,使你的僕婢可以
和你一樣安息」。的確,以色列人要將心比
心,回想自己在埃及做奴隸時受剝削的痛苦。

《利未記》裡還提到七年一次的「安息
年」。到了安息年時,甚至要恩待大地,讓
土地有機會休息,貧困的人和野獸也從中受
益。上帝這樣吩咐以色列人:

六年要耕種田地,也要修理葡萄園,收
藏地的土產。第七年,地要守聖安息,就是
耶和華守的安息,不可耕種田地,也不可修
理葡萄園。遺落自長的莊稼不可收割;沒有
修理的葡萄樹也不可摘取葡萄。這年,地要
守聖安息。地在安息年所出的,要給你和你

的僕人、婢女、僱工人，並寄居的外人當食物。這年的土產也要給你的牲畜和你地上的走獸當食物。（25：3—7）

上帝給以色列人定了安息日和安息年，不是要限制他們，使他們在這些特定的日子和年份裡不得自由，相反，上帝要以色列人積極地使用這些日子和年份去關心別人，愛護動物、花草樹木和環境。《馬可福音》中，耶穌對此的詮釋是：「安息日是為人設立的，人不是為安息日設立的。」（2：27）這可見上帝關心人類、動物、植物和土地，特別設立了安息日、安息年和禧年，使這些特定的日子和年份，成為一切受造之物歇息的周期。上帝不要每一個人只單顧自己的利益，他要我們也顧念他人，特別是那些艱難困苦處境中的人們。同樣還有我們生存的大地——包括其中的動物、植物、空氣、水源和土地。

古代的以色列社會，最容易受欺壓的貧困者是孤兒、寡婦和寄居的外族人（《聖經》常稱他們為「寄居的」）。《申命記》重申的上帝律法中，明白表示了他對上述弱勢群體的關愛情愫：「他為孤兒寡婦申冤，又憐愛寄居的，賜給他們衣食。所以你們要憐愛寄居的，因為在埃及地也作過寄居的。」（10：18—19）寄居的苦楚，看來該是刻骨銘心的吧。

《申命記》裡復述的律法，不但要求人善待他人，也要求人善待牲畜。如律法規定，牛在場上踹穀的時候，不可籠住它的嘴，要讓它能自由享用所踹的穀（25：4）。遇見有迷路的牲畜，必須要好好地照料它，直等到尋找它的主人找上門，便交回給主人：

你若看見弟兄的牛或羊失迷了路，不可佯為不見，總要把它牽回來交給你的弟兄。你的弟兄若離你遠，或是你不認識他，就要牽到你家去，留在你那裡，等你弟兄來尋找就還給他。你的弟兄無論失落什麼，或是驢，或是衣服，你若遇見，都要這樣行，不可佯為不見。你若看見弟兄的牛或驢跌倒在路上，不可佯為不見，總要幫助他拉起來。（22：1—4）

兄弟即是同胞，四海之內皆兄弟也。《申命記》裡這些善待動物的思想，可以作為現代動物保護主義的神聖源泉。綜上所述，摩西的律法處處考慮到社會的貧困弱小者，確保他們的利益受保護，提醒並警告司法者：上帝憐愛看顧這群人，必審判欺壓他們的人，同時又應許要報答善待他們的人。

THREE
解除利未人後顧之憂

利未人

以色列人中的利未人一般都是祭司或祭司的助手。摩西的時代，估計所有的祭司都是利未人，他們是全職的聖所工作人員，沒有自己的地業，也沒有其他的職業為生計。利未人一向在聖所中侍奉，他們的職責是多方面的，包括管理聖所、保管記錄、裁決爭議、擔任守衛，以及負責聖所的音樂、詩班事宜等等。以色列人的捐獻條例，特別顧念這班工作人員。《申命記》裡，我們看到上帝吩咐以色列人，每次獻祭之後，享用祭物時，都要邀請利未人與自己共享筵席，不可忘記他們：

> 那時要將我吩咐你們的燔祭、平安祭、十分取一之物，和手中的舉祭，並向耶和華許願獻的一切美祭，都奉到耶和華——你們上帝所選擇要立為他名的居所。你們和兒女、僕婢，並住在你們城裡無分無業的利未人，都要在耶和華——你們的上帝面前歡樂。（12：11—12）

上帝又囑咐說：

> 你的五穀、新酒，和油的十分之一，或是牛群羊群中頭生的，或是你許願獻的，甘心獻的，或是手中的舉祭，都不可在你城裡吃。但要在耶和華——你的上帝面前吃，在耶和華——你的上帝所要選擇的地方，你和兒女、僕婢，並住在你城裡的利未人，都可

以吃；也要因你手所辦的，在耶和華──你上帝面前歡樂。（12：17—19）

摩西律法中，還有一個特別為利未人和社會中有缺欠的人所設立的，三年一次的十分之一奉獻：

住在你城裡的利未人，你不可丟棄他，因為他在你們中間無分無業。每逢三年的末一年，你要將本年的土產十分之一都取出來，積存在你的城中。在你城裡無分無業的利未人，和你城裡寄居的，並孤兒寡婦，都可以來，吃得飽足。這樣，耶和華你的上帝必在你手裡所辦的一切事上，賜福與你。（14：27—29）

論到奉獻初熟的土產時，耶和華又重複提到了這條例：「每逢三年，就是十分取一之年，你取完了一切土產的十分之一，要分給利未人和寄居的，與孤兒寡婦，使他們在你城中可以吃得飽足。你又要在耶和華──你上帝面前說：『我已將聖物從我家裡拿出來，給了利未人和寄居的，與孤兒寡婦，是照你所吩咐我的一切命令。』」（26：12—13）這樣利未人作為別無其他生計的專職的聖職人員，就解除了後顧之憂。

FOUR 條例舉凡

《申命記》記述的早期律法，非常強調關心窮困人的需要。而且涉及社會生活的方方面面，體現出上帝的慈愛來。我們且分而述之。

首先，在借貸的事情上，律法明言規定借貸給弟兄不可收取利息：

你借給你弟兄的，或是錢財或是糧食，無論什麼可生利的物，都不可取利。借給外邦人可以取利，只是借給你弟兄不可取利。這樣，耶和華──你上帝必在你所去得為業的地上，和你手裡所辦的一切事上賜福與你。（23：19—20）

債務抵押品方面也有許多限制。第一，借貸給人，不可進那人的家去索取抵押品，要在屋外等候那人把抵押品拿出來（24：10—11）。第二，倘若那人非常貧困，把自己的外袍當抵押品，借貸給人的不可扣押他的外袍到第二天，日落的時候必須把外袍還給他，讓他晚上有外袍蓋身取暖睡覺（24：12—13）。第三，不可拿人的全盤磨石或是上磨石作抵押品，因為這是那人維生的工具（24：6）。按舊約時代的習慣，除了安息日之外以色列人每天磨

麵粉一次，故此把磨石拿走，就是把維生的工具拿走。第四，若借貸者為寡婦，借貸給人的不可拿她的衣裳作當頭，免得她著涼或赤身（24：17）。

借貸方面，律法還有一個七年一度的豁免年，使負債的人有擺脫債務重新開始的機會：

> 每逢七年末一年，你要豁免。豁免的定例乃是這樣：凡債主要把所借給鄰舍的豁免了；不可向鄰舍和弟兄追討，因為耶和華的豁免年已經宣告了。若借給外邦人，你可以向他追討；但借給你弟兄，無論是什麼，你要鬆手豁免了。（15：1—3）

不僅如此，為了預防有人因豁免年快到，不肯借貸給人，我們看到摩西律法也作出了如此的警戒：

> 在耶和華——你上帝所賜你的地上，無論哪一座城裡，你弟兄中有一個窮人，你不可忍著心、揝著手不幫補你窮乏的弟兄。總要向他鬆開手，照他所缺乏的借給他，補他的不足。你要謹慎，不可心裡起惡念，說：「第七年的豁免年快到了」，你便惡眼看你窮乏的弟兄，什麼都不給他，以致他因你求告耶和華，罪便歸於你了。你總要給他，給他的時候心裡不可愁煩；因耶和華——你的上帝必在你這一切所行的，並你手裡所辦的事上，賜福與你。原來那地上的窮人永不斷絕；所以我吩咐你說：「總要向你地上困苦窮乏的弟兄鬆開手。」（15：7—11）

其次，關於奴隸的條例。假如有人因家

Happy are you, O Israel! Who is like you, a people saved by the LORD, the shield of your help and the sword of your majesty! Your enemies shall submit to you, and you shall tread down their high places."

(Deuteronomy 33:29)

境貧困被賣作奴隸，律法規定他只需服侍六年就可以重獲自由，他離開的時候，主人不可讓他空手而去：

> 你弟兄中，若有一個希伯來男人或希伯來女人被賣給你，服侍你六年，到第七年就要任他自由出去。你任他自由的時候，不可使他空手而去，要從你羊群、禾場、酒醡之中多多地給他；耶和華——你的上帝怎樣賜福你，你也要照樣給他。要記念你在埃及地作過奴僕，耶和華——你的上帝將你救贖。（15：12—15）

這裡上帝再次提醒以色列人曾經在埃及做過奴隸的經歷。知道做奴隸的痛苦，自然心悅誠服須善待奴僕。奴僕若因感激主人仁慈的對待，也可選擇留下，終生服侍主人。但為了避免將來的糾紛，主人要在奴僕的耳朵上做記號，奴僕便可以永遠留在主人的家裡：

> 他若對你說：「我不願意離開你」，是因他愛你和你的家，且因在你那裡很好，你就要拿錐子將他的耳朵在門上刺透，他便永為你的奴僕了。你待婢女也要這樣。你任他自由的時候，不可以為難事，因他服侍你六年，較比僱工的工價多加一倍了。耶和華——你的上帝，就必在你所做的一切事上賜福與你。（15：16—18）。

再次，戰爭的條例。發生戰爭而徵召兵士時，以色列人的律法顯得特別有人情味。律法規定，凡定了親還沒有迎娶的、建了新房子還沒有奉獻入住的、栽種了葡萄園卻還沒有嚐到其中所結的果子的，都可以免役。為了避免影響士氣，那些膽怯驚惶的也可以免上戰場。對此《申命記》是這樣記載的，但凡出戰之前：

> 官長要對百姓說：「誰建造房屋，尚未奉獻，他可以回家去，恐怕他陣亡，別人去奉獻。誰栽種葡萄園，尚未嚐到所結的果子，他可以回家去，恐怕他陣亡，別人去享用。誰聘定了妻，尚未迎娶，他可以回家去，恐怕他陣亡，別人娶了他的未婚妻。」官長又要對百姓宣告說：「誰懼怕膽怯，他可以回家去，免得影響其他的人！」官長對百姓宣告完了，就當派軍長率領他們。（20：5—9）

除此之外，新娶妻的人不必服兵役，也不可使他擔任公職；要讓他有一年的假期，留在家裡和新婚的妻子快活度日（24：5）。倘若某人在女戰俘中看

中一個美女，想要娶她為妻，必須先給她機
會為她的父母舉哀一個月，之後才可以跟她
成婚。後來丈夫如果不喜歡她，就要讓她自
由，不可為錢賣掉她，也不可奴役她，因為
他們曾經正式結過婚（21：10—14）。

第四，發薪的條例。《舊約》時代僱工
的工資多採用日薪制，每天工作結束時派發
工資給僱工。待業者都會在街市上等候，有
意僱傭者可以前來自由挑選，招聘的時間一
般是在早晨（參見《馬太福音》20：1—7）。
事實上不道德的僱主虧待僱工或拖欠工資的
事，是相當普遍的，如《耶利米書》：「那
行不義蓋房，行不公造樓，白白使用人的手
工不給工價的，有禍了！」（22：13）又如
《瑪拉基書》：「萬軍之耶和華說：『我必
臨近你們，施行審判。我必速速作見證，警
戒行邪術的、犯姦淫的、起假誓的、虧負人
之工價的、欺壓寡婦孤兒的、屈枉寄居的，
和不敬畏我的。」（3:5;參見《雅各書》5:4;
《利未記》19：13）這裡拖欠工錢甚或賴賬
的，和裝神弄鬼招搖撞騙、姦淫婦女、欺壓
孤兒寡婦和外鄉人，以及不敬上帝同罪。這
個罪名是相當可怕的。此外，為了保護僱工
的利益，律法嚴厲禁止僱主剝削他們：

困苦貧乏的僱工，無論是你的弟兄或是
在你城裡寄居的，你不可欺負他。要當日給
他工價，不可等到日落——因為他窮苦，把
心放在工價上——恐怕他因你求告耶和華，
罪便歸你了。（《申命記》24：14—15）

第五，司法的條例。在司法的程序中，司法者容易受權勢和賄賂的影響而枉法。為了保護弱者，律法警戒司法者，「不可向寄居的和孤兒屈枉正直」。他們既蒙上帝的憐恤，也要以憐恤待人（24：17）。此外，律法也警戒以色列人：上帝是公義的主，他必為孤兒寡婦和寄居者申冤（10：18）。

最後，收割的條例。它一樣體現了照顧軟弱無依靠人群的原則。具體說，莊稼收成的時候，田園的主人要記念社會上窮困的人。律法應許上帝會施恩賜福那些善待貧困者的人：

> 你在田間收割莊稼，若忘下一捆，不可回去再取，要留給寄居的與孤兒寡婦。這樣，耶和華——你上帝必在你手裡所辦的一切事上賜福與你。你打橄欖樹，枝上剩下的，不可再打；要留給寄居的與孤兒寡婦。你摘葡萄園的葡萄，所剩下的，不可再摘；要留給寄居的與孤兒寡婦。你也要記念你在埃及地作過奴僕，所以我吩咐你這樣行。（24：19—22）

在此律法又一次提醒以色列人要記念自己曾在埃及作過奴僕，蒙上帝向他們施恩，把他們從那裡救贖出來的既往經歷。凡此種種，同情弱者、匡扶正義的傾向，是相當明顯的。

CHAPTER 5

掃羅和大衛

作為歷史的《舊約》，寫到撒母耳的年代，許多史實的可信程度，已經很少有人懷疑了。撒母耳應是以色列人的最後一個士師。士師亦即先知。但是士師不光能夠未卜先知，具有詩人的氣質和雄辯家的天才，而且還是這個民族的精神領袖。**從撒母耳開始，巴勒斯坦荒漠上這一個輾轉流浪以求生存的小部落，將發展成為一個強大的王國，士師的位置，亦將為一個名副其實、具有一切世俗權力的國王所替代。**

撒母耳本人自幼在聖殿長大，接受大祭司以利的教導，在以利去世後，成為全以色列的最高統治者。當是時，巴勒斯坦尚沒有哪一個強國異軍突起，因而局部強權興起，制服其餘勢力，時機已經成熟。而這正是《撒母耳記上》、《撒母耳記下》三位主人公撒母耳、掃羅、大衛在位期間，一段經過血與火洗禮的悲壯歷史。這時候以色列人的主要對手還不是迦南人，而是從地中海沿岸過來的非利士人。**在撒母耳做士師期間，以色列人對非利士人戰績不錯，打了許多勝仗。可是後來掃羅全軍覆沒，最終還是在大衛時代，實現了以色列人的大國夢想。**這是一個從士師統治過渡到制度化的世襲君主政體的時期，它所見證的，正是文化替代自然的歷史必然。

❋ONE 掃羅為王

　　掃羅為王的過程充分顯示了世俗和神聖政權的衝突。撒母耳年事漸高，兩個兒子又胡作非為，不成氣候，權力移交成了一個很大的問題。以色列的長老們要求撒母耳為他們立一個王，這是撒母耳內心極不情願的。在《撒母耳記上》裡，我們看到他這樣告誡他的子民，不厭其煩訴說有王的種種壞處：

> 管轄你們的王必這樣行：他必派你們的兒子為他趕車、跟馬，奔走在車前；又派他們作千夫長、五十夫長，為他耕種田地，收割莊稼，打造軍器和車上的器械；必取你們的女兒為他製造香膏，作飯烤餅；也必取你們最好的田地、葡萄園、橄欖園、賜給他的臣僕。（8：11—14）

　　總之，撒母耳警告以色列的長老們，他們很快就會成為國王的臣民，國王將掠奪他們的兒女和貨物財產，以為自己縱慾享樂之用。但是現在眾願難違，既然長老們一心要圓他們光榮偉大的帝國夢，他只好從命。撒母耳作為天命的代言人，他最先看中的是一個便雅憫人的兒子掃羅，《撒母耳記上》說他健壯又俊美，「在以色列人中沒有一個能比他的；身體比眾民高過一頭」。撒母耳把一瓶膏油倒在掃羅頭上，與他親吻，繼而用抽籤的方式，以示神意所向，公開選定掃羅為王。以色列國由此名義上宣告成立，先知的權力，已經無可奈何為國王分享了。

And he had a choice and handsome son whose name *was* Saul. *There was* not a more handsome person than he among the children of Israel. From his shoulders upward *he was* taller than any of the people.

(1 Samuel 9:2)

掃羅其實並不似撒母耳預言的那樣，恣意妄為，魚肉百姓。他是一位相當不錯的軍事統帥，只是運氣遠不如繼之登上歷史舞台的大衛。執政之後，掃羅面臨的一件事，便是如何擊敗侵襲以色列境地的非利士大軍。掃羅集結起各路人馬，單等祭過耶和華上帝，便開拔進攻。沒料想連等七日，竟不見撒母耳的蹤影。眼見士氣一日日消沉下去，掃羅心急如焚，終於不等本應按約趕來卻未見前來的大祭司撒母耳，自作主張祭過了上帝。這是掃羅犯下的第一個致命的過失。事後趕到的撒母耳非常生氣，痛恨掃羅越位篡權，預言他的王位必不長久。

掃羅率領以色列人南征北戰，所向披靡，追隨者如雲，把以色列四周的摩押人、亞捫人、以東人、非利士人和瑣巴諸王打得落花流水。掃羅沒有想到，在奉撒母耳命大勝亞瑪力人之後，他再一次開罪了地位依然是在他之上的先知。他把亞瑪力人斬盡殺絕，偏偏手下留情，給被擒的亞瑪力王留了一條性命。同時他把亞瑪力人的上好牛羊，也一應保留了下來。這就觸怒了撒母耳。他指責掃羅沒有把不潔的東西毀滅殆盡，卻忙於擄掠財物，掃羅辯白幾句後，承認有罪，請求赦免，但是撒母耳已另有所想：

> 撒母耳轉身要走，掃羅就扯住他外袍的衣襟，衣襟就撕斷了。撒母耳對他說：「如此，今日耶和華使以色列國與你斷絕，將這國賜予比你更好的人。」（《撒母耳記上》15：27—28）

這個撒母耳拂袖而去，衣襟都被掃羅扯斷的情節，真是令人心驚。撒母耳預言比掃羅更好的人正是大衛。撒母耳從一開始不願意立王，及至掃羅羽翼漸豐，見出自作主張的勢態之後，尋思另立新王，這裡面可以見出權力政治的歷史該是多麼悠久。撒母耳覺得上帝是將他引到伯利恆人耶西家裡。其實他心裡是不無驚恐的，他怕掃羅聞知了會殺他，所以帶了一隻牛犢，藉口是來獻祭。到達伯利恆城裡，長老們戰戰兢兢出來迎接他，問他此行是凶是吉，撒母耳答道，他是為了平安而來。說罷便請耶西和他的孩子們來吃祭肉。撒母耳發現在場的耶西的七個兒子都不盡如人意，一時對天意也懷疑起來。耶西告訴他，還有一個小兒大衛，正在外面放羊呢。撒母耳終於見到了這個「面色光紅，雙目清秀，容貌俊美」（16：12）的牧童，他大喜過望，當即為大衛膏油。據《舊約》載，從此耶和華的靈就附在了大衛身上。

大衛之所以被撒母耳選中，並非事出偶然。他雖然只是一個牧童，勇力卻

已遠近聞名。據後來大衛自己說，有一次一頭獅子、另一次一頭熊攻擊他的羊群，兩次都是他獨力殺死猛獸，從獅熊口中奪回了羊羔。大衛的音樂天才更是以色列國內無人能夠比擬，四面八方的人都來聽他唱歌彈琴。事實上也正是大衛的音樂天賦，把他帶到了掃羅帳前。這是他命途中險象環生、充滿殺機的最初一段路程。

這裡可以見出音樂在希伯來文化中，何以特別享有特權的另一個原因：音樂在希伯來人看來，與人的內節奏，顯然是有著同構關係。卻說掃羅與撒母耳分手後，心神不寧，常常鬧病。臣僕告訴他，這是有惡魔從上帝處來擾亂他，舉薦大衛用琴聲來為他驅邪。掃羅聽見大衛的琴聲，果然心情舒暢起來。從此大衛時而侍奉掃羅，時而回伯利恆父親處牧羊。先知撒母耳選定的這兩位國王，既然鬼使神差地湊在了一起，命運在兩人中間掀起雲譎波詭，便也為時不遠了。

Two 擊殺歌利亞

擊殺非利士巨人歌利亞，無疑是少年大衛，乃至大衛一生中最為輝煌的業績。這一次是以色列人和非利士人各在兩邊山上紮營，中間隔著一塊谷地。只見非利士營中走出一個巨人歌利亞，身披猶太人從未見過的巨大盔甲，手提一根長槍，槍桿就粗若織布的機軸，另有一個手拿盾牌的人走在他的前

面。歌利亞對著以色列人的營盤天天高叫罵陣。以色列營中上至掃羅,下至兵士,居然人人心中發慌,一連四十天過去,無人敢於出來應對。當是時,大衛的三個長兄在以色列軍中服役,大衛是奉父命為哥哥們送食品來到以色列軍營的。聽哥哥說起這個巨人如何可怕,以至於掃羅許諾斬殺歌利亞者賞以大財,甚至把自己女兒下嫁給他,也是無人應戰,心裡好生納悶。他實在氣不過這個未受割禮的非利士人,如何竟敢來百般辱罵永生的上帝的軍隊。他力陳當初打死獅熊的英雄故事,向掃羅請戰。掃羅把自己的盔甲交與大衛披掛,復將戰刀跨在征衣外邊。怎奈一則盔甲太大,二則大衛從未著過片甲,穿戴定當,竟是無法行走。

　　大衛於是摘脫盔甲,在溪水裡挑了五塊光滑的石子,放在牧羊袋裡。他手拿一根棍子和甩石的機絃,憤然上陣迎戰巨人。歌利亞眼見一個滿面紅光的美貌少年持杖走近,不由勃然大怒道:

　　「你拿杖到我這裡來,我豈是狗呢?」非利士人就指著自己的神詛咒大衛。非利士人又對大衛說:「來吧!我將你的肉給空中的飛鳥、田野的走獸吃。」大衛對非利士人說:「你來攻擊我,是靠著刀槍和銅戟;我來攻擊你,是靠著萬軍之耶和華的名,就是你所怒罵帶領以色列軍隊的上帝。今日耶和華必將你交在我手裡。」(17:43—46)

　　這可見非利士人歌利亞和以色列的大衛的對陣,說到底也是巴力神和耶和華的叫板。巴力神當然不是耶和華的對手,他們但凡對陣,沒有一次不是巴力神一敗塗地的。但是大衛所說的萬軍之耶和華必將你交在我手裡這樣話,換了任何一個以色列人都會照樣說上一遍。至少掃羅本人說起來,肯定比大衛還要有聲有色。可是怎麼一連四十天就沒有人敢吱聲呢?掃羅肯定不是貪生怕死之徒,這委實是實力的較量,在實力面前,即便有神聖的祐助,多半也是無能為力的。

　　歌利亞便不多言,迎著大衛大步走過去。大衛亦抖擻精神,迎面衝將上去。說時遲,那時快,大衛從牧羊袋中掏出一塊石子,放在機絃上邊,兜頭甩去,正中歌利亞前額。歌利亞仆倒在地,當時就一命嗚呼。大衛沒有帶刀,他上前從歌利亞的刀鞘中抽出刀來,割下巨人首級,血淋淋地提在手中。非利士人一看大勢不好,頓時作鳥獸散,以色列軍隊一路追殺,直殺得非利士人屍橫遍地,回來就奪了非利士軍的大營。

大衛凱旋，被封為戰士長。掃羅並沒有把女兒許配給大衛，他食言了。但是掃羅的兒子約拿單與大衛一見如故，兩人推心置腹，結為兄弟。班師途中，以色列的婦女們紛紛從城裡出來，歡歡喜喜，打鼓擊磬，唱歌跳舞迎接掃羅王，說：「掃羅殺死千千！大衛殺死萬萬！」誰想到呢，就是婦女們這樣的歡呼，竟使掃羅動了殺機：

掃羅甚發怒，不喜悅這話，就說：「將萬萬歸大衛，千千歸我，只剩下王位沒有給他了。」從這日起，掃羅就怒視大衛。（18：8—9）

大衛殺死歌利亞

嫉妒的種子從此在掃羅心中生根發芽。為了保住王位，他立意除掉大衛。次日掃羅又胡言亂語起來，大衛照樣給掃羅彈琴，掃羅手拿著槍，兩次刺向大衛，一心要把大衛刺透釘在牆上。幸虧大衛機靈，躲了過去。掃羅見大衛做事無不精明，想來上帝的靈必是與他同在，心中就有了懼怕之意。他立大衛為千夫長，許諾把大女兒米拉嫁給大衛，只要大衛為他奮勇殺敵。掃羅心裡卻巴不得大衛死在非利士人手裡。到了兌現諾言的時候，掃羅再一次食言，他把大女兒米拉許配給了別人，轉把深愛大衛的次女米甲許給了大衛。掃羅心裡仍然打著如意算盤，他覺得二女兒是一張網，可以藉此借非利士人的手來加害大衛。他命人轉告大衛，王不要什麼功禮，只要一百個非利士人的陽皮。大衛慨然允諾，率眾前往征戰，殺了一百個非利士

人，將陽皮悉數交與掃羅，乃娶米甲為妻。

　　眼看大衛戰無不勝，聲譽與日俱增，掃羅深為不安，他與約拿單和眾臣僕商議除掉大衛。約拿單通風報信，讓大衛躲過，又拚命為大衛說好話，一時竟也讓掃羅回心轉意。但是大衛屢立戰功之下，掃羅殺意越發堅定。他聽著大衛彈琴，心裡一心想著用槍刺透大衛。有一次他對著大衛一槍刺去，大衛側身避過，槍尖扎入牆內。大衛見勢不好，當夜逃回家中。妻子米甲讓大衛連夜逃脫。第二天一早，掃羅的兵丁果然趕到。米甲早已將家中的神像放在床上用被子蓋嚴，謊稱大衛病倒不能下床。掃羅下令連床帶人一起抓來，方知上當受騙。

　　大衛先是逃到了撒母耳處。掃羅多次派人捉拿，均被撒母耳使法攔住。掃羅親自出馬，也被撒母耳制住，赤身裸體躺臥了一晝夜，無功而返。但是赤手空拳的撒母耳，面對全副武裝的掃羅，到底也是無可奈何的。名義上講，從撒母耳為大衛膏油起，大衛便是以色列人的新王，舊王掃羅同時被廢黜，但是掃羅有槍，有槍就依然為王。這就決定了大衛顛沛流離的流亡命運。

　　很顯然大衛是並不願意與掃羅為敵的。大衛逃到好朋友約拿單處，請約拿單在父王面前為他說情。約拿單視大衛的友誼如同生命，當然照辦。掃羅卻惡狠狠罵約拿單是頑梗背逆的婦人生的兒子，是自取羞辱，他對約拿單說：

　　「耶西的兒子若在世間活著，你和你的國位必站立不住。現在你要打發人去，將他捉拿交給我。他是該死的。」約拿單對父親掃羅說：「他為什麼該死呢？他作了什麼呢？」（20：31—32）

　　這裡掃羅是清醒的，充分意識到大衛對他家族權力的威脅。他追殺大衛的決心和行為，同嗣後任何處在這個位置的君王之必然所為，毫無二致。但是約拿單的真摯和單純卻使人感動。事實上掃羅一家都有良好的血統，想想米甲是多麼護著大衛吧。後代刀光劍影的宮廷傾軋，在掃羅的家族裡還顯得陌生。

　　約拿單向大衛報知結果，無奈與大衛揮淚而別。可憐的大衛，無奈一路裝瘋賣傻，逃到亞杜蘭洞當了草莽英雄。兄弟和父親聞訊趕來，另有一些欠了債的、生活窘迫的、心裡苦惱的人陸陸續續聚集到大衛手下，居然也有了四百來人。掃羅聽說後，剿滅亂黨便成了他的一塊心病。有人告密說，大衛曾經從挪伯的祭司亞希米勒處得到了食物和歌利亞刀，掃羅讓告密者屠殺挪伯全城，男女老少連帶牛羊，殺了個雞犬不留。在掃羅精兵強將的追逐下，大衛只能落荒

而逃。好幾次是千鈞一髮,絕處逢生。

掃羅也是先知嗎?這個問題不好回答。掃羅在內憂外患交攻之下,精神狀態每況愈下。他的頭痛病因是一種妄想症,而且那是上帝的懲罰:「耶和華的靈離開掃羅,有惡魔從耶和華那裡來擾亂他。」(16:14)這是要懲罰他越位自作祭祀,挑戰了撒母耳的權威,即便後來懺悔,也為時晚矣。掃羅的王權其實從一開始,就是士師權力的延伸,他更像個軍事統帥,不像四面威風、八方來朝的大國君主。君王的威風那是後來大衛的福分。掃羅被他早期的戰果沖昏了頭腦,一心想在戰場上重現昔日的輝煌,到底成就了一個馬革裹屍還的部族英雄形象。在先知和國王之間,掃羅正是一個悲劇性的過渡人物。

T·HREE 大衛的性格

但是大衛對掃羅始終敬畏而且寬容,這也是大衛一生性格中一個非常突出的方面。有兩次掃羅落到了大衛手裡,大衛本可不費吹灰之力除掉掃羅,但是他都出人意料地留下了掃羅的性命。一次是掃羅率三千精兵追蹤大衛,行至野羊出沒的山間,掃羅到一個山洞裡解手,卻未料到洞裡深處正藏著大衛。大衛悄悄割下掃羅外袍上一塊衣襟,攔住持刀欲上的手下人,竟放掃羅完好無缺地走出了山洞。然後大衛出洞呼喚掃羅,側身下拜在地,當時兩人有這一番對話,大衛說:

「以色列王出來要尋找誰呢？追趕誰呢？不過追趕一條死狗，一個蛇蚤就是了。願耶和華在你我中間施行審判，斷定是非，並且鑒察，為我申冤，救我脫離你的手。」

大衛向掃羅說完這話，掃羅說：「我兒大衛，這是你的聲音嗎？」就放聲大哭，對大衛說：「你比我公義，因為你以善待我，我卻以惡待你。你今日顯明是以善待我，因為耶和華將我交在你手裡，你卻沒有殺我。人若遇見仇敵，豈肯放他平安無事地去呢？願耶和華因你今日向我所行的，以善報你。我也知道你必要作王，以色列的國必堅立在你手裡。現在你要指著耶和華向我起誓，不剪除我的後裔，在我父家不滅沒我的名。」（24：14—21）

這同樣是非常感人的場景，正可以比較《荷馬史詩》裡普利阿摩斯求告阿基里斯給還他兒子赫克托的屍體，阿基里斯由此想到家中的老父，想到自己殺死赫克托後必死的命運，止不住也淚下潸潸的情節。大衛一一發過誓，兩王遂此分手，各奔西東。

撒母耳死了。大衛的境遇並沒有好轉，他還在當他的草頭王。以區區數百人馬，同掃羅的大軍周旋，殊非易事。他施行的是一種敵進我退的游擊戰術，漸而也很有了一些自己的勢力範圍。一個例子是迪密一個叫拿八的富豪惡言相對，拒絕向大衛納貢，大衛大怒之下，糾集四百兵馬，發誓讓這個富戶一夜之後只剩下女丁。拿八的妻子亞比該知道事情不好，帶上許多禮物來見大衛，叩拜在地，說盡好話，才使大衛回心轉意。次日清早，酩酊大醉的拿八酒醒後聞知經過，嚇得魂不附體，過了十天便一命歸西。大衛就娶了給他留下深刻印象的亞比該為妻。在這之前，大衛先已經娶了耶斯列人亞希暖，所以有兩個妻子侍立身旁。至於髮妻，大衛從家裡出逃後，「掃羅已將他的女兒米甲，就是大衛的妻，給了迦琳人拉億的兒子帕提為妻」（25：44）。這可見此一時期的婚姻關係，遠不是穩定的。

大衛在和掃羅捉迷藏般的角逐中，又一次放過了掃羅的性命，那是掃羅帶領三千精兵，追尋大衛來到西弗的曠野。夜間大衛與一隨從摸營，發現睡在輜重營裡的掃羅，長槍就插在頭邊。隨從勸大衛一槍了結掃羅，大衛卻拿去掃羅頭邊的槍和水瓶，走到遠遠的山頂上，高聲呼喊，出示槍和水瓶，以求和解。掃羅承認有罪，允諾讓大衛回來，再次發誓不再加害於大衛，預言大衛必將得福得勝。

大衛兩次放過掃羅，裡面未必沒有政治的考慮。這考慮甚或就是一種本能。但即便是本能，也顯出大衛要比掃羅有遠見。掃羅就念著根除心腹之患，大衛則明白掃羅是耶和華膏油的以色列王，假如上帝膏油的王可以隨便加害，那麼將來別人完全也有可能對他如法炮製。掃羅的作風體現的是以色列的古老習俗，基本上是一種勝者為王、敗者為寇的邏輯。但是大衛在預演王位的神聖不可侵犯。掃羅在位期間，無論是大衛本人，還是《撒母耳記》的敘事人，都沒有明確表示過大衛在經營王位的意思，但是大衛以他的行為，宣告了一種新的王權將要誕生。

大衛當然不會隨掃羅回宮。掃羅的出爾反爾他是深有領教，記憶猶新的。他以往所做的和現在所能做的，只能是躲避聽憑宰割的命運。在迦南的土地上這場並不平衡的兩王逐鹿中，掃羅和大衛其實都顯示了一種質樸無華的王者之風，這與後世那種不擇手段，專以奸詐欺拐為榮的王政之道，相差何止萬千里。大衛深諳國無二主的道理，掃羅再怎樣信誓旦旦，醒過神來，必然還是要來算計他的性命。普天之下，莫非王土。以色列境內，他實在是難尋棲身之地了。他沒有選擇，只能繼續亡命。但是，去向何方呢？昔日殺得非利士人聞風喪膽的大衛，這時做出了一個驚人的，其實也是無可奈何的選擇：投奔非利士人。對此《撒母耳記上》是這樣記述的：

And David answered and said, "Here is the king's spear. Let one of the young men come over and get it.

"May the LORD repay every man for his righteousness and his faithfulness; for the LORD delivered you into my hand today, but I would not stretch out my hand against the LORD'S anointed.

"And indeed, as your life was valued much this day in my eyes, so let my life be valued much in the eyes of the LORD, and let Him deliver me out of all tribulation."

(1 Samuel 26:22-24)

大衛心裡說：「必有一日我死在掃羅手裡，不如逃奔非利士地去。掃羅見我不在以色列的境內，就必絕望，不再尋索我，這樣我可以脫離他的手。」於是大衛起身，和跟隨他的六百人投奔迦特王瑪俄的兒子亞吉去了。（27：1—2）

大衛的狼狽境地，以及他善於權宜變通的個性，至此躍然紙上。掃羅聽說大衛亡命敵國，一片殺機果然便也作罷。大衛深知根據地的重要性，請求亞吉在京城之外賜一塊地方給他居住，理由是僕人何必與主人同居京城呢。亞吉當日便將洗革拉賜給了大衛，洗革拉成了大衛的國中之國。在屈居非利士人膝下的一年又四個月中，大衛以洗革拉為基地，東征西討，把周圍的基述人、基色人、亞瑪力人殺得狼狽不堪。凡攻破一地，大衛殺盡男女，不留一個活口，盡掠牛羊駱駝一應財富而歸。亞吉探問大衛攻掠了些什麼地方，大衛謊稱是席捲了以色列人的部落。這使亞吉非常得意，自忖大衛此舉必使本族以色列人憎惡他，大衛之為他的僕人，便也了無盡期了。

非利士人糾集起軍隊，準備向以色列人發起進攻。亞吉告訴大衛，他和他的人馬必須隨軍出征。這使大衛非常為難，他如何能夠轉而進攻自己的同胞呢？大衛苦思無計，無奈還只得跟上。行軍途中非利士統帥非常奇怪隊伍後面怎麼有一群希伯來人，聽到亞吉告知這就是以色列人掃羅的臣子大衛，統帥對著亞吉大發雷霆：「他用什麼和他的主人復和呢？豈不是用我們這些人的首級嗎？從前以色列的婦女跳舞唱和說：『掃羅殺死千千，大衛殺死萬萬。』所說的不是這個大衛嗎？」（《撒母耳記上》29：4—5）大衛因此倖免一劫，被責成留守駐地。出征的第三天，大衛一行回到了洗革拉。

但是大事不好。就在這三天之內，亞瑪力人南侵，攻破洗革拉，一把火將滿城燒了個精光。男女老幼，一個不剩擄掠而去，這當中也包括了大衛的兩個妻子。大衛與眾人放聲大哭。旋即大衛率領他的六百兵馬，追到比梭溪邊。有兩百人因疲乏之故不能過溪，就地留駐。大衛帶著四百精兵，果然追上大肆搶掠非利士和以色列的亞瑪力人。亞瑪力人正在吃喝跳舞，怎麼也想不到大衛的人馬從天而至。從黎明直到次日晚上，除了四百個騎駱駝的少年溜得快，大衛將這一撥亞瑪力人斬盡殺絕，悉盡奪回財物，救回兩個妻子。如是一行人浩浩蕩蕩回到比梭溪，與因疲乏未能過溪的兩百人馬會合。

大衛在分配戰利品時顯示了他的堅定性格。有人提出沒有過河的那兩百人

未立戰功，主張只交還他們各人的妻子兒女，不再分配戰利品。大衛堅決不允，嚴令上陣的得多少，看守器具的也得多少。不僅如此，「大衛定此為以色列的律例、典章，從那日直到今日」（《撒母耳記上》30：25）。這一平均分配的原則，自此成為以色列人的法律。大衛的這一道命令無疑是明智的，因為它正體現了古代軍事社會的一種公正之道。但是我們將會看到，最先向這道律令挑戰的不是別人，恰恰就是大衛王自己。

非利士人和以色列人這一仗打得不比尋常。以色列軍隊大敗而逃，掃羅和他的三個兒子悉數死在戰場上。至此，掃羅創立的以色列第一代王朝國破人亡，不復存在。大衛是在擊殺亞瑪力人回來，在洗革拉住了兩天後，聞知掃羅父子死訊的。掃羅是他的主人，掃羅之子約拿單是他最好的朋友。大衛撕裂衣服，放聲大哭，繼而作《弓歌》，憑弔掃羅和約拿單：

> 約拿單的弓箭，非流敵人的血不退縮。
> 掃羅的刀劍，非剖勇士的油不收回。
> 掃羅和約拿單，
> 活時相悅相愛，死時也不分離。
> 他們比鷹更快，比獅子還強。
> 以色列的女子啊，當為掃羅哭號。
> 他曾使你們穿朱紅色的美衣，
> 使你們衣服有黃金的妝飾。
> 英雄何竟在陣上仆倒！
> 約拿單何竟在山上被殺！

我兄約拿單哪，我為你悲傷！

我甚喜悅你，

你向我發的愛情奇妙非常，

過於婦女的愛情。

英雄何竟仆倒！

戰具何竟滅沒！（《撒母耳記下》1：22—27）

　　這是以色列人的第一首哀歌，寫得一詠三歎，真摯感人。權術、陰謀、暗算、奸詐、利害這一類概念，都不在大衛的語彙中。以色列立國之初的兩王相爭，不是《三國演義》裡的故事，大衛對掃羅遠沒有鞭屍三百的仇恨。客居非利士的時日要結束了。非利士人這個以色列國家的長期威脅，從來就是壓在猶太人心上的一塊陰影。事實是直到猶太人亡國之前，幾乎每年都被迫向這個可恨的鄰國進貢。大衛的命運比剛烈有餘、謀略不足，因而總是顯得顛三倒四的掃羅好得多。實在是兩個人的作風大有不同，掃羅像個頭人，大衛卻是帝王。

　　大衛的性格很多方面同撒母耳相似，算得上是一個軟心腸的人。如後來大衛接來約拿單的兒子米非波設——這是掃羅倖存下來的唯一的一個孫兒——對伏地叩拜的米非波設說：「你不要懼怕，我必因你父親約拿單的緣故施恩與你，將你祖父的一切田地都歸還你，你也可以常與我同席吃飯。」（《撒母耳記下》9：7）大衛還吩咐僕人要把米非波設當作王自己的兒子看待，兩人也經常在一起吃飯。米非波設雙腿俱殘，按說是不可以住在耶路撒冷的宮殿裡的。如《撒母耳記下》寫到大衛初到耶路撒冷為王的時候，就有這樣的記載：

　　大衛和跟隨他的人到了耶路撒冷，要攻打住那地方的耶布斯人。耶布斯人對大衛說：「你若不趕出瞎子、瘸子，必不能進這地方。」心裡想大衛決不能進去。（5：6）

　　這可見兩條腿俱殘的米非波設，是屬於肯定無緣入宮的瞎子、瘸子一類。大衛不顧習俗的率性，由此也可見一斑。

Ｆｏｕｒ　大衛為王

　　大衛一開始帶著他的兩個妻子和六百人馬，來到猶大的希伯倫城，在這裡

登基為王，時年三十歲。與此同時，掃羅倖存下來的兒子伊施波設，被掃羅的部將擁立為以色列王，時年四十歲。唯猶大是大衛的地方。大衛在希伯倫生了六子，原配夫人米甲，也由伊施波設交還過來。終於，伊施波設被人暗殺，以色列眾支派都到希伯倫來歸順大衛，這是他在希伯倫為王七年有半之後。

大衛從耶布斯人手裡攻下耶路撒冷，於此建都。他大興土木，建造宮殿，選立后妃，在耶路撒冷為以色列和猶大王三十三年。初時，非利士人聽說大衛做了以色列王，率兵前來算賬，大衛把非利士人殺得大敗，連他們的偶像都撿了回來。非利士人捲土重來，大衛又抄後路，一路掩殺過去，大獲全勝。但是他最終同非利士人達成了停戰協議，求得了和平。在四面出擊，不斷擴大王國的疆土後，大衛又首次圈定了王國的邊界。這是大衛的兩項英明舉措，由此揭開了以色列國家最為輝煌的一段時光。

亞捫人的王拿轄死了，兒子哈嫩接位。大衛先時受過拿轄的恩，乃遣使臣以作憑弔，不想使臣被當作了奸細，亞捫人把他的鬍鬚剃去一半，又割斷褲子，下體都裸露出來。大衛這一怒非同小可，由此開始了針對亞捫人的一系列征戰。

一年之後，大衛開始忘乎所以，做了一件叫耶和華也大吃一驚的事情。時當大衛派元帥約押領兵圍攻亞捫人的拉巴城。一日太陽平西，大衛在王宮的平頂上放眼望去，看

David was thirty years old when he began to reign, *and* he reigned forty years.

In Hebron he reigned over Judah seven years and six months, and in Jerusalem he reigned thirty-three years over all Israel and Judah.

(2 Samuel 5:4-5)

到一個女人在河裡沐浴，容貌非常美麗。大衛當時差人打聽，知道這個女子是赫人烏利亞的妻子拔示巴，丈夫就在他的元帥約押手下為將。大衛就讓人將拔示巴接來，和她同房。拔示巴回家後，發覺有了身孕，急忙打發人告訴大衛，以求對策。大衛讓人從約押軍中召回烏利亞：

> 烏利亞來了，大衛問約押好，也問兵好，又問爭戰的事怎樣。大衛對烏利亞說：「你回家，洗洗腳吧。」（《撒母耳記下》11：7—8）

這同樣是典型的不動聲色的《聖經》敘述風格，但是敘述極為詳細。確切地說，這不是寫史的風格，而更是寫小說的風格。大衛這時候顯然還是心有顧忌的，尋思這不是一件體面的事情，於是有心讓烏利亞回家和妻子同房，移花接木，掩飾過去。但是大衛的心理活動，在這裡是一概省略了。可憐的烏利亞卻沒有回家，他同僕人在大衛的宮門外睡了一覺。第二天大衛問烏利亞為什麼不回家，烏利亞回答說，以色列的士兵晚上都住在帳篷裡，我主約押也在田野裡安營，我怎麼能回家吃喝，與妻子同寢呢？大衛很是無奈。他款待烏利亞大吃大喝，灌得他酩酊大醉，但是烏利亞仍然沒有回家。

第三天大衛打發烏利亞回營，讓他帶一信給元帥約押，信中密令派烏利亞前進，到得陣勢極險處，大軍便撤回來，讓烏利亞獨個兒送死。約押這個奸雄如法炮製，果然斷送了烏利亞的性命。他派人回耶路撒冷裡報大衛，專門叮囑說，如果國王要怪罪下來，說為什麼要挨近城牆呢，難道不知道敵人會從城上放箭嗎？你就說，王的僕人赫人烏利亞也死了。烏利亞死了，寡妻拔示巴哭了幾天，被大衛接到宮中，成了大衛最寵愛的一個妻子。拔示巴最初生下一子夭折之後，又生下了大名鼎鼎的所羅門。

比較烏利亞一片忠心丟了性命，和大衛不忠不義霸人妻女安然無恙，還有什麼天道可言呢？烏利亞是外邦人，外邦人在戰爭期間要保持潔淨，所以不敢和妻子同房。可是誰會想到他的君王在染指他的妻子呢？牽涉到個人的情慾，大衛的所為同後代的帝王們毫無二致。他已經不是那個純真無邪的牧羊少年了，無限的權力使他開始為所欲為。但是《聖經》的因果必然同樣不會繞過大衛，大衛將為他的惡行付出慘重代價。先知拿單向他宣示神諭：

> 刀劍必永不離開你的家。耶和華如此說：「我必從你家中興起禍患攻擊你，我必在你眼前把你的妃嬪賜給別人，他在日光之下就與她們同寢。你在暗中行這事，

我卻要在以色列眾人面前、日光之下報應你。」

（《撒母耳記下》12：10—12）

拿單是撒母耳之後的先知，他的地位雖然已經不能和他的前任比擬，但是大衛也清楚拿單是耶和華的唯一的代言人。拿單告訴大衛說他本人不會死，但是大衛所得的孩子，必定要死！大衛和烏利亞妻所生的第一個孩子，果然就死在這可怕預言的七天之後。拿單的詛咒並沒有就此消失，它還將更為可怕地應驗在大衛的另外兩個兒子——暗嫩和押沙龍的身上。真可謂天網恢恢，疏而不漏，即便是大衛這樣的英雄人物，也不在例外。但是另一方面來看，大衛用這樣令人髮指的手段，娶拔示巴，又有它的必然性。因為大衛王朝的開國之母，不是他的髮妻米甲，也不是大衛在米甲之後娶的兩個妻子，而其實就是這位生下了所羅門的拔示巴。這樣看來，大衛所具有的人性上的一切弱點，正預示了他的王朝日後風雨飄搖的重重危機。

押沙龍是大衛的第三個兒子，係希伯倫為王時期，由基述王達買的女兒瑪迦所生。瑪迦還生有一女，名叫他瑪。押沙龍的這個親妹妹出落得楚楚動人，美貌不凡。大衛的長子，第二個妻子亞希暖所生的暗嫩相思他瑪，竟至憂患成病。暗嫩的朋友知情後，出奸計讓暗嫩裝病，騙得大衛指派他瑪去兄長處護理。暗嫩藉口支出眾人，竟不顧他瑪抗拒，強行與之同夜。事畢之後，暗嫩仇恨他瑪之心，更又甚過了先時的一片愛心。他不

聽他瑪哀求，令僕人將他瑪趕出門外。他瑪把灰塵撒在頭上，撕裂身上的綵衣，雙手抱頭，邊走邊哭。

押沙龍很沉得住氣，分明有他父親的好遺傳。他知情後，讓他瑪暫時不要作聲。他瑪就孤單單地住在押沙龍的家裡。大衛聽說這事，也非常生氣。如此過了兩年，押沙龍在巴力夏瑣剪羊毛，請動了大衛答應讓眾王子同往。押沙龍吩咐僕人說，你們注意，看暗嫩飲酒暢快的時候，我對你們說殺暗嫩，你們就殺了他，不要害怕。押沙龍就這樣殺了暗嫩。眾王子一鬨而起，四散逃命。押沙龍逃到了基述王亞米忽的兒子達買處。大衛聞訊放聲大哭，過後心裡卻切切念著押沙龍。

押沙龍在基述住了三年。約押知道大衛心裡念著兒子，託一個聰明的婦人侃侃而談，說動了大衛允諾押沙龍返回耶路撒冷。一連兩年，大衛卻沒有與這個攪得他半生不寧的逆子見面。押沙龍在大衛的兒子們中，是長得最漂亮的，從頭到腳無一瑕疵，特別是留著一頭長髮，每到年底剪上一次，剪下來的頭髮總是沉甸甸的。押沙龍哀求約押，約押只是迴避不見，無奈一把火燒了約押的田，這才逼得約押出面，奏告大衛，見了押沙龍一面。

押沙龍暗地裡卻在收買人心。凡有怨憤者，押沙龍無不和顏悅色，給以撫慰。如此四年之後，押沙龍以去希伯倫向耶和華獻祭為名，糾集人馬，在希伯倫宣佈稱王，樹起了反旗。

消息傳到耶路撒冷，大衛痛心疾首。下屬告訴大衛，這幾年以色列的人心，盡歸押沙龍了。大衛真是無計可施，他下令十個妃嬪守宮，自己帶領家人和臣民出城，落荒而逃。所幸當初迦特跟隨過來的六百子弟兵，依然還是死心塌地跟著他。但是大衛再一次顯示了他臨危不亂的英雄本色。他首先派好朋友戶篩打入敵陣。押沙龍的軍師亞希多弗出謀劃策，有若神諭，昔日侍奉大衛，現今侍奉押沙龍，都有一種神秘兮兮的魔力。大衛都對他心驚膽戰，他希望戶篩能夠成為對付亞希多弗的一個法寶。押沙龍在耶路撒冷見到戶篩後，十分驚訝他怎麼不講交情，不和大衛同行。戶篩回答說，耶和華和以色列眾人選出了新主，我當初怎樣服侍你的父親，也必怎樣服侍於你。這話押沙龍覺得很是中聽。亞希多弗這時候獻了一個毒計，讓押沙龍在眾人面前與大衛的妃嬪親近，以激怒大衛，使來歸順的人不再有二心：

亞希多弗對押沙龍說：「你父所留下看守宮殿的妃嬪，你可以與她們親近。以色列眾人聽見你父親憎惡你，凡歸順你人的手，就更堅強。」於是人為押沙龍在宮殿的平頂上，支搭帳篷。押沙龍在以色列眾人眼前，與他父的妃嬪親近。（《撒母耳記下》16：20—22）

押沙龍當眾寵倖父親大衛妃嬪的亂倫行為，無疑是應驗了先知拿單的詛咒。拿單傳達耶和華的話說：「我必從你家中興起禍患攻擊你，我必在你眼前把你的妃嬪賜給別人，他在日光之下就與她們同寢。」這話絲毫不爽變成了真實。押沙龍既殺暗嫩，除了反叛大衛，事實上已經別無選擇。押沙龍佔有父親的妃嬪，則不但是聽從了亞希多弗的政治計謀，同時也是在形式上呼應了《聖經》裡最初的亂倫記述：「以色列住在那地的時候，流便去與他父親的妾辟拉同寢，以色列也聽見了。」（《創世記》35：22）這裡的以色列即雅各，雅各的兒子的亂倫原型，終而有大衛的兒子變本加厲予以再現。

亞希多弗又出一計，請求給他一萬二千兵馬，讓他乘大衛人困馬乏，追趕上去，獨殺大衛一人，招眾民歸順。這一計足以置大衛於死地，押沙龍和長老們都以為好。但是押沙龍還想聽聽戶篩的意見，這一聽就注定了他的可怕的厄運。戶篩巧妙地鼓動押沙龍先聚集以色列各族人馬，然後再親率大軍與大衛決戰。押沙龍和他的謀臣們轉眼就聽信

"Thus says the LORD: 'Behold, I will raise up adversity against you from your own house: and I will take your wives before your eyes and give *them* to your neighbor, and he shall lie with your wives in the sight of this sun.

(2 Samuel 12:11)

了戶篩，這真是天不絕人，給了大衛喘息的機會。亞希多弗明知天意已非他一力可違，竟告辭回鄉，吊死在了家中。

　　大衛重整旗鼓，調兵遣將，兵分三隊與押沙龍決戰。大衛站在城門旁，看著士兵成千成百地挨次出去，再三吩咐三位將軍，要他們寬待逆子押沙龍。兩軍對陣下來，以色列人大敗於大衛的軍隊，陣亡竟達兩萬多人。押沙龍騎著騾子，被橡樹密密的樹枝纏住頭髮，騾子從胯下跑掉，押沙龍被憑空懸掛起來。有人告訴約押，這個心懷叵測的元帥趁機帶了十幾個兵士，亂刀砍殺了押沙龍。屍體扔進林中一個大坑，上面堆起一堆石頭。

　　大衛其實是掛牽他的逆子的，見人回來便問押沙龍平不平安。聞知押沙龍被殺，大衛邊走邊哭，連連呼喊我兒押沙龍，呼罷蒙面大哭。他兩次呼喚著押沙龍的名字：

　　我兒押沙龍啊！我兒，我兒押沙龍啊！我恨不得替你死，押沙龍啊！我兒，我兒！（18：33）

　　大衛這時候的悲慟，和作《弓歌》憑弔掃羅和約拿單完全不一樣，他根本就沒有心思付諸遣詞造句的詩情。可是大衛對押沙龍的這一份至親的骨肉之情，在押沙龍在世的時候，從來就沒有向他表露過。

　　晚年的大衛尋得一個叫亞比煞的美貌童女陪伴。晚上亞比煞用自己的身子給老王取暖。非利士人又來犯境，眾王子也蠢蠢欲動，特別是押沙龍的親弟弟亞多尼雅，更欲自立為王。耶和華曾經救助大衛脫離了一切仇敵，現在依然沒有忘卻他的這個寵愛得太多的孩子。大衛取來掃羅和約拿單的屍骸，葬在掃羅父親的側畔，又領兵打退了非利士人，最後下令給所羅門加冕，傳下了王位。大衛自知死期臨近，告訴所羅門，他現在要走世人必走的路了，願所羅門誠意敬神，謹守摩西的律法。對於那個野心勃勃的約押，大衛吩咐所羅門不要讓他白頭安然下到陰間。大衛言盡氣絕。據《舊約》學者推考，這一年大致是公元前970年。

　　大衛自從染指拔示巴，謀殺烏利亞以來，命數似乎始終是被罩在一塊陰雲之中。當初先祖摩西為以色列人定下的著名十誡中，其中兩條便是不可殺人、不可貪戀他人的妻女。大衛位極至尊，當世俗的法律無以為能之際，人們更願意相信冥冥中還有一個神聖的法統在主持公道。但是大衛懺悔了，與拔示巴同室後，拿單上門問罪，大衛當時就作他著名的懺悔詩一首，交與伶長：

上帝啊，求你按你的慈愛憐恤我，

按你豐盛的慈悲塗抹我的過犯。

······

並潔除我的罪。

因為我知道我的過犯，

我的罪常在我面前。

我向你犯罪，唯獨得罪了你，

在你面前行了這惡，

以致你責備我的時候顯為公義，判斷我
的時候顯為清正。

我是在罪孽裡生的，

在我母親懷胎的時候就有了罪。（《詩
篇》51：1—5）

俗話說，罪不上自疚之人。大衛面對上
帝的懺悔，被認為同他擊殺巨人歌利亞，之
所以為以色列有史以來最偉大的世俗國王，
以及充滿激情撰寫《詩篇》相倣，是這個偉
大國王的四個給人印象最深的故事之一。永
垂不朽是那個「掃羅殺死千千，大衛殺死萬
萬」的少年大衛。在這樣一個嚴酷的生存環
境中，大衛在幾乎是一無所有的基礎上，力
克強敵，為希伯來民族完成了統一和立國的
輝煌業績。《撒母耳記下》裡，大衛的隨從
把大衛比作「以色列的燈」（21：17），但
是上帝是大衛的燈。這在大衛晚年寫給耶和
華的長詩裡面說得明白：「耶和華啊，你是
我的燈，耶和華必照明我的黑暗。」（《撒
母耳記下》22：29）無怪乎，以後耶穌的身
世推究起來，最終是上溯到了大衛的榮光。

✝ 押沙龍之死

CHAPTER6

約伯與上帝的公正

《約伯記》是公認的希伯來智慧文學中最偉大的篇章。馬丁·路德說它的崇高在《聖經》中無出其右。英國 19 世紀著名作家卡萊爾更進一步，稱古往今來，無論《聖經》內外，沒有什麼文字可與《約伯記》比肩。就主題來看，《約伯記》揭示的似是如何在人類的苦難中認識上帝的公正，這就是人所謂的「神義論」（theodicy）。上帝的公正清如水，明如鏡，是為天公地道。既然如此，一個至善至真的上帝，如何容得無辜的人陷入水深火熱？這似乎是一個同人類一樣古老，歷久而彌新的困頓。

⊛NE 約伯的忍耐

　　《約伯記》交代約伯是烏斯的一個義人。烏斯不屬以色列，但約伯究竟是不是一個歷史人物，歷來爭論不清。約伯的身份是族長、酋長一類，上帝賜予他七子三女，僕婢成群，牛羊駱駝以千計，書中說他是東方最有名望的人。但有一天，天庭裡尚在上帝左右的撒旦提出疑問，撒旦斥責約伯的虔誠是邪惡，理由是約伯的虔誠有目的，因為虔誠可以得到回報，如此上帝和撒旦打了一個賭：

　　耶和華問撒旦說：「你曾用心察看我的僕人約伯沒有？地上再沒有人像他完全正直、敬畏上帝，遠離惡事。」撒旦回答耶和華說：「約伯敬畏上帝豈是無故呢。你豈不是四面圈上籬笆圍護他和他的家，並他一切所有的嗎？他手所作的都蒙你賜福；他的家產也在地上增多。你且伸手毀他一切所有的；他必當面棄掉你。」耶和華對撒旦說：「凡他所有的都在你手中，只是不可伸手加害於他。」於是撒旦從耶和華面前退去。（1：8—12）

　　是啊，要是上帝伸手毀了約伯的一切，他還會一樣敬神嗎？如果約伯這一片上帝深引為自豪的虔誠，可最終由撒旦證明是一種可怕的邪惡，那麼上帝和人類之間，不是從根本上就斷了交流的可能嗎？

　　這或許便是上帝把約伯交由撒旦發落的原因。如是可憐的約伯成為上帝和撒旦的賭

THERE was a man in the land of Uz, whose name *was* Job; and that man was blameless and upright, and one who feared God and shunned evil.

(Job 1:1)

注。先時強盜和天火接踵而至，家財喪盡，頓時變得一無所有。繼又狂風大作，吹倒房屋，十個兒女悉盡壓死在裡面。約伯眨眼之間失去了一切。但是約伯逆來順受，說上帝給予，上帝拿走，敬神依然如故。

上帝認為他贏了撒旦，但是撒旦認為約伯蒙受的災禍還嫌不夠，說是約伯現在的損失都是身外之物，大家都願意割捨一切去保全性命，假如讓他自身傷筋動骨，情況就不一樣啦。於是上帝再一次把約伯交到撒旦手裡，唯獨不許撒旦傷了約伯性命。這一回，撒旦令約伯全身長滿毒瘡，他坐在爐灰堆裡，遍體流膿，痛癢難熬，只能用瓦片來刮身體。妻子先已忍無可忍，說：「你仍然持守你的純正麼？你棄掉上帝，死了吧。」（2：9）當時約伯還怪妻子說話像冥頑不靈的婦人，謂上帝賜福，上帝降災，這是天經地義的事情。進而三個朋友到場，見約伯如此慘狀，放聲大哭，撕裂衣服，把塵土揚在身上，一語不發陪約伯在爐灰堆裡坐了七天七夜。七天過後，約伯開言了。他的朋友們也開言了。《約伯記》由此告別以上兩章散文體的序幕。

約伯的忍耐也到此為止。《新約·雅各書》中，雅各佈道時，曾經把約伯比作好耐心的典型：「那先前忍耐的人，我們稱他們是有福的。你們聽見過約伯的忍耐，也知道主給他的結局。」（5：11）可見約伯之成為逆來順受的代名詞，由來已久。事實上西方文化裡「約伯」一語，已經成了好耐心的同義詞，所謂「約伯的耐心」（Job's patience）。約伯似乎是虔誠的表率，終是受盡苦難，也不改信仰。即便是忍無可忍的事情，約伯也能忍耐。但問題是，約伯在民間這個逆來順受，歷盡最為慘痛的劫難卻對上帝忠信不渝的虔誠形象，僅見於該卷書散文寫成的序幕和尾聲之中。我們不妨來看看《約伯記》的結構。

《約伯記》的結構跌宕起伏，是典型的文學類形式，從而使《約伯記》素有《舊約》中的莎士比亞之稱。全卷四十二章文字中，第一章和第二章係散文寫成，是為序幕。第三章至三十七章是詩體的大辯論，有約伯和他三個朋友的交鋒，更有以利戶出來將約伯和他的朋友一併訓斥。第三十八章至四十二章第六節，除了約伯兩段簡扼應答，悉盡是上帝之言，這是全卷書的高潮。最後第四十二章第七節以下，復以散文形式敷成，是為尾聲。雖然此卷書詩體部分充斥約伯的悲憤控訴，但《約伯記》的作者顯而易見不是約伯本人。由於作者和成書年代，都已邈不可考，沒有留下任何線索，有人提出《約伯記》詩體部

分與散文體部分作者不應是同一個人，不但
約伯的形象在這兩個部分殊異，而且散文體
部分稱呼上帝用的是以色列人的專稱「耶和
華」（Yahweh），詩體部分則多用神的泛稱
如埃洛亞（Eloah）和呷代（Shaddai）。進而
視之，散文體部分風格接近民間文學，詩體
部分則似《箴言》和《傳道書》一類先知文
學。據統計，序幕、高潮和尾聲三部分中，
「耶和華」一語共出現二十五次。而第三至
三十七章大辯論部分，則只出現了一次。這
樣來看，《約伯記》的艱深是可以想像的。
希臘七十子文本中的《約伯記》，比希伯來
原本要少了整整四百行，很可能是譯者無法
理解，乾脆刪闕。聖哲羅姆的拉丁通俗譯本，
也有同樣的問題。

　　因此確切來說，約伯的忍耐僅見於全
書序幕部分，謙卑則見於尾聲部分。反之詩
體部分驚心動魄，約伯完全成了另一個人。
他鬼神不敬的言語豈止是褻瀆神明呢？約伯
甚至異想天開，反過來要作上帝公正的裁判
人。他是企望以平等的地位，與上帝進行公
平對話。這在任何一種猶太教義看來，都是
匪夷所思的事情。此時的約伯同那個好耐心
的典型，實在是有天壤之別。而正是約伯這
判然不同的兩種形象，可以說，造就了《約
伯記》罕見其匹的悲劇風範。

Two 約伯的悲聲

比較約伯的忍耐，約伯的悲聲尤為令人肅然動容。約伯先是痛恨生不如死，詛咒自己的生日，呼天吋地，悲憤無以復加。而且一邊還有三個朋友推波助瀾，背靠正統神學的教義來數落他。約伯心裡知道他的虔誠沒有出毛病，出毛病的是上帝的公正，由此他直截了當，責難上帝對他不公：

我因愁苦而懼怕，

知道你必不以我為無辜。

我必被你定為有罪。

我何必徒然勞苦呢。

我若用雪水洗身，

用鹼潔淨我的手，

你還要扔我在坑裡，

我的衣服都憎惡我。

他本不像我是人，

使我可以回答他，

又使我們可以同聽審判。

我們中間沒有聽訴訟的人，

可以向我們兩造按手印。

願他把杖離開我，

不使驚惶威嚇我，

我就說話，也不懼怕他，

現在我卻不是那樣。（9：28—35）

很顯然，約伯深知人和神沒有交通可能。他知道自己無罪，但是上帝判定他有罪。約伯甚至期望有沒有一個更高的權威，在他和上帝之間作一個仲裁。這裡約伯膽大妄為無以復加，竟至於設想同上帝來互按手印，訴訟高下。約伯當然知道根本就沒有這樣的可能。可是可憐的人類，他究竟是只有循規蹈矩、逆來順受的命嗎？約伯始終沒有從上帝那裡知道他為何受難。具有諷刺意義的是，我們作為讀者，反是聽到了天庭裡撒旦和上帝的對話，由此知悉約伯苦難

的由來，他其實是上帝和撒旦之間的一個賭
注。而這一切，約伯本人一無所知。

約伯的三個好朋友看到約伯如此受難，
當時失聲大哭，一言不發陪他坐了七天七
夜。交情到這個分上，也令人肅然動容了。
但是七天過後約伯詛咒命運，沒遮沒攔，他
的三個朋友也沒有閒著，一併過來開導他
了。第一個朋友以利法說：過去你看到別人
遭難，總是好言相勸，幫人渡過難關；現在
禍患輪到你頭上，你就犯迷糊了；要知道上
帝不會行不公義的事情的啊。所以約伯是不
是可以自己反省一下呢：

請你追想，無辜的人有誰滅亡？

正直的人在何處剪除？

按我所見，耕罪孽、種毒害的人都照樣
收割。

上帝一出氣，他們就滅亡；

上帝一發怒，他們就消沒。（4：7—9）

第二個朋友比勒達則勸慰約伯說，你受
難不是因為自己的過錯，也許是因為兒女犯
罪的緣故吧。要是自己一貫正直虔誠，就應
該堅持下去，上帝決不會丟棄好人的。第三
個朋友瑣法更是直截了當，指責約伯即便自
己沒有過失，兒女也管教嚴格，沒有差池，
可是這樣呼天搶地，到底不是正道吧：

這許多的言語豈不該回答嗎？

多嘴多舌的人豈可稱為義嗎？

你誇大的話，豈能使人不作聲嗎？

你戲笑的時候豈沒有人叫你害羞嗎？

> For my sighing comes before I
> eat, and my groanings pour out like
> water.
> For the thing I greatly feared
> has come upon me, and what I
> dreaded has happened to me.
> I am not at ease, nor am I quiet;
> I have no rest, for trouble comes."
>
> (Job 3:24-26)

你說：「我的道理純全，

我在你眼前潔淨。」

惟願上帝說話，

願他開口攻擊你，

並將智慧的奧秘指示你。（11：2—6）

約伯討厭他三個朋友滿心虔誠來數落他，他承認他或許有罪，人誰能無過？但是上帝對他的懲罰遠超過了他的過失。他沒有懷疑上帝無所不在的神力，但是深感這神力是向他遮蔽了：「他從我旁邊經過，我卻不看見。他在我面前行走，我倒不知覺。」（9：11）人一旦發現他失去上帝的關愛，發現被上帝拋棄，面臨的將是真正的絕望。約伯無疑就瀕臨這樣的絕望。

總觀約伯的三個朋友，他們的信仰邏輯是善有善報，惡有惡報。即是說，上帝是公正偉大的，他賞罰分明，所以約伯受懲罰，必是事出有因。這樣來看約伯，那就是因德行而牛羊成群，子女滿堂；因惡行而家破人亡，生死不能。這是他三個朋友的人生觀。以利法說人人都有罪過，這是在安慰約伯。三個朋友都認為約伯自己有錯，所以理當反省，約伯無濟於事的悲聲，只能證明他自己有罪。瑣法後來更指責約伯說：「當知道上帝追討你，比你罪孽該得的還少。」（11：6）三個朋友的形象應當說比約伯更要可憐。三人論證上帝善惡必報，從來不失公平，自是他們發自肺腑的真誠之言。可是唯其真誠，才更見正統教義的可憐。正統教義懼怕異端，這在歷史上無一例外。約伯的話叫他們心驚膽戰，所以有人說，約伯的三個朋友與其說是擔憂褻瀆神明，莫若說是懼怕威脅到他們自己的安全。三個朋友自以為上帝的公正就在他們的邏輯裡面，其實充其量是說了一些陳詞濫調。可以說，正是他們恪守不渝的僵死教條，使他們未能給予約伯真正的同情。

通貫約伯的精神掙扎，他倍受折磨的是上帝把他拋棄了，約伯對上帝說，「你為何掩面，拿我當仇敵呢？」（13：24）約伯似是苦苦徘徊在絕望和希望之間，他覺得上帝不會從此不理不睬他，只是擔心待到上帝壞脾氣過去，最終來眷顧他的時候，將為時太晚，只能到墳墓裡去找他。約伯強過他朋友們的地方，是他看得十分清楚，在造物主和被造物之間，橫著一條不可逾越的溝壑。這莫若說是上帝的公正和人類苦難之間的溝壑。好幾次他承認，上帝的智慧是

高高在上於人類，人類想要認知上帝，只有當上帝降尊紆貴，願向人類開言時。所以約伯作為在塵土裡碌碌營生的人類，期望同上帝對話，不啻是癡人說夢，誠如約伯所言，「在他眼前天也不潔淨，何況那污穢可憎喝罪孽如水的世人呢？」（15：16）

令人震驚的是約伯對上帝的大不敬之言。約伯一開始還只是詛咒命運，但是很快他的言語就沒遮沒攔。他說，錯不在他，而在上帝。第七章裡約伯將自己比作神話中的海中大魚：「我對上帝說，我豈是洋海，豈是大魚，你竟防守我呢？」（7：12）這很像是將自己比作魔鬼撒旦。彌爾頓《失樂園》中的撒旦，正是張開巨大的翅膀，拽著熊熊火焰，從海面上沖天而起，直奔伊甸園顛覆了上帝的傑作。第九章裡約伯說，要論力量，上帝是無所不能，要論公正，誰又能審判他？這是將上帝描述成暴君形象。第十六章裡約伯更詛咒上帝是齜牙咧嘴，把他撕成碎片：「主發怒撕裂我，逼迫我，向我切齒。」（16：9）這完全就是把上帝描述成了兇神惡煞。這裡約伯絕然不復是那個飲恨吞聲，唾面自乾的好耐心典範，而具有一種巨人式的氣魄。至此約伯作為一個悲劇人物的形象充分確立起來，他就是反抗宙斯的普羅米修斯、反抗神諭的俄狄浦斯、反抗命運的李爾王。

此時此刻，約伯意欲何求？我們發現約伯還沒有完全絕望。於承認人無法和上帝平

等論理的同時，約伯依然希望有朝一日能夠出現奇蹟：「我知道我的救贖主活著，末了必站立在地上。我這皮肉滅絕之後，我必在肉體之外得見上帝。」（19：25—26）這可見，約伯依然企盼在那條不可逾越的鴻溝之上，可以架起一座橋樑。比較約伯的忍耐，這裡更能見出他的固執。如果說有什麼東西叫他執迷不悟、死不瞑目，那就是渴望他的無辜受難得到一個說法，這是他的固執也是他的樸實的自信，一如他對三個朋友所言：「我斷不以你們為是。我至死必不以自己為不正。我持定我的義，必不放鬆。」（27：5—6）

這時候有一個年輕人以利戶路過，看到四人各執己見，爭執不休，也插進來作了一番高論，對約伯和他的三個朋友各打了五十大板。他認為約伯自己稱義不對，他的三個朋友規勸也不對頭。以利戶說，上帝降罪罰人，有時候並不因為人本身作惡犯罪，而是為了考驗義人的真偽，激勵真正的義人堅持行善的決心。以利戶開講起來真是滔滔不絕，他比起約伯和三個朋友來，明明是小輩，說話的口氣卻是儼如長輩一樣：

> 上帝兩次三次向人行這一切的事，
>
> 為要從深坑救回人的靈魂，
>
> 使他被光照耀，與活人一樣。
>
> 約伯啊，你當側耳聽我的話，
>
> 不要作聲，等我講說。
>
> 你若有話說，就可以回答我，
>
> 你只管說，因我願以你為是。
>
> 若不然，你就聽我說，
>
> 你不要作聲，我便將智慧教訓你。（33：29—33）

以利戶話音剛落，上帝就在旋風中開言。撒旦沉默了。滔滔善辯的神學家朋友們沉默了。約伯也沉默了。但是上帝沒有沉默。約伯內心真正有所企盼的，只能是上帝最終能夠給他一個說法，哪怕是在彼岸世界。我們看到，上帝的恩寵同樣超過了約伯的期望。上帝沒有理會自以為是的以利戶，上帝最終嘉獎約伯，而對他三個滿口忠信的朋友嗤之以鼻。上帝對以利法說：「我的怒氣向你和你的兩個朋友發作，因為你們議論我，不如我的僕人約伯說的是。」（42：7）又說，「我因悅納他，就不按你們的愚妄辦你們。」（42：8）這個結果叫人

大吃一驚，上帝的公正看來真是高深莫測。它對約伯的忍耐壓根就是無動於衷，然而終於是答覆了約伯的悲聲。

*T*HREE　**上帝的公正**

康德在他題為《論神義論中一切哲學嘗試的失敗》的文章裡，集中討論了約伯的困頓。所謂神義論是言神的正義即公正。換言之，神的正義如何解釋好人無辜受難？此外神的正義如何容忍好人無辜受難？康德的看法是約伯放肆然而坦率，約伯的朋友則是阿諛奉承。故此：

約伯說的如同其想的，他的心情也許是每一個人在他的處境中都有的心情；與此相反，他的朋友們所說的，如同他們被更強大者暗中竊聽一樣，他們正在裁決這位更強大者的事情，憑藉自己的判斷討他的歡心，對他們來說要比真理更受關切[①]。

可見神的正義非人類可以揣摩，然而它終將是一種絕對的正義，即便一切嘗試用哲學來闡釋這一正義的努力，都必然要歸於失敗。約伯的故事足可表明：闡示神的公正，遠非世間的一切邏輯可以解釋。

古代希臘和之後的西方文化傳統中，神義論的表述是，一個全知全能的上帝，如何

THEN the LORD answered Job out of the whirlwind, and said: "Who *is* this who darkens counsel by words without knowledge?

(Job 38:1-2)

---

① 《論神義論中一切哲學嘗試的失敗》，參見康德著，李秋零編譯：《康德論上帝與宗教》，北京：中國人民大學出版社，2004 年，頁 277。

能夠容得人類的邪惡尤其是苦難，特別是無辜人受難？這個問題可以有三種假設。其一，上帝並不是全知全能；其二，上帝並不公正，上帝個性中有乖張暴戾的一面；其三，人類可能是無辜的。這三種假設基本上都屬於異端，不可能被西方思想的基督教主流傳統接受。其實在西方歷史上，有一個人命運與約伯甚為相似，這就是史稱「最後一個羅馬人」的波愛修（M. Boethius）。此人曾經是當時羅馬統治者東哥特王狄奧多利克的密友，仕途一路暢通，位極人臣。唯公元 522 年風雲突變，被控以莫須有的叛國罪入獄，兩年後被處死刑。波愛修這一樂極生悲的命數，與約伯的無妄之災如出一轍。波愛修是哲人，知道自己是宮廷陰謀的犧牲品，自不敢像約伯那樣肆無忌憚，詛咒上帝對他不公。但是他在死囚牢裡寫成一部名作《哲學的慰藉》，裡面同樣探討過上帝的公正：既然上帝普愛眾生，無所不能，他何以容得苦難和邪惡充斥世界？而且，上帝既然全知全能，他必然已知未來。而既然他已知未來，人類一切改變自身命運的努力，豈不盡屬徒勞？對此波愛修的答案是，人類苦難和邪惡的根源是在不恰當的途徑上追求幸福，諸如愛妻女家庭、權力財富，而真正的幸福是善，善即為上帝。人類因其情慾，而成為必然因果鏈上的一個環節，一旦擺脫情慾，專愛上帝，人即獲得自由意志，可與上帝同在。這就是人生超越時間和空間的終極目的。上帝的公正由是觀之，它是超越的、高高在上的，而不拘泥於世俗世界的悲歡離合。

波愛修對神義論的闡釋，基本上也呼應了古代希伯來神學的傳統。上帝的全知全能和鐵面公正無可爭辯。但問題在於，這個解決辦法神學上固然是不言自明、無懈可擊，可是放到活生生的人類經驗當中，卻是再慘痛不過的事情。約伯的例子就是這樣。約伯一心信奉上帝，道德上正直為人，小心謹慎，不敢造次，可是依然蒙受如此難以想像的苦難。上述不言自明的神學並沒有給他帶來安慰，而且完全是叫他在雲裡霧裡，沒有方向。在從第三章到第三十三章的詩體大辯論中，我們看到的正是一方面無可爭辯的邏輯顯示出正統神學的威嚴，一方面義人靈魂的翻江倒海，在苦苦抗爭這個不可思議的神正之謎。所以，我們最好來看上帝本人說了什麼。上帝從旋風中發聲，他一開口就這樣責備約伯：

誰用無知的言語使我的旨意暗昧不明？

你要如勇士束腰，

我問你，你可以指示我。

我立大地根基的時候，你在哪裡呢？

你若有聰明，只管說吧！

你若曉得就說，是誰定地的尺度？

是誰把準繩拉在其上？

地的根基安置在何處？

地的角石是誰安放的？

那時，晨星一同歌唱，

神的眾子也都歡呼。

海水沖出，如出胎胞。

那時誰將它關閉呢？

是我用雲彩當海的衣服，

用幽暗當包裹它的布，

為它定界限，

又安門和閂，

說你只可到這裡，不可越過；

你狂傲的浪要到此處止住。（38：2—
11）

波愛修

　　上帝創造天地，宇宙廣大無垠，天地萬
物神奇奧秘，造物主鏤雲裁月、吞吐江海的
神工鬼斧，其玄妙莫測的神力和深意，非人
類智能可以企達。這是上帝傳達給約伯的智
慧。約伯果然是心悅誠服，啞口無語。雖然，
上文中上帝舉證的征服海洋，在今天看來已
經不像是那麼遙遠的神話，我們用鋼筋混凝
土築成的大壩，以及由此從海洋裡奪取的土
地，或許足以叫上帝本人瞠目。同樣，後面
上帝說，他的造物中河馬為首，它吃起草來

像牛一樣，結實如銅鐵合鑄。有誰能捉拿它，誰能用牢籠圈住它，穿它的鼻子呢？還有：

> 你能用魚鉤釣上鱷魚嗎？
>
> 能用繩子壓下它的舌頭嗎？
>
> 你能用繩索穿它的鼻子嗎？
>
> 能用鉤穿它的腮骨嗎？
>
> 它豈向你連連懇求，
>
> 說柔和的話嗎？
>
> 豈肯與你立約，
>
> 使你拿它永遠做奴僕嗎？（41：1—5）

今天我們都知道河馬因在動物園裡的命運，訓鱷表演中，鱷魚在向它的主人搖尾乞憐。可見人跟自然的關係，固然不是《約伯記》寫作的年代可以比擬了。但是《聖經》裡說的「河馬」（Behemoth）和「鱷魚」（Leviathan），指的其實不是我們在動物園裡看見的這兩種可憐的動物，它們是傳說中的巨獸和海中的怪獸，在真實世界裡是子虛烏有的。恐怕只是想來，假如真有這兩種怪獸，如果它們能夠開口的話，也恐怕真要向人類懇求連連，甘願永生當奴僕，來求物種苟延了。人類依仗科學和理性，儼然已成萬物的靈長。可是，我們今天又能怎樣來讀上帝對約伯的責問：

> 你能繫住昴星的節嗎？
>
> 能解開參星的帶嗎？
>
> 你能按時領出十二宮嗎？
>
> 能引導北斗和隨它的眾星嗎？
>
> 你知道天的定例嗎？
>
> 能使地歸在天的權下嗎？（38：31—33）

是啊，你能把智慧賜予眾生嗎？強辯的約伯，與神辯論的約伯，你能回答嗎？我們不難發現，上帝沒有解答約伯無辜受難的怨憤，反之排山倒海提出一系列問題，證明自己的神性，叫約伯的問題變得毫不相干。上帝的話是要提醒約伯，他不過是一個造物，沒有權利來質問造物主。他要約伯明白神性和人性是不能相提並論的東西。上帝提出的問題約伯是無以解答的。他自以為無所不

知，怨怒畢生恪守正道卻蒙上帝如此不公待遇，現在才知道天機玄奧，深不可測。我們看到約伯最終向上帝懺悔：

> 我從前風聞有你，
>
> 現在親眼看見你。
>
> 因此我厭惡自己，
>
> 在塵土和爐灰中懊悔。（42：5—6）

至此上帝的公正初見端倪。絕對的善和絕對的權力，由此在上帝的公正之中得到協調。此外，它更將我們引向一個更深入的問題，這就是人類與上帝的關係。如果說，《約伯記》最終並沒有解決人類苦難的問題，上帝是答非所問，南轅北轍，那麼通過約伯的悔過，人類當可從自我中心的驕矜，終而意識到他在上帝造物中所處的卑賤地位。上帝並非不知道約伯對他出言不恭，比如他這樣對約伯說：

> 你豈可廢棄我所擬定的？
>
> 豈可定我有罪，好顯自己為義嗎？
>
> 你有上帝那樣的膀臂嗎？
>
> 你能像他發雷聲嗎？（40：8—9）

但是顯而易見，上帝看中的正是約伯不屈不撓的自由意志，這是人之所以為人的立身之本。對此造物主完全清楚。上帝最後給約伯的嘉獎並不足道。約伯後來的牛羊駱駝數量翻了一倍，妻子又給他生了七子三女。這一切都算不了什麼。而且新得子女的快慰，遠不足以消弭先時喪子失女的慘痛。但是約伯心滿意足，他終於得到了說法，上

劫後的約伯

帝直接同他對話，這是芸芸眾生很少敢於企望的殊榮。約伯說，「現在親眼看見你」，上帝大象無形，當然不是約伯的肉眼可以看見的，但是約伯自信他和上帝本人有了直接的交流。所以儘管上帝沒有明示他好人受難的原委，他其實是回答了一個約伯和他的朋友們都沒有想到的問題：人無所不知嗎？人有權利來評判上帝嗎？這個問題一旦恍然覺悟，他的一切苦難，便都見出了意義。

上帝沒有嘉許人類苦難中的忍耐，上帝最終嘉許的是人類苦難中的悲聲。《約伯記》給予我們的這一點啟示，無論如何是意味深長的。

And so it was, after the LORD had spoken these words to Job, that the LORD said to Eliphaz the Temanite, "My wrath is aroused against you and your two friends, for you have not spoken of Me *what is* right, as My servant Job *has.*

(Job 42:7)

CHAPTER 7

美的踪跡

「美」這個詞在《聖經》中出現的頻率，應當說並不算很低。從詞源上看，它於1919 年出版、迄今通行的漢語和合本裡固然可考，往上查證，無論是英文 beauty 和 fair 之於 1611 年印行的欽定本，拉丁文 pulchrum 之於聖哲羅姆 420 年完成的拉丁通俗譯本，乃至於希臘文 kalos 之於公元前 3 世紀的七十子希臘文本，美的移譯基本上是一線相銜，其詞義和詞形在轉述過程中迷失的案例並不多見。《聖經》的語言被認為是上帝之言，其文亦為柏拉圖《斐德若篇》中蘇格拉底所說的那一類寫在心靈中，因而是直傳真理的神聖的好的文字，與南轅北轍、刻舟求劍的文學的文字判然不同。

❉NE 險象環生的美

通覽《聖經》，美主要是作為形容詞，較多用來摹寫人體的美，尤其是女性的美。這在《創世記》中即有多例。人的愛美的天性，分明是與生俱來的。挪亞洪水後，人類生生不息開始繁衍，我們發現娶妻生子的標準，就是美：

當人在世上多起來，又生女兒的時候，上帝的兒子們看見人的女子美貌，就隨意挑選，娶來為妻。（6：1—2）

正因為人喜好美色是這樣一種不可救藥的天性，而美色又總是女性的專利，所以讀起來常常有一種險象環生的意味。

回過頭來看亞伯拉罕的故事。當初亞伯蘭因為饑荒的緣故，遷往埃及暫居。將近埃及，我們看到亞伯蘭卻擔憂起了妻子的美貌會招致橫禍，他對妻子撒萊說：「我知道你是容貌俊美的婦人，埃及人看見你必說，『這是他的妻子』，他們就要殺我，卻叫你存活。求你說，你是我的妹子。」（12：11—13）亞伯蘭為了平安，不得不出此權宜之計。果然如他所料，埃及人見撒萊「極其美貌」（12：14），就有大臣推薦，法老竟娶過撒萊，做了自己的妻子，亞伯蘭也因此得了許多牛羊駱駝和不少僕人奴婢。結果連上帝都看不過去，降大災於法老全家，這才叫法老如夢初醒。可是他領教了耶和華上帝的厲害，便也不敢得罪亞伯蘭，當時就召來亞

And it came to pass, when he was close to entering Egypt, that he said to Sarai his wife, "Indeed I know that you are a woman of beautiful countenance.

"Therefore it will happen, when the Egyptians see you, that they will say, 'This *is* his wife'; and they will kill me, but they will let you live.

(Genesis 12:11-12)

伯蘭，對他說：

你這向我作的是什麼事呢？為什麼沒有告訴我她是你的妻子？為什麼說她是你的妹子？以致我把她娶來做我的妻子？現在你的妻子在這裡，可以帶她走吧！（12：18—19）

法老送還了撒萊，可是也客客氣氣把亞伯蘭一家送出了埃及。

亞伯拉罕和他的妻子撒拉是同父異母的兄妹。兄妹通婚的禁忌是很晚才出現的文化約定，即便到大衛的時代，這一禁忌很顯然也還沒有蔚然成風。大衛之子暗嫩誘騙他同父異母妹妹他瑪的時候，他瑪說：「你玷污了我，我何以掩蓋我的羞恥呢？你在以色列中也成了愚妄人。你可以求王，他必不禁止我歸你。」（《撒母耳記下》13：13）可見假如暗嫩耐心一點，不要過後又拚命作踐他瑪，本來是不會引來殺身之禍的。而亞伯拉罕因為撒拉的美貌，後來幾乎是如出一轍，又故伎重演，再現了一遍埃及的場景。

這一回亞伯拉罕是寄居在非利士人的地方基拉耳。亞伯拉罕照例是和撒拉兄妹相稱。基拉耳王亞比米勒覷覰撒拉美貌非常，當時就差人將她帶進宮裡。可是夜色降臨，亞比米勒還沒有來得及親近撒拉，就做了一夢。夢裡耶和華顯身，對他說：你死定了！因為你娶了那女人來，要知道那原是別人的妻子。亞比米勒喊冤說：

主啊，連有義的國你也要毀滅嗎？那人豈不是自己對我說「她是我的妹子」嗎？就是女人也自己說：「他是我的哥哥。」我作這是心正手潔的。（《創世記》20：4—5）

亞比米勒覺得自己問心無愧，沒有做錯什麼。上帝承認亞比米勒說得有理，說正因為知道亞比米勒是被蒙在鼓裡了，所以事先託夢，阻止他與撒拉同房，免得後果不可收拾。須知亞伯拉罕是先知，亞比米勒理當為亞伯拉罕禱告，送還他的妻子，要不然，亞比米勒和他的所有臣民必死無疑。

第二天大清早，亞比米勒就召來他的臣僕，說出前因後果，把大家聽得心驚膽戰。然後他召來亞伯拉罕，責問自己哪裡對不住亞伯拉罕了，如何就這樣來和他過不去呢。亞伯拉罕當時說出一番話來：

我以為這地方的人總不懼怕上帝，必為我妻子的緣故殺我。況且她也實在是我的妹子，她與我是同父異母，後來作了我的妻子。當上帝叫我離開父家漂

流在外的時候，我對她說：「我們無論走到
什麼地方，你可以對人說，他是我的哥哥；
這就是你待我的恩典了。」（20：11—
13）

　　亞伯拉罕的擔憂肯定不是空穴來風，否
則他不會這樣一而再、再而三地隱瞞他和撒
拉的夫妻關係，以免在陌生地方，人因為垂
涎撒拉美艷，就對他心動殺機。美在這裡是
兇險莫測的命數。就這一次埃及場景的重現
來看，說到底也是亞伯拉罕還不自信，對上
帝的應許還缺乏信心。這時候上帝已經同他
立約，上帝果然沒有食言，處處在保護他。
可是，推算起來，撒拉在這第二場景中出現，
委實是九十歲了。九十歲的女人還有如此不
可阻擋的魅力，撒拉的美真是天下無雙。

　　同是《創世記》中，亞伯拉罕和撒拉的
獨生子以撒，也經歷了與他父母相似的一段
故事。以撒的妻子利百加是個絕色的美人，
早在兩人相識之前，《聖經》就這樣描述利
百加：「那女子容貌極其俊美，還是處女。」
（24：16）及至以撒為避饑荒，像他父親一
樣，流亡到非利士人的國土基拉耳，至此我
們看到了亞伯拉罕和亞比米勒場景的重現：

　　那地方的人問到他的妻子，他便說：「那
　是我的妹子。」原來他怕說：「是我的妻子。」
　他心裡想：「恐怕這地方的人為利百加的緣
　故殺我，因為她容貌俊美。」（26：7）

　　有一天亞比米勒從窗戶裡往外看，看到
以撒和利百加正在親熱。他召來以撒問，利

利百加

百加分明是你的妻子,如何就說是妹子?以撒如實相告他的憂慮:「我心裡想,恐怕我因她而死。」(26:9)亞比米勒已經上過他父親的一次當,實在是心有餘悸,這一會自然不敢造次:

> 於是亞比米勒曉諭眾民說:「凡沾著這個人,或是他妻子的,定要把他治死。」(26:11)

美的險象以至於此,想來真要叫人觸目驚心了。上面的數則美的虛驚,使人想起希臘神話中潘多拉的典故。潘多拉的故事寓意明確而且簡單:女人使我們這個世界變得沮喪而又悲哀,災禍橫行無阻,罪惡高視闊步,獨獨沒有希望。而潘多拉正是一個纖纖美人。《舊約》中參孫和大利拉的故事,與普魯塔克《希臘羅馬名人傳》的安東尼和克利奧帕特拉的故事相倣,可視為這個潘多拉傳統衍生的兩個變種,其中美都出演了一個一言難盡的角色。

仔細來看,《舊約》中的美和女性結伴,如上面的例子顯示,不但有兇險相伴,而且往往被認為是一種過眼雲煙式的東西。所以女子的美是在於德而不在於外貌。這如《箴言》所示:「艷麗是虛假的,美容是虛浮的。唯敬畏耶和華的婦女必得稱讚。」(31:30)伊甸園中的智慧樹看上去也美輪美奐,可是悅目的外觀之下隱藏著險峻的惡果,它正是人類苦難的發軔之處。所以《以賽亞書》中,我們毫不奇怪看到耶和華疾言厲色,警告俏步徐行、賣弄眼目的錫安女子:

> 「所以主必使錫安的女子頭長禿瘡;
>
> 耶和華又使她們赤露下體。」

> 到那日,主必除掉她們華美的腳釧、髮網、月牙圈、耳環、手鐲、蒙臉的帕子、華冠、足鏈、華帶、香盒、符囊、戒指、鼻環、吉服、外套、雲肩、荷包、手鏡、細麻衣、裹頭巾、蒙身的帕子。

> 必有臭爛代替馨香,
>
> 繩子代替腰帶,
>
> 光禿代替美髮,
>
> 麻衣繫腰代替華服,
>
> 烙傷代替美容。(3:17—24)

錫安即耶路撒冷。耶路撒冷女子的服飾打扮,看來早在公元前 8 世紀的以

賽亞時代，已經非常時尚了。但是耶和華在
警告她們居安思危，因為錫安城裡以後將是
一片荒涼。錫安女子的丈夫身死沙場。美作
為外觀的愉悅，在這裡變得毫無價值。《箴
言》中，我們也讀到了所羅門示兒的名訓：

> 你心中不要戀慕她的美色，也不要被她
> 眼皮勾引。因為妓女能使人只剩一塊餅，淫
> 婦獵取人寶貴的生命。（6：25—26）

　　《聖經》中就有名姓的女子來看，其美
後患之深，莫過於後來嫁給大衛的拔示巴。
拔示巴的丈夫赫人烏利亞，是最直接的犧牲
品。烏利亞至死也渾然不知的悲哀，恰恰可
以反照出亞伯拉罕和以撒的事先警覺。對美
艷可能帶來的兇險殺機，是先有覺悟抑或還
是蒙昧無知，或許正是聖人與俗人的分界所
在。就大衛本人來看，為了奪到拔示巴，後
患同樣不可謂不深。不說與拔示巴先生一子
的夭折，之後兄弟內攘導致長子暗嫩被殺，
以及最疼愛的一子押沙龍反叛被殺，均可視
為拔示巴風波種下的苦果，因為從此大衛失
去了耶和華的寵愛。一個英氣勃發的大衛突
然就變成了一個心力交瘁的老王。而《聖經》
給出明確無誤的信息是，大衛的全部不幸，
皆源起於貪圖拔示巴的美色。

　　中世紀基督教有深重的苦難意識和禁
慾主義傳統，其中之一是對女性的禁忌。著
名教父如聖奧古斯丁，三十餘歲皈依基督教
後，割斷情慾，從此未再近過女色。托馬斯·
阿奎那更有憤怒趕出臥室中裸身女子，當夜

Do not lust after her beauty in
your heart, nor let her allure you
with her eyelids.
　　For by means of a harlot *a man
is reduced* to a crust of bread; and an
adulteress will prey upon his pre-
cious life.

(Proverbs 6:25-26)

乃有天使為其加上貞操帶的離奇傳說。這與《聖經》中將女性的美描述為一種致命的誘惑，恐怕是不無關係的。

Two 《雅歌》中的美

但是顯而易見愛美是任何一個民族的天性，它是很難為哪一種森嚴的戒令所扼殺的。《聖經》中美同女性作伴，並不總是觸目驚心的警戒故事，它同樣表出了這個語詞的一切感性的美好的內涵。最為精彩的，莫過於《雅歌》了。

《雅歌》在希伯來文本中的標題，意謂「所羅門的歌中之歌」，可以理解為所羅門是《雅歌》的作者，以及《雅歌》歌唱的，就是所羅門的愛情故事。所謂歌中之歌，是指一切歌中最好聽的歌，歌中的極品是也。這是《聖經》裡面常用的修辭手法。如《申命記》：「耶和華你們的上帝，他是萬神之神，萬主之主。」（10：17）又如《提摩太前書》之稱耶穌為「萬王之王，萬主之主」（6：15）。中文譯名「雅歌」語出《隋書・音樂志》，雖然在通力標舉其雅的同時，或許是犧牲了《雅歌》原初的民間文化的語境，但是它無疑也是別開生面的。

關於《雅歌》的作者是或不是所羅門，我們可以來看《雅歌》的開篇第一首歌：

> 願他用口與我親嘴，
>
> 因你的愛情比酒更美。
>
> 你的膏油馨香，
>
> 你的名如同倒出來的香膏，
>
> 所以眾童女都愛你。
>
> 願你吸引我，我們就快跑跟隨你。
>
> 王帶我進了內室，
>
> 我們必因你歡喜快樂；
>
> 我們要稱讚你的愛情，
>
> 勝似稱讚美酒。
>
> 她們愛你是理所當然的。

耶路撒冷的眾女子啊，我雖然黑，卻是
秀美，

如同基達的帳篷，好像所羅門的幔子。
（1：1—5）

這裡面提到所羅門的名字，又提到
「王」，因此推想此卷書的作者，所羅門是
理所當然的第一人選。這個人選是或不是唯
一的人選事實上已經無從稽考。但是很明
顯，《雅歌》在《聖經》裡面具有非常特殊
的地位，因為它敘述的就是非常樸實的男歡
女愛的愛情的歡愉，通篇沒有任何宗教上的
術語詞彙。這樣的篇章何以進入《聖經》正
典？因此在教會看來，《雅歌》就是屬於最
難解的《舊約》經卷之一。親嘴是愛情的開
始，酒是歡樂的象徵，《雅歌》用這兩個意
象開篇，是意味深長的。

《雅歌》凡八章一百十七節，篇幅很短，
然而極具美的想像力。它的敘事框架，假定
是所羅門的男主角遇到一位美麗的牧羊女，
將她從書密拉城的家裡帶回王宮，賜給她顯
貴的地位，希望博得她的青睞。歌中這樣描
述書密拉女的美：

我的佳偶，你甚美麗！你甚美麗！

你的眼好像鴿子眼。

我的良人哪，你甚美麗可愛！

我們以青草為床榻，

以香柏樹為房屋的棟樑，

以松樹為椽子。（1：15—17）

佳偶和良人，這裡是新婦和新郎在相互

《雅歌》

唱和了。但更多的是被喻為牧郎的男主角讚美他的新婦書密拉女的美，我們來
看幾個例子：

> 我的佳偶，我的美人，
>
> 起來，與我同去！
>
> 我的鴿子啊，你在磐石穴中，
>
> 在陡巖的隱密處。
>
> 求你容我得見你的面貌，
>
> 得聽你的聲音。
>
> 因為你的聲音柔和，
>
> 你的面貌秀美。（2：13—14）

> 我的佳偶啊，你美麗如得撒，
>
> 秀美如耶路撒冷，
>
> 威武如展開旌旗的軍隊。
>
> 求你掉轉眼目不看我，
>
> 因你的眼目使我驚亂。（6：4—5）

> 王女啊，你的腳在鞋中何其美好！
>
> 你的大腿圓潤好像美玉，
>
> 是巧匠的手做成的。
>
> 你的肚臍如圓杯，
>
> 不缺調和的酒。
>
> 你的腰如一堆麥子，
>
> 周圍有百合花。
>
> 你的雙乳好像一對小鹿，
>
> 就是母鹿雙生的。（7：1—3）

《雅歌》中這類例子不勝枚舉，而且多有重複。《雅歌》被稱為所羅門之
歌，固然可以引出孔子解詩式的微言大義，但是無論推考它的出源，還是考察
它最為廣佈的讀解接受史，都是古希伯來民族典型的愛情詩歌。美在這裡與那

一種帶幾分罪愆感，而且是險象環生的虛幻價值已經毫無干係，它甚至不是依附神的光輝，迂迴曲折地登堂入室，而具有「美」這個詞從感官到精神的一切引人嚮往的魅力。《聖經》高揚神性美，貶責感性美的宗教文字中，出現這樣訴諸讀者感官愉悅，而且如此清新美麗的描寫，正好似《雅歌》最終之為《舊約》正典所接受，可謂一個奇蹟。其實這個奇蹟又有必然性。它印證的與其說是上帝與以色列、基督與教會，或基督與靈魂的關係，毋寧說是古代希伯來、古代埃及，以及古代巴比倫婚戀習俗中的崇美傳統，而這一傳統與美索不達米亞流域的生殖崇拜傳統，顯而易見又是一脈相承的。

上面的比喻也是非常奇特的，特別是用城市來比喻女性的美。得撒是迦南中部古城，《列王紀上》載，所羅門謝世後，耶羅波安曾以此為北方以色列國的都城。「得撒」（Tirzah）在希伯來語中原是美和快樂的意思，其城之美自可以想見，所以它有與耶路撒冷並肩而喻美艷的榮光。另一方面，由於得撒之美通觀《聖經》未著一語，不像耶路撒冷多有描繪，尤又多了一層神秘意味。以城市喻女子的美，在古代近東似不罕見，如《列王紀下》中耶和華說：「錫安的處女藐視你，嗤笑你。耶路撒冷的女子向你搖頭。」（19：21）文中「處女」、「女子」毋寧說是兩城居民，進而是兩個城市的擬人化的表現手法。

Behold, you *are* fair, my love!
Behold, you *are* fair! You *have* dove's eyes.

Behold, you *are* handsome, my beloved! Yes, pleasant! Also our bed *is* green.

(Song of Solomon 1:15-16)

最後一例中，王女的美是自下而上假託比喻表出，先寫她的美足，再寫她圓潤的大腿，接下來是渾圓的肚臍、柔和的腰肢，最後寫她怯生生的雙乳。驚艷絕倫，疑為天人之筆。

如何在《聖經》的文化框架中來看身體的美，特別是女性身體的美呢？我們不妨聯繫《創世記》的語境來讀《雅歌》。上帝造人之初，給人的第一個指示，就是「生養眾多，遍滿地面」（《創世記》1：28）。上帝設立伊甸園，讓亞當和夏娃置身其中，未始不是設立了愛情的最好樣板：「因此，人要離開父母與妻子連合，二人成為一體。當時夫妻二人赤身露體並不羞恥。」（《創世記》2：24—25）所以身體的美，既為上帝所賜，那麼就有充分的理由來讚美它。《雅歌》歌頌的是婚姻中的愛情，它和所羅門王妃嬪上千的傳說，基本上沒有什麼關係。或者說，《雅歌》是通過敘寫婚姻中的忠貞和親密，重演了人類在伊甸園中本來應當享用不盡，卻終因偷食禁果的「原罪」而失落的美好時光。

《雅歌》談女性的美，由外及裡、由裡及外、內外溝通的特徵，也非常明顯。這一特徵或與希伯來民族的象徵觀念有關，即以可見物為不可見之物的一種表徵。這樣一種象徵觀念比較適合表述內在的美。即是說，美應當是由內在的品質所決定的，但是內質可以外化，內質外化顯現自身，那就是美。所以我們會看到《雅歌》裡的男主角稱他的新婦為「關鎖的園，禁閉的井，封閉的源泉」（4：12）。這無疑是寓指書密拉女的內質。然而一長列使人目眩的比喻緊銜而至，園子雖然封閉，園內卻有：

> 哪噠和番紅花，
>
> 菖蒲和桂樹，
>
> 並各樣乳香木、沒藥、沉香，
>
> 與一切上等的果品。
>
> 你是園中的泉，活水的井，
>
> 從黎巴嫩流下來的溪水。（4：14—15）

貞潔自守又美麗無比，所以美麗一如湧流不息的泉水，讓人如飢似渴地心嚮往之。雖然，美其實無須封閉，它是永恆的。因為美原是上帝的作品。

THREE 神聖的美

《聖經》中美的觀念，總的來看呈一種二元的走向。一方面美是浮華虛榮，不但似過眼雲煙，而且兇險莫測；一方面美又是最高價值即神性的顯現，是上帝完美的直接見證。雖然，上帝耶和華的形象在猶太一神教文化中，被表述得過於神秘，幾無蹤跡可覓，美依然可見出是相伴神的左右，具有一種形而上的崇高品格。例如：

> 有一件事，我曾求耶和華，我仍要尋求；
>
> 就是一生一世住在耶和華的殿中，
>
> 瞻仰他的榮美，在他的殿裡求問。（《詩篇》27：4）

這裡上帝的美應無疑問是象徵義。上帝的形象是目不可見的。上帝如果有形象，必然也不是感官所能把握的。美在這裡的所指因而是一種形而上的超驗的東西，它就是上帝無所不在、無所不能的神性。或如中文譯本前加上修飾詞，使為「榮美」，它其實是太為炫目了。聖經中直接以美喻上帝的例子屈指可數，這與猶太教設定耶和華為非人格神有必然因果。瞻仰故而是在心而不在目，這一崇仰至高美的內省內覺傳統下延中世紀，就是開啟了聖奧古斯丁無條件崇仰上帝的內覺式神學。再比如：

> 錫安山，大君王的城，
>
> 在北面高居華美，
>
> 為全地所喜悅。

上帝在其宮中

自顯為避難所。（《詩篇》48：2—3）

到那日，耶和華發生的苗，必華美尊榮，地的出產，必為以色列逃脫的人顯為榮華茂盛。（《以賽亞書》4：2）

　　這兩則文字中，前一則裡美是形容上帝居所的崇高完美。錫安山相較周圍諸峰，並不是最高的，但因為它是上帝之山，故而它的高崇非世間一切山脈能夠望其項背。底下「為全地所喜悅」句，如《列王紀上》中示巴女王遠道來訪所羅門王朝，當有可能是表達了一種「率土之濱，莫非王臣」的信念。最後說上帝把自身顯示為錫安人，即以色列人的避難所，而不是僅僅依憑錫安即耶路撒冷的城牆，又可以見出一派莊嚴國土的氣概。美在這裡同樣還是見於其神，而不見其形，它是超驗的。比較希臘文化中它所呈現的和諧形態，即便是形容可見世界的形色聲貌，我們可以發現，一旦與神性交遊，美在希伯來傳統中，也更多見出一種超越精神，從而更接近於崇高這種體驗。這與下一則文字裡，被認為是預言耶穌降生的描述，沒有什麼太大的差別。《新約》中描寫耶穌的美，是極盡素樸，而不是華麗的。

　　但即使是神聖的美，也可以寫得非常的感性。特別是《聖經》中經常用美來比喻足部，應似表達了希伯來民族一個耐人尋味的審美趣味。比如：

那報佳音、傳平安、

報好信、傳救恩的，

對錫安說：「你的上帝作王了！」

這人的腳登山何等佳美。（《以賽亞書》52：7）

　　報佳音、傳平安、報好信、傳救恩的使者應是複數，是承上啟下的人物。《撒母耳記下》第十八章二十六節大衛王坐等戰場上人歸來，報知戰事和押沙龍下落，是這裡的出典。往下則有《羅馬書》與這一節遙相呼應的文字：

然而人未曾信他，怎能求他呢？未曾聽見他，怎能信他呢？沒有傳道的，怎能聽見呢？若沒有奉差遣，怎能傳道呢？如經上所記：報福音、傳喜信的人，他們的腳蹤何等佳美。（10：14—15）

　　這是聖保羅向羅馬人引證《以賽亞書》，來闡示耶穌的美。談到《新約》

和《舊約》之間的對應關係，當然莫過於《以賽亞書》之被認為是預言了耶穌的故事。但聖保羅何以獨獨看中《舊約》中幾無其匹的以足為美的神諭，而且在《新約》裡面重述出來，思索起來也耐人尋味。一個形而下的解釋，或許是芸芸眾生仰面而視報登山佳音的神使，最為顯目的便是那攀登不休的雙足？要之，這裡美的含義依然遠遠超脫了形式的框架。

《約翰福音》中耶穌為門徒洗腳的插曲，因而變得引人注目。逾越節前一日，耶穌自知不久於人世，晚餐時脫去外衣，開始為門徒洗腳。彼得與西門心裡不解，說我主何以做平時僕人做的事情呢。耶穌答道：「凡洗過澡的人，只要把腳一洗，全身就乾淨了。你們是乾淨的，然而不都是乾淨的。」（13：10）這是最後的晚餐的前奏，長久以來被解釋為耶穌教人以謙卑的範例。但誠如耶穌所言，一樣具有象徵意義，它同《舊約》以足為美的傳統，未必是全無聯繫的。

《以賽亞書》中，作為上帝僕人的以賽亞，似乎無美可言：

他無佳形美容，我們看見他的時候，也無美貌使我們羨慕他，他被人藐視，被人厭棄，多受痛苦，常經憂患。（53：2—3）

這非常相似《約伯記》中的約伯備受不公正命運打擊，對人生悲觀主義的看法。但以賽亞不像約伯那樣怨天尤命，而是忍辱負重，有如後出的耶穌：「人打我的背，我任

耶穌為弟子洗腳

他打，人拔我腮頰的鬍鬚，我由他拔，人辱我吐我，我並不掩面。」（50：6）《聖經》一般也不用「美」來形容耶穌。《馬太福音》載耶穌四處遊說宣道，以撒種、稗子、芥菜種、麵酵、藏寶於田、尋找珍珠以及撒網比喻說法後，回到家鄉拿撒勒城，反遭鄉親冷遇，原因是鄉親們認為他是本地木匠的兒子，同大家一樣是肉眼凡胎，並無獨特優越的地方。耶穌在眾人厭棄之下，感歎先知在故鄉都沒有好運，竟從此不再多行異能。《新約》中於耶穌形象之美未著一詞，這同樣是繼承了希伯來的超驗傳統，而與希臘的崇美精神分道揚鑣。

耶穌不似無形的聖父，即便是道成肉身，也還是血肉之軀。然而無論是希臘以人體為美的美觀念，《雅歌》中以女性的外形和內質一併為美的這一《舊約》中最鼓舞人心的美學思想，甚而包圍著上帝的那一層崇高之美，似乎都與耶穌沒有什麼緣分。這足以決定耶穌之美的是最難寫的篇章之一。但是它恰恰也是中世紀美學被寫得最多的篇章之一。13 世紀托馬斯·阿奎那《神學大全》第一部分第三十九題《於本質之關係中論人》，重提美在於整一、比例、鮮明三要素的著名理論，絲毫不爽就是在闡述人子耶穌的美。而這一點，後人風起雲湧闡釋這一美在三要素的著名命題時，恰恰是大都忽略過去了。

CHAPTER 8

上帝的形象

《聖經》中上帝的形象是一個頗費猜測的問題。**問題的焦點似乎在於上帝究竟有無可訴諸視覺的形象**。這本來是個不成問題的問題，因為從《創世記》開始，上帝就一再暗示他有形象，這形象正是人的形象，而且是男人的形象。

然而無論是猶太教還是從中而出的基督教的上帝，從根本上說應是一個無象無形的抽象實體，全能全在，不證自明，其顯現完全當在內省直覺中予以體驗，不必以僅僅付諸視覺的形象來加以限制。而且即便訴諸視覺，肯定也是一種大象無形的至高的美。《以西結書》中，先知以西結描述的上帝的形象，也是耐人尋味的。以西結說他看到狂風從北方颳來一朵火光閃閃的紅雲，紅雲裡顯出四個活物的形象，每個活物都有四個翅膀、四張臉，是為人臉、鷹臉、獅臉和牛臉。就在這樣四個活物的簇擁下，以西結看到了上帝的形象：「在他們頭以上的穹蒼之上，有寶座的形象，彷彿藍寶石。在寶座的形象以上，有彷彿人的形狀。我見從他腰以上，有彷彿光耀的精金，周圍都有火的形狀。又見從他腰以下，有彷彿火的形狀，周圍也有光輝。下雨的日子，雲中虹的形狀怎樣，周圍光輝的形狀也是怎樣。這就是耶和華榮耀的形象。」（1：26—28）

以西結看到上帝了嗎？以西結看到的上帝，是什麼模樣的呢？

✱NE 上帝的形象禁忌

　　由此我們讀到了上帝三令五申的形象禁忌律令。《出埃及記》中，摩西曾要求上帝顯示其光輝形象，上帝的回答是他將顯恩慈，不顯形象：「你不能看見我的面，因為人看見我的面不能存活。」（33：20）統觀《舊約》，摩西恐怕是能與上帝直接對話，無須憑藉靈感或神使中介的唯一的人。摩西尚且如此，其他人怎樣感知上帝的形象，當是可想而知。一個例子如《列王紀上》裡，上帝遣天使召見先知以利亞到西奈山的場面：

　　耶和華說：「你出來站在山上，在我面前。」那時，耶和華從那裡經過，在他面前有烈風大作，崩山碎石，耶和華卻不在風中；風後地震，耶和華卻不在其中；地震後有火，耶和華也不在火中。（19：11—12）

　　這個場面應當說是相當可怕的。以利亞只有在火後微小的聲音裡，覺悟到上帝的出場，乃以外衣蒙面，從蔽身的洞口走出，聆聽上帝的聲音。以利亞為什麼以衣蒙面？是懼怕狂風烈火的自然力量，抑或呼應了上帝凡人見其面必死無疑的警告？不論作何解釋，這裡體現的是一種撲面而來的崇高感受，人的心智甚至不及思索，便給排山倒海的氣勢挾帶而去，這其實是非常符合耶和華的個性和作風的。

　　上帝的形象既然是個諱莫如深的話題，

Then He said, "Go out, and stand on the mountain before the LORD." And behold, the LORD passed by, and a great and strong wind tore into the mountains and broke the rocks in pieces before the LORD, *but* the LORD *was* not in the wind; and after the wind an earthquake, *but* the LORD *was* not in the earthquake;

And after the earthquake a fire, *but* the LORD *was* not in the fire; and after the fire a still small voice.

(1 Kings 19:11-12)

禁忌形象製作，便成為《聖經》中三令五申的一道戒律。禁忌的最初對象是異教的偶像崇拜，由禁忌偶像崇拜發展到上帝自身形象的製作，如《出埃及記》中耶和華稱：「你們不可作什麼神像，與我相配。」（20：23）又《利未記》中，上帝重申：「你們不可作什麼虛無的神像，不可立雕刻的偶像，或是柱像，也不可在你們的地上安什麼鑿成的石像，向它跪拜，因為我是耶和華，你們的上帝。」（26：1）這裡如果說還沒有明確提出形象製作的禁令，那麼反對在物質形象中來崇拜上帝的信息，則已傳達得相當清楚。因為上帝是精神而不是物質。進而視之，禁忌的對象從偶像、聖像發展到天上地下的一切形象。這在《出埃及記》中已可見出：

> 我是耶和華你的上帝，曾將你從埃及地為奴之家領出來。除了我以外，你不可有別的神。不可為自己雕刻偶像，也不可作什麼形象，彷彿上天、下地，和地底下水中的百物；不可跪拜那些像，也不可事奉它，因為我耶和華你的上帝是忌邪的上帝，恨我的，我必追討他的罪，自父及子，直到三四代；愛我守我誡命的，我必向他們發慈愛，直到千代。不可妄稱耶和華你上帝的名，因為妄稱耶和華名的，耶和華必不以他為無罪。（20：2—7）

這是摩西十誡的開篇。摩西十誡被認為是人類歷史上第二部成文法律，它的發佈者，至高無上的耶和華上帝，一開口就提醒以色列人他是唯一的神：「除了我之外，你不可有別的神。」這意味著耶和華不是眾神之中能力最大的神，不是意味著以色列人應當捨棄其他神來膜拜上帝耶和華，而是說，除了耶和華壓根就沒有其他的神。這個唯一神大象無形，一切以形象表徵上帝的努力，都顯得與這部神聖法律格格不入。

所以律法緊接著就是形象禁忌。耶和華說：「不可為自己雕刻偶像，也不可作什麼形象，彷彿上天、下地，和地底下水中的百物……」這裡禁忌的不僅是異教神的偶像崇拜，耶和華自己形象的聖像崇拜，更分明把禁忌的律令普及到了一切有生命的形象。無論是天上的飛鳥、地上的走獸，抑或地下水中的魚兒，也都因為上帝不好形象的緣故，一併給打入禁忌的行列了。之所以一筆勾銷一切形式的形象製作，一個緣由也是因為大千世界萬事萬物的形色聲貌，都遠不足以勾畫傳達上帝的形象。上帝有形亦而無形這個悖論，於此可以認為得到了確立。它同上帝有名亦而無名的悖論相倣，將是後代神學家闡釋不盡的一

個元命題。此外，上文中上帝憎愛分明，決不姑息養奸的剛烈性情，亦足以給人留下深刻印象。

《申命記》再一次重複天上地下無所不包的形象禁忌：

> 你們要分外謹慎，因為耶和華在何烈山，從火中對你們說話的那日，你們沒有看見什麼形象。唯恐你們敗壞自己，雕刻偶像，彷彿什麼男像女像，或地上走獸的像，或空中飛鳥的像，或地上爬物的像，或地底下水中魚的像。（4：14—19）

這是先知摩西的話，又是西奈山上，耶和華在熊熊烈火中示諭給摩西的律令。上帝之聲可聞，之形不可見，這可見出聽覺的神聖意味明顯是在視覺之上。文化史上視覺和聽覺公認是最具有理性、最能夠激發審美經驗的兩種感官，其孰高孰下雖然互有千秋，總體來看是視覺居至尊地位的時候為多。希伯來文化以神秘經驗為其底蘊，我們可以發現，一個直接結果是聽覺被高駕於視覺之上，成為唯一能夠與神直接交往的人類感官。音樂在神秘經驗中的地位，與命乖運蹇的視覺藝術相差不可以道里計，這由後文再談。

上帝曾經向摩西顯身。但是顯身的是什麼模樣，誰也不知道。《出埃及記》中上帝對摩西說：「我要在密雲中臨到你那裡，叫百姓在我與你說話的時候可以聽見，也可以永遠信你了。」（19：9）這可見即便上帝向摩西顯身，也是在雲霧裡。但即使是讓老

百姓得聞其聲，不見其人，那也有種巨大的震懾感。耶和華又對摩西說，讓老百姓三天之內自潔、洗衣服，不可親近女人，然後再去西奈山。而且，老百姓們要非常小心謹慎，不可以上山，也不可以摸山，否則，必死無疑。到了第三天早晨，我們看到耶和華是這樣出場的：

> 在山上有雷轟、閃電和密雲，並且角聲甚大，營中的百姓盡都發顫。摩西率領百姓出營迎接上帝，都站在山下。西奈全山冒煙，因為耶和華在火中降於山上，山的煙氣上騰，如燒窯一般，遍山大地震動。（19：16—18）

這樣一種山搖地動的氣勢，委實是叫人心驚膽戰的。而且耶和華再三叮囑摩西，不可讓百姓闖上前來觀看，甚至祭司也必要自潔，否則，「恐怕我忽然出來擊殺他們」（19：22，24）。這可見，即便是上帝鍾愛的以色列人，除了像摩西這樣專門給分別出來的人物，一般人接近上帝的外圍，結果也都是災難性的。

但是人類對於形象實在具有天生的渴望心。我們發現就是上帝自己，也按照約定俗成的理解，給以色列人鑄成了公牛的形象。就在摩西在西奈山上接受律法的同時，百姓見摩西遲遲不下山，就聚集到大祭司亞倫那裡，請求他製作神像在前面引路。引路的初衷是替代摩西，摩西遲遲不歸，誰知道他去哪裡了呢？《出埃及記》如是記述了這一次神像製造的經過：

> 亞倫對他們說：「你們去摘下你們妻子、兒女耳上的金環，拿來給我。」百姓就都摘下他們耳上的金環，拿來給亞倫。亞倫從他們手裡接過來，鑄了一隻牛犢，用雕刻的器具作成。他們就說：「以色列啊，這是領你出埃及的神。」（32：2—4）

鑄金牛犢當作上帝耶和華膜拜，那真是張冠李戴了。金牛犢是迦南宗教裡的巴力神的形象。巴力掌管禾稼、牲畜和田地間一切勞作，是司繁育的神明，喜好以人作為祭物。巴力的化身，就是公牛犢。耶和華得知以色列人鑄造金牛犢膜拜，自然雷霆大怒，雖然摩西勸解之下，上帝的怒火是平息了下去，可是摩西自己也不能原諒以色列人膽大妄為的偶像崇拜。金牛犢事件的直接結果，是摩西率領利未人，殺死三千叛教者。

但是，上帝的形象禁忌律令，似乎也不必過於悲觀。《撒母耳記上》記載掃羅派人夜半至大衛家，追殺這位業已被撒母耳膏了油的少年新王，大衛的

妻子米甲急中生智，催夫君跳窗逃走，卻把家中神像捲入被褥中，幫大衛躲過了一劫。這可見儘管有禁令在上，民間聖像崇拜的風習依然是在流行。何況，米甲還是以色列王掃羅的女兒呢。甚至在《新約》中，我們也多可以發現形象崇拜遠沒有被一掃而光的例子。如《哥林多前書》裡保羅反對食祭偶像之物：

> 論到吃祭偶像之物，我們知道偶像在世上算不得什麼，也知道神只有一位，再沒有別的神⋯⋯但人不都有這等知識，有人到如今拜慣了偶像，就以為所吃的都是祭偶像之物。（8：4—7）

這段話的語境是哥林斯是時流行的吃祭偶像肉食的風習。此一風習之流行不衰，本身說明了偶像崇拜的流行程度。偶像是異教的神，肉食祭過偶像之後，可為祭司享用，也可以由獻祭的人食之，或者同朋友分食。甚至，拿到市場上面去出售。一些基督教徒擔心吃了祭偶像的肉食，會不知不覺感染上異教崇拜，到頭來損害了對基督耶穌的一片忠心。但是很顯然保羅不是這樣看的。他的意思是認準偶像所代表的皆是假神，那麼對於吃祭偶像肉食的現象，大可以淡然處之。無論如何，就偶像崇拜在哥林斯城流行的程度來看，上帝的禁令好像更多時候是被人束之高閣了。從《舊約》到《新約》，因此我們可以說，聖像崇拜和形象製作的傳統衝破重重阻隔，究竟是掙扎倖存下來了。

Then Moses returned to the LORD and said, "Oh, these people have committed a great sin, and have made for themselves a god of gold!

"Yet now, if You will forgive their sin—but if not, I pray, blot me out of Your book which You have written."

(Exodus 32:31-32)

Two 上帝的名字

《出埃及記》中摩西問上帝，倘若以色列人問及他們的上帝叫什麼名字，他該如何答覆呢。上帝當即答道：「我是自有永有的。」（3：14）這段話的英文翻譯是 I am I am，或者更通暢一些是 I am who I am，我是我所是。這正是希臘哲學中邏各斯、存在、理念一類終極真理的表述方式。我是我所是。上帝的名字就是上帝自身，其他一切語言表達的努力，看來都是徒勞無功的。

但是我們都知道上帝的名字叫耶和華。耶和華這個名字，推考起來，同樣還有一番緣由。耶和華毫無疑問，它是英語 Jehovah 的中譯，但 Jehovah 同樣不是上帝原本的名字。上帝在希伯來語中，最初的名字叫 YHWH。這個名字沒有元音，沒有元音就無法發音。所以上帝的名字大音希聲，是無以用聲音表達的。但是語言的本性就是言所不能言。所以一方面，猶太先知們深感上帝的本名無比神聖，人類根本就沒有資格直呼其名，所以讀經但凡遇到上帝名字的時候，總是用「我主」一語來加替代，「我主」一語在希伯來文中，是為 Adonai。另一方面，久而久之，「我主」即 Adonai 中的元音，不知哪年哪月就被添加進了上帝的本名 YHWH，使這名字成了 Yahweh。Yahweh 是可以發音的，一般的中文譯名作亞衛。

所以認真來講，上帝的名字不應是耶和華，而應是亞衛。Yahweh 的另一個流行的中文譯名是雅威。可是我們總覺得用「雅威」來命名上帝，似乎有點不倫不類。雅威者，雅是文雅、高雅、雅致、雅量、雅趣、雅興、雅人；威者，威風、威武、威力、威嚴、威而不猛、威震四海……可是即便雅而又雅，即便八面威風，同上帝又有什麼相干？上帝的神聖本來已經遠非人類的語言可以表述，現在用上雅和威這兩個給人許多聯想的形容詞，如此來給上帝命名，未必不是畫蛇添足、弄巧成拙。所以，上帝的名字用亞衛這兩個相對中性的漢語詞來加表達，對於表徵上帝超越人類知識和情感的名號，或許是差強人意。

但是上帝終究是叫耶和華。亞衛的語音轉來轉去，就變成了耶和華。語言表意是約定俗成的。既然我們管上帝叫慣了耶和華，那麼，還是叫上帝耶和華吧。《出埃及記》裡，上帝自己當摩西問他叫什麼名字時，除了答以「我是自有永有的」之外，還說了這樣的話：

　　你要對以色列人這樣說：「耶和華你們祖宗的上帝，就是亞伯拉罕的上帝，以撒的上帝，雅各的上帝，打發我到你們這裡來。耶和華是我的名，直到永遠；這也是我的紀念，直到萬代。」（3：15）

　　不但《出埃及記》，早在《創世記》裡，上帝就明白告訴亞伯蘭，他的名字是叫耶和華。我們看這段對話：

　　耶和華又對他說：「我是耶和華，曾領你出了迦勒底的吾珥，為要將這地賜你為業。」亞伯蘭說：「主耶和華啊，我怎能知道必得這地為業呢？」（15：7—8）

　　這可見，上帝的約定俗成的名字是耶和華，它的來源是亞衛，而亞衛的來源是大音希聲的 YHWH。

　　上帝耶和華是獨一無二的唯一的神。「神」在希伯來語中叫 elohim，所以，上帝的另一個名字又是 Elohim。Elohim 是複數，意指眾神，所以它是一個雄偉的複數。可是耶和華三番五次告訴以色列人，他是唯一的神，除了他以外再沒有別的神。Elohim 用來指耶和華，這樣來看，就是充分顯示了上帝作為宇宙創造者的宏大氣派。據統計，Elohim 一語在《舊約》中使用頻率超過兩千次，可謂神的一個專有名稱，充分強調神淩駕於一切之上的超越性。進而視之，Elohim 的詞根是為 El，Elohim 毋寧說就是 El 的複數。所以 El 和 Elohim，事實上也在互用。

　　上帝也是全能的主。考究上帝的名字，

我們發現根據 El 和 Yahweh 這兩個上帝的本名,經常給組合出上帝的其他的名字。如《出埃及記》中,上帝對摩西講過這樣的話,話中可以看出,亞伯拉罕和他的同時代人,都還不知道上帝的名字叫做耶和華:

> 我是耶和華。我從前向亞伯拉罕、以撒、雅各顯為全能的神,至於我名耶和華,他們未曾知道。(6:2—3)

「全能的神」在希伯來語中,是為 El Shaddai。如上文所引的《創世記》裡耶和華所示,是上帝自己把耶和華一名,向亞伯拉罕一族喻示的。全能的神也是「我主」。實際上 El Shaddai 這個詞,一半還是來自於「我主」(Adonai)一語。據統計,Adonai 在《舊約》裡用了四百四十九次,其中三百一十五次是和耶和華一名一起使用的。至於 Yahweh,如前所說它是 YHWH 的讀音版本。英文詹姆斯王本將它譯為 Jehovah,這是上帝之名耶和華的來源。但現代英文譯本更多將它譯為 Lord(主)。比較來看,猶太經學者一般都將上帝的名讀作 Adonai,而不按正式發音將 YHWH 讀出,從中可以見出對這個立約的名字所表示的尊崇。但 Elohim 也好,Adonai 也好,其他文化體系中也都使用過同樣的名稱,唯獨耶和華即 Yahweh,是上帝專對以色列人所示的名字。所以說到底,上帝的名字,我們不妨還是約定俗成,稱他為耶和華吧。

𝒯HREE 上帝的性情

上帝的形象雖然是一個令人頗費猜測的問號,但這並沒有妨礙《聖經》把耶和華表述為一個同樣具有情感和意志的人格神。這個至高神與希臘神話中充滿了七情六慾的宙斯,差別似乎並不像想像中的那麼巨大。首先,上帝表現出對以色列人的特別厚愛。從以色列人的遠祖,以及後來成為基督教、猶太教、伊斯蘭教世界三大宗教先祖的亞伯拉罕來看,他應是一個典型的客商。亞伯拉罕離開美索不達米亞的家鄉,向西南遷移到肥沃的巴勒斯坦新月型地帶,開闢新的生活,在當時銅器時代的人口大遷移過程中,應當具有代表性。上帝沒有眷顧其他家族、其他人等,獨獨選中亞伯拉罕予以賜福,並且許諾「地上的萬族都要因你得福」(12:3),這裡面可以見出,上帝一方面普愛眾生,普愛「地上的萬族」,一方面他的愛又是特別傾注給了以色列人。上帝不單是對亞

伯拉罕和撒拉許諾，通過摩西對出埃及的以
色列奴隸許諾，而且還信誓旦旦地向大衛許
諾說，大衛無論往哪裡去，他將與他同在，
不但剪除大衛的一切仇敵，而且必使大衛得
赫赫大名，不僅如此：「你的家和你的國，
必在我面前永遠堅立。你的國位也必堅定，
直到永遠。」

　　可是大衛的盛極一時的以色列國家後來
怎樣呢？所羅門之後以色列國就南北兩分，
之後大體就是屈辱和滅亡的歷史。這就使人
納悶，既然上帝選定了以色列人，那麼他們
為什麼沒有所向披靡，甚至連在與他們的夙
敵非利士人的交戰中，也是敗得多，勝得
少？上帝的慈愛當然是無邊的。不過上帝在
向以色列人顯示關愛和眷顧的同時，顯然也
是賦予了他們無法推諉的責任。而按照《聖
經》學者的闡釋，正是因為以色列人的悖逆，
沒有承擔上帝賦予的責任，所以勢所必然要
承擔這悖逆的可怕後果。

　　因此，不奇怪上帝更多表現出的是公
正和嚴厲。《申命記》中，摩西向被他帶出
埃及的以色列人傳達的耶和華的一段話，把
上帝為什麼揀選以色列人，以及上帝的愛和
憎，顯示得十分清楚：

　　耶和華專愛你們，揀選你們，並非因你
們的人數多於別民，原來你們的人數在萬民
中是最少的。只因耶和華愛你們，又要守他
向你們列祖所起的誓，就用大能的手領你們
出來，從為奴之家救贖你們脫離埃及王法老

"Therefore know that the LORD
your God, He *is* God, the faithful
God who keeps covenant and mercy
for a thousand generations with
those who love Him and keep His
commandments;

"And He repays those who hate
Him to their face, to destroy them.
He will not be slack with him who
hates Him; He will repay him to his
face.

(Deuteronomy 7:9-10)

的手。所以你要知道耶和華你的上帝，他是上帝，是信實的上帝，向愛他守他
誡命的人，守約施慈愛，直到千代；向恨他的人，當面報應他們，將他們滅絕。
凡恨他的人，必報應他們，決不遲延。（7：7—10）

從這段話中可以看出，上帝愛以色列人不是因為他們人多勢眾，完全是種
非功利的愛的緣故。上帝的愛和上帝的公正一樣，是凡人不必妄加揣度的。而
比較個性中公正的一面，耶和華個性中給人印象遠要深刻的一面是他的嚴厲。
嚴厲過度，不免就給人一種天威難測的感覺，而且難免發怒。憤怒被列為基督
教的七宗罪之一，但是上帝也有憤怒時：「耶和華不輕易發怒，並有豐盛的慈
愛，赦免罪孽和過犯，萬不以有罪的為無罪，必追討他的罪，自父及子，直到
三四代。」（《民數記》14：18—19）這同不撒謊、不後悔一樣，是《聖經》
中反覆出現闡示上帝性格的語言。不輕易發怒，一個原因恐怕是上帝發怒的後
果太為可怖了。挪亞洪水即為一例，它其實是上帝發怒與後悔的直接結果。《啟
示錄》中，最後審判的描述，我們也見到了上帝的憤怒：

地上的君王、臣宰、將軍、富戶、壯士，和一切為奴的、自主的，都藏在
山洞和巖石穴裡，向山和巖石說：「倒在我們身上吧，把我們藏起來，躲避坐
寶座者的面目，和羔羊的憤怒，因為他們憤怒的大日到了，誰能站得住呢。」
（6：15—17）

「坐寶座者」是上帝，「羔羊」是基督，這裡是上帝和基督一併憤怒，所
以《聖經》文化的一個無以迴避的事實：《聖經》的世界終了於上帝以及他的
獨生子基督的憤怒。

《那鴻書》開篇也勾勒出一個上帝憤怒的形象：

耶和華是忌邪施報的上帝，耶和華施報大有憤怒；向他的敵人施報，向他
的仇敵懷怒；耶和華不輕易發怒，大有能力，萬不以有罪的為無罪；他乘旋風
和暴風而來，雲彩為他腳下的塵土。（1：2—3）

《那鴻書》是希伯來詩人先知那鴻預言尼尼微毀滅的警示。《約拿書》
就載上帝憤怒尼尼微沉溺惡行惡德，乃派遣先知約拿向尼尼微傳道，使墮落
甚深的尼尼微全城披麻蒙灰，以示悔改認罪，由此才躲過了上帝的憤怒這一
大劫。可是尼尼微故態復萌，所以一百多年之後，那鴻再一次宣告尼尼微的
毀滅。公元前 612 年，就在《那鴻書》面世不到十年之內，尼尼微果然為巴

比倫所滅。尼尼微是亞述帝國的首都，由於亞述帝國殘暴欺壓以色列人，所以《聖經》裡面把這個城市視為罪惡的淵藪，思想起來也是情有可原。

從《那鴻書》的開篇來看，除了上帝的憤怒及其後果得到充分強調，其中的旋風、暴風和雲彩，是否可理解為上帝形象的另一種外顯，是值得回味的。旋風和暴風就像何烈山的火焰，太相似上帝的剛烈個性，雲彩則似乎透出了些許溫文色澤。但上帝耶和華高興的時候其實不多，《西番雅書》說：「耶和華你的上帝是施行拯救、大有能力的主。他在你中間必因你歡欣喜樂。」（3：17）這恐怕是一個難得的例外。

但是上帝的個性裡，也有顯示溫情的一面。其實《舊約》記述的所有大事件中，都強調上帝不是一個反覆無常、恣意妄為的神。上帝並非無視人類的苦難，專橫地推行自己的意志。有時候，上帝甚至會和人商榷對話，甚至會出人意表地改變主意。《創世記》裡，上帝和亞伯拉罕圍繞毀滅所多瑪和蛾摩拉這兩個罪惡之城的一大段對話，就是明證。當時上帝眼見所多瑪和蛾摩拉人慾橫流、罪惡深重，決心毀滅這兩個城池，可是突然心想，他既然揀選了亞伯拉罕，許諾他成為大國，這樣的大事怎麼能夠瞞著亞伯拉罕呢？亞伯拉罕聞知上帝的意思，大吃一驚，因為他的侄子羅得就住在所多瑪。當時亞伯拉罕對上帝說：

「無論善惡，你都要剿滅嗎？假若那城裡有五十個義人，你還剿滅那地方嗎？不為城裡這五十個義人饒恕其中的人嗎？將義人和惡人同殺，將義人和惡人一樣看待，這斷不是你所行的。審判全地的主豈不行公義嗎？」耶和華說：「我若在所多瑪城裡見有五十個義人，我就為他們的緣故饒恕那地方的眾人。」亞伯拉罕說：「我雖然是灰塵，還敢對主說話。假若這五十個義人短了五個，你就因為短了五個毀滅全城嗎？」他說：「我在那裡若見有四十五個，也不毀滅那城。」（18：23—28）

如此這般，最後亞伯拉罕說動上帝應諾，即便剩下十個義人，也不毀滅所多瑪。十個義人，正大體是亞伯拉罕侄兒羅得一家的人口。雖然，所多瑪和蛾摩拉兩個城池因為執迷不悟，死到臨頭還在變本加厲作惡，終究沒有逃脫被毀滅的命運，可是羅得一家因此得以脫逃，而亞伯拉罕對上帝說話滔滔不絕，步步緊逼，竟至讓上帝改變心意，則委實讓人感佩上帝時而顯示的好脾氣。

上帝甚至還有後悔的時候。《阿摩司書》中就記述了上帝兩次後悔的經過。開始是上帝發蝗蟲，阿摩司請求赦免，說是以色列人承受不起的，上帝當時就表示後悔，免了災。接下來的是火災：

主耶和華又指示我一件事：他命火來懲罰以色列，火就吞滅深淵，險些將地燒滅。我就說：「主耶和華啊，求你止息，因為雅各微弱，他怎能站立得住呢？」

耶和華就後悔說：「這災也可免了。」（7：4—6）

上帝后悔，當然並不是說上帝原先的旨意錯了，而是說上帝因為自愛憐憫而改變了心意。這可見，上帝究竟是悲天憫人的。

但是，上帝似乎更願意強調他的形象萬人難以仰望，《約伯記》中，耶和華明確告訴約伯，人不能理解他安排萬事萬物的奧秘，甚至他的公正也未見得是對人的回報：「誰能在我面前站立得住呢？誰先給我什麼，使我償還呢？天下萬物都是我的。」（41：10—11）這實際上是再一次拒絕了顯形於人的形象。由此我們見到一個悖論，一方面上帝的人格為《聖經》所承認，另一方面上帝的意志和情感分明又超越了人性。它很大程度上相似上帝有形亦無形的矛盾，而足以成為一種哲學思辨的對象。

由上可見，上帝的形象作為至善至美的原型，有似西奈山上的颶風烈火，

表現為劇烈動態中的一種痛苦並且最終超越
了痛苦的崇高。它與為藍色地中海包圍的希
臘高貴且寧靜的審美文化，形成了鮮明的對
照。它是以後西方文化內省、衝突和超越特
點的來源。

✝ 羅得一家逃離所多瑪

CHAPTER 9

三位女性的形象

《聖經》中記述了不少偉大的人物，如亞伯拉罕、摩西、大衛、所羅門等，他們改變了自己民族的命運。但是名留青史的不光是男人，同樣也有女人。這在一個重男輕女的文化中，是無論如何令人刮目相看的。這裡我們講述三位女性的事蹟。

第一位是**底波拉**。她是**士師時代傑出的女士師，帶領以色列人脫離迦南王的轄制**。士師時代是以色列民出埃及進入迦南地，還沒有成立王國之前的時代，大約在公元前 1375 年約書亞去世之後，到公元前 1050 年掃羅為王這段時光。士師為當時特出的領袖，主持審理民事訴訟案和帶領以色列人對抗外敵。

第二位是**路得**。路得是**一個外族女子**，能夠享有進入正典的殊榮，那就更不簡單了。《舊約》中有一卷書，甚至以她的名字命名。路得**是以色列最偉大的王——大衛的曾祖母**。所以她的名字理所當然出現在耶穌基督的家譜裡。

第三位是**以斯帖**。被選立為**波斯帝國的皇后**之後，她**用自己特殊的地位和機智**，冒生命危險，**違例進宮為同胞的性命請命**，拯救了全波斯帝國的猶太民族。

⊛ONE 底波拉

女士師底波拉的故事記載在《士師記》第四至五章。以色列人從埃及出來，經過曠野進入迦南，與早在迦南地居住的各民族展開了數百年的拉鋸戰，《舊約》稱這時期為士師時期。這時期有如中國的戰國時期，各民族為自己的生存和地盤，喋血爭戰。以色列民族有時比其他民族強盛，有時卻處於下風，受異族轄制。在底波拉的時代，以色列人就受迦南王耶賓的統治。耶賓擁有龐大的軍隊，建都在迦南地北部的夏瑣。《士師記》這樣記述他的武力和對以色列人的殘暴統治：「耶賓王有鐵車九百輛。他大大欺壓以色列人二十年，以色列人就呼求耶和華。」（4：3）

耶賓的軍隊在將軍西西拉帶領之下所向無敵。以色列人在他的殘暴欺壓下忍無可忍，只能向上帝呼求幫助，上帝賜給他們一位女士師底波拉，她是拉比多的妻子，也是一位女先知。底波拉住在以法蓮山區的拉瑪和伯特利之間，經常坐在一棵名為底波拉的棕樹下，審理以色列人的案件。

《士師記》記述十二位士師的光榮事蹟。這些事蹟講述的大體都是以色列人進入迦南後，受當地偶像崇拜風俗的影響，背離耶和華，去敬拜異教神。因此上帝懲罰以色列人，將之交由迦南各族欺壓。以色列人在苦難中呼求上帝，乃有上帝興起士師來拯救

Now Deborah, a prophetess, the wife of Lapidoth, was judging Israel at that time.

And she would sit under the palm tree of Deborah between Ramah and Bethel in the mountains of Ephraim. And the children of Israel came up to her for judgment.

(Judges 4:4-5)

他們。所以,當以色列各支派效忠於上帝,堅守西奈山上訂立的律法,他們就能同仇敵愾抵禦外侮。而當他們侍奉起巴力神來,便人心渙散,盡受異族的欺辱壓迫。「士師」(Judges)一語的希伯來文本義是「法官」,漢語和合本參照中國周代官制,以大司寇即大法官之下的地方法官「士師」來作命名,可謂適得其所。

卻說有一天,上帝曉諭底波拉,以色列人將擺脫迦南王耶賓的轄制,要她選召住在拿弗他利的基低斯城的巴拉,作以色列人的將領。底波拉於是打發人召來巴拉,吩咐他率領一萬拿弗他利人和西布倫人,到他泊山與西西拉的軍隊交鋒。拿弗他利和西布倫是以色列人的兩個支派,就住在他泊山附近。當時兩人有一段對話:

巴拉說:「你若同我去,我就去;你若不同我去,我就不去。」底波拉說:「我必與你同去,只是你在所行的路上得不著榮耀,因為耶和華要將西西拉交在一個婦人手裡。」於是底波拉就起來,與巴拉一同往基低斯去了。(4:8—9)

古代婦女從軍是罕見的事情。我們不會忘記花木蘭的故事。花木蘭還不得不女扮男裝,替父從軍。女性之與軍隊,禁忌似乎從來就是天生的。固然,上帝是應許了以色列人必將西西拉的軍隊打得落花流水。可是底波拉明白自己的身份與地位,帶領國家對抗敵人這種重大的事情,肯定還是讓男人出面為好。可是誰想到巴拉會信心不足呢?巴拉要求底波拉與他同往,這一方面見出了底波拉的威信,一方面也可以見出,古代以色列婦女的地位是比較高的。除了不排除婦女和神直接交往,甚至鏖戰沙場,婦女也可以顯示她獨到的權威。

西西拉出動了他所有的九百輛鐵戰車和全部軍隊,迎戰以色列人。兩軍在他泊山山腳下的基順河擺開陣勢,大戰一場。西西拉在以色列軍隊的凌厲攻勢前,全軍潰亂給殺得一個不剩,獨留下西西拉一人,下車步行,狼狽逃走。西西拉逃奔戰場附近的遊牧民族,想不到底波拉料事如神,西西拉果然死在另一個女人的手裡。他投奔的是基尼人希百之妻雅億的帳篷,因為希百原是他的好朋友。雅億客客氣氣把他迎進來,還口稱我主。接著給他喝了點水,又喝了點奶,讓他躺下,把他遮蓋起來。可是底下發生了什麼呢?

西西拉又對雅億說:「請你站在帳篷門口,若有人來問你說:『有人在這裡沒有?』你就說:『沒有。』」西西拉疲乏沉睡。希百的妻雅億取了帳篷的

橛子，手裡拿著錘子，輕悄悄地到他旁邊，將橛子從他鬢邊釘進去，釘入地裡。西西拉就死了。（4：20—21）

　　想不到在帳篷裡疲乏沉睡的西西拉，被照料他的女人用木釘打進他的太陽穴，釘入地裡慘死。這裡女人的風險，再一次雲譎波詭地凸顯出來。底波拉帶給以色列人四十年太平的生活。以色列人作歌讚美上帝，歌頌偉大的領袖底波拉，稱她為「以色列之母」（《士師記》5：7）。

　　底波拉被稱為「以色列之母」，是因為她以國家的事為念，常常關心百姓的生活。對抗西西拉的大軍並非容易的事，誰願意當炮灰？連巴拉都沒有信心能召集到一萬名義勇軍。底波拉憑她的熱情和口才，說服了一萬人加入抗敵的行列。在戰役中，底波拉充分地表現出她是個智勇雙全的女性，特別是顯示了她在兵法上的智慧。她先把一萬名義勇軍埋伏在基順河附近最高的他泊山上，當西西拉的戰車和軍隊受困山腳時，便發動猛烈的攻勢，西西拉卻很難反攻來自山上的襲擊，連他的九百輛鐵戰車，都不能發揮功能。西西拉向來戰無不勝，接受底波拉的挑戰自是不在話下，又因底波拉是女人，更不把她放在眼裡。底波拉在雨季的時候發動攻勢，先把西西拉的全軍誘騙到崎嶇不平的基順河道。當西西拉的戰車和大軍隊來到基順河道，深陷泥濘之中無法動彈，受困於他泊山的山腳時，以色列一萬名義勇軍便發動猛烈

"Awake, awake, Deborah! Awake, awake, sing a song! Arise, Barak, and lead your captives away, O son of Abinoam!

"Then the survivors came down, the people against the nobles; the LORD came down for me against the mighty.

(Judges 5:12-13)

攻勢。西西拉的軍隊招架不住，進退兩難，全軍慘遭毀滅。底波拉就這樣憑著才智和勇氣，使以色列人得到自由，自己也成為以色列民族的女英雄。

《士師記》刻意反覆描寫了底波拉對上帝的不渝信念。她召來巴拉時，鼓勵他說：「耶和華——以色列的上帝吩咐你說：『你率領一萬拿弗他利和西布倫人上他泊山去。我必使耶賓的將軍西西拉率領他的車輛和全軍往基順河，到你那裡去，我必將他交在你手中。』」（4：6—7）底波拉深信上帝與他們同在，必定使他們大獲全勝。在戰爭的緊要關頭，底波拉又鼓勵巴拉說：「你起來，今日就是耶和華將西西拉交在你手的日子，耶和華豈不在你前頭行嗎？」（4：14）於是，巴拉勇敢地率領一萬人衝下山殺敵。底波拉堅信得勝在於上帝，不在於軍隊的強盛與戰車的數目。古代以色列人的許多戰爭奇蹟，似乎就是這樣創造的。

勝利之後，底波拉和巴拉作凱歌一曲，歌頌耶和華。《士師記》第五章保留了這首希伯來最古老最優美的戰歌，其中唱道：

> 底波拉啊，興起！興起！
>
> 你當興起，興起，唱歌。
>
> 亞比挪堤的兒子巴拉啊，你當奮興，
>
> 擄掠你的敵人。
>
> 那時有餘剩的貴冑和百姓一同下來。
>
> 耶和華降臨，為我攻擊勇士。（5：12—13）

這首凱歌又名《底波拉之歌》，被認為是《舊約》中最古老的一首完整詩歌。不管作者究竟是或不是底波拉和巴拉，有一點可以肯定，那就是，它是一個戰爭目擊者所寫下來的。

✿*Two* 路得

路得的形象出現在《路得記》裡。《路得記》以《士師記》為歷史背景，但思想和風格都有不同，主要敘寫外邦人皈依耶和華以及婆媳之間相互關心愛護的事蹟。此卷書的作者不詳，但是其中提到了大衛——路得生下一子後，婆婆拿俄米把孩子抱在懷裡，做孩子的養母：「鄰居的婦人說：『拿俄米得孩子

了。』就給孩子起名叫俄備得。這俄備得是
耶西的父，耶西是大衛的父。」（4：17）
由此可見，《路得記》的寫作時間，當在大
衛時代之後。

　　《路得記》載，以色列人的士師時期，
有一次，以色列發生饑荒，住在伯利恆的以
利米勒帶著妻子拿俄米和兩個兒子瑪倫和基
連，離開故鄉到摩押避難。後來，以利米勒
去世，留下拿俄米和兩個兒子，這兩個兒子
都娶了摩押女子為妻。基連的妻子名叫俄珥
巴，瑪倫的妻子名叫路得。大約十年後，基
連和瑪倫相繼去世，留下拿俄米與兩個媳婦
相依為命。

† 路得拾穗

　　拿俄米聽聞家鄉已沒有饑荒了，人民
豐衣足食，決定回家鄉去。兩個媳婦陪伴婆
婆一段路程之後，婆婆對她們說：「你們還
是回娘家去吧！你們對自己的丈夫和我都很
好，希望你們可以找到一戶好人家，重享家
庭之樂。願主好好待你們，就好像你們善待
我和我已死的兒子一樣。」拿俄米要與她們
吻別時，兩個媳婦卻放聲大哭說：「不！我
們要跟你回到你的故鄉。」拿俄米回答：「你
們還是回娘家去吧！為什麼跟著我呢？難道
我還能生兒子做你們的丈夫嗎？回去吧！女
兒，走吧！我已經老了，不可能再嫁人了，
就算我真的再結婚，今天晚上就生兒子，你
們也等不到他們長大啊！我的女兒，我真為
你們難過，因為上帝懲罰我；卻連累了你
們。」 拿俄米和兩個媳婦又抱在一起痛哭了

一場。最後，俄珥巴終於吻別了婆婆，回娘家去了；然而路得卻仍然依依不捨，不肯離去。拿俄米勸路得說：「看，你嫂嫂已經回娘家了，你也跟她回去吧！」路得卻堅持說：「請你不要催我，也不要逼我離開你。你往哪裡去，我也要往那裡去；你住在哪裡，我也要住在那裡；你的國就是我的國，你的上帝就是我的上帝；你死在哪裡，我也死在那裡；你葬在哪裡，我也葬在那裡。只有死才能夠把我們分開；不然的話，願上帝重重地懲罰我！」拿俄米見路得的態度堅決，也就不再攔阻她了。

拿俄米和路得回到伯利恆時，正是開始收割大麥的時候。希伯來人有個習俗，收割的時候不可割盡每一角落的莊稼，也不可回頭撿拾掉落的穗子；要把這些留給窮人和外僑（《利未記》23：22）。路得為了婆婆和自己的生活而到田里去撿人家掉落的麥穗。路得去撿麥穗之處恰巧是以利米勒的親戚波阿斯的麥田。波阿斯是個仁慈的田主，見路得辛勤地拾麥穗，便打聽她的背景，獲知她的身世之後便對路得說：「姑娘，你不用到別人的田裡去拾麥穗，只管留下來跟我的女僕在一起吧。你看見僕人在哪一塊田裡收割，你便跟去吧。要是你渴了，就到水罐那裡喝僕人打來的水，我已經吩咐僕人不可欺負你。」路得非常感激波阿斯的厚待，連忙跪在地上叩拜感謝。到了吃午飯的時候，波阿斯請路得來與他們一起用飯。路得吃飽之後，又繼續拾取麥穗，波阿斯吩咐他的僕人：「讓她隨意撿，就算從堆著的禾捆中去撿也不可為難她；甚至要從紮好的禾捆中抽些出來，讓她撿，不可責備她。」路得就這樣在田裡撿麥穗，直到傍晚。她把撿來的麥穗打了出來，量一量差不多有一大簍。路得回家把那天所發生的事情一五一十地告訴婆婆拿俄米。拿俄米覺察到所發生的事都是上帝的看顧和安排，特別引領路得到了自己至親的麥田拾麥穗並得到厚待，所以吩咐路得要繼續到同一個農場上拾麥穗直到大麥小麥都收割完畢。

過了一些日子，拿俄米希望路得能找到一個好的歸屬，上帝會紀念已故的丈夫和兒子們，會給他們留個後代。因為按照希伯來人的《利未拉特婚姻法》（Levirate Law），若一家人沒有留下男孩子傳宗接代，至親有責任迎娶這家人所留下的寡婦，為這家人留下後代。寡婦再婚之後的第一胎男嬰將歸寡婦已故前夫的家人所有，給他們傳宗接代。律法的條例是：

倘若兄弟住在一起，其中一個沒有生下兒子便死去，他的遺孀不可嫁給

外人。她丈夫的兄弟要娶她，與她同寢，生下來的第一個兒子要算為他死了的兄弟的兒子，使他死了的兄弟的名字不會在以色列中被塗抹。但倘若他的兄弟拒絕履行他的責任不娶哥哥的遺孀為妻，她就可以到城裡的長老那裡去，對他們說：「我丈夫的兄弟不肯盡兄弟的義務，不讓我丈夫的名字在以色列中傳留下去。」長老們就必須召見那人，與他談論這事，倘若他仍堅持不娶她，他哥哥的遺孀就要在長老面前，走上前去脫下那兄弟的一隻鞋子，吐唾沫在他的臉上，說：「這就是不肯為兄弟建立家室的人該受的侮辱。」在以色列中，他的家被稱為「脫鞋之家」。（《申命記》25：5—10）

至親也有特權買贖死者貧困時抵押出去的田地。有關買贖田地的條例是：「倘若有人因窮困而需要出賣田地，他的至親應替他贖回所賣的。」（《利未記》25：25）。拿俄米建議路得在大豐收之後到禾場去請求波阿斯盡至親的義務迎娶她為妻。為了延續已故丈夫的家族，路得願意接受婆婆的建議，按婆婆的話去做。波阿斯被路得的賢惠和忠誠所感動，願意成全路得的心願，但因還有一位比自己更親的親戚，不得不先徵求他的意見。第二天，波阿斯找到了這位比自己更親的至親，因為這位更親的親族有買贖親族以利米勒田地的優先權，但這特權有個附帶的義務，就是必須娶路得為妻，以便為以利米勒留後。結果，這位至親決定放棄買贖田

But Ruth said: "Entreat me not to leave you, *or to* turn back from following after you; for wherever you go, I will go; and wherever you lodge, I will lodge; your people *shall be* my people, and your God, my God.

Where you die, I will die, and there will I be buried. The LORD do so to me, and more also, if *anything but* death parts you and me."

(Ruth 1:16-17)

地的權利，也不想娶路得為妻。波阿斯便遵照法律的程序買贖以利米勒和他兩個兒子的產業，同時娶瑪倫的遺孀路得為妻。波阿斯不但為這家族留名，並且還願意把他們的產業保留在已故的人名下。

　　以色列最出名的君王——大衛的先祖便是從這美麗的婚姻而出（《路得記》4：17—22）。這段記載有一個重複出現的重要的希伯來字眼——hesed，它基本的意思是「恩慈」。古今中外，一般社會的婆媳關係多數是水火不容，但拿俄米和路得之間卻和睦相愛；更難得的是他們兩人的丈夫死後，婆媳相依為命，難捨難分，甚至生死與共。在《路得記》1：8 和 3：10，hesed 指路得的恩慈。她恩待婆婆拿俄米，願意離鄉背井陪伴孤苦伶仃的婆婆回到已故丈夫的家，到一個被人視為世仇的異國去照顧婆婆，為婆婆在烈日下撿取麥穗，這不僅是深厚的愛，而且還是勇敢的行為。這種勇敢行為出於深摯的愛情。路得對婆婆的愛，與她對丈夫的摯愛是分不開的，出於對丈夫的忠誠、真摯的愛，而兼愛丈夫的慈母，愛丈夫的故國，並願盡遺孀的責任，為已故丈夫下嫁給他的至親為他留後。鄉里稱讚路得說：「這媳婦比有七個兒子還好！」（4：15）當然，這種愛不可能是單方面的，也因為婆婆慈祥，推己及人，處處為別人著想的高貴品格，特別是為媳婦的前途著想，婆媳關係才得以如此美好。從路得敘述到波阿斯田裡的經歷，拿俄米看得出波阿斯喜歡路得，也注意到路得對波阿斯有好感。婆婆關心路得，希望能成全他們倆。她教導路得當地女人求婚的習俗——在男方睡時，洗浴，抹上香膏，趁男方熟睡時悄悄到他躺臥之處，掀開他腳邊尾頭的被角，躺在他的腳邊，看他是否喜歡。婆婆如此誠於中形於外的表現，也難怪媳婦願意生死與共，心甘情願地離開自己的國土，迎著民族偏見的敵視的眼光，踏上丈夫和婆婆的國土。故事中也不斷流露出波阿斯的「恩慈」，他善待工人、僕人、使女、貧窮人和寡婦。自從拿俄米從摩押地回家之後，城裡的人把路得賢惠的美德傳開了，波阿斯是親屬，當然也聽聞這些佳話。他在田裡一見路得就很欣賞她，喜歡她，厚待她。故此當路得向他求婚時他欣然接受，可是依當地的習俗，有一個比他更近的至親有優先權買贖以利米勒的田地並娶路得為妻為以利米勒的家族立後。除非他放棄這權利和義務，波阿斯才能迎娶路得。波阿斯是正人君子，故按規矩在辦理民事的城門口，當著眾長老和民眾的面與那位至親談判，大家都

證明了那至親不願擔負娶路得為妻的義務並放棄買贖以利米勒產業的特權，而由波阿斯繼承產業並娶路得為妻。這樣辦不單對波阿斯有好處，對路得更有好處，可以免去將來的流言蜚語，使她在希伯來的群體中有了合法的身份和地位，不受歧視。波阿斯也盡了至親的義務為已故的以利米勒留名。在 2：20，作者用 hesed 描寫波阿斯的善行。整個故事更是在講說上帝的「恩慈」，1：8 和 2：20 中的 hesed 也意味上帝的恩慈。上帝看顧寡婦，為已死的人留後，恩待那恩待別人的人。故事提倡一個互敬互愛的社會，婆媳間的敬重和看顧，主僕間的敬仰和愛戴，親屬之間的關懷和照顧。

這個溫馨的田園小故事在以色列民間流傳，鼓勵人實踐互愛的精神，特別是婆媳、主僕、貧富、親友之間更當如此。此故事同時充分肯定了為至親傳宗接代的《利未拉特婚姻法》，如此以色列人便能生養眾多，遍滿全地。當大衛成為以色列十二支派的君王的時候，朝廷按著古代的慣例將大衛王的家譜和背景編寫存入國家的檔案。《路得記》結尾是這樣一段家譜：

　　法勒斯的後代記在下面：法勒斯生希斯崙；希斯崙生蘭；蘭生亞米拿達；亞米拿達生拿順；拿順生撒門；撒門生波阿斯；波阿斯生俄備得；俄備得生耶西；耶西生大衛。（4：18—22）

　　看來，這最後一段家譜，是在當時增添

的。細心的讀者都會注意到，《路得記》的主人公其實是拿俄米，描述她為了逃避家鄉的饑荒，與丈夫和兩個兒子到了摩押地，後來若不是路得緊緊伴隨，她可真的要孤零零地回老家。回到家鄉伯利恆，鄉里差一點就認不出她來。拿俄米悲痛地說：

> 不要叫我拿俄米（甜的意思），要叫我瑪拉（苦的意思），因為全能者使我受了大苦。我滿滿地離開，耶和華使我空空地回來。耶和華降禍與我，全能者使我受苦。既是這樣，你們為何還要叫我拿俄米呢？（1：20—21）

古代社會，沒有丈夫和兒子的寡婦是社會上最可憐的人，她既沒有男人的保護，也沒有未來的保障。但故事以喜劇收場，最後鄉鄰又出現了，這次他們歌頌上帝的美善，厚待了拿俄米，使她能安享晚年。讀者可以想像這好像歌劇中的高潮，拿俄米在舞台中央把孫子抱在懷裡，鄉里的婦女們高唱：「拿俄米得孩子啦！拿俄米得孩子啦！」帷幕漸落，歌劇圓滿結束。不少人認為《路得記》是以色列人國家滅亡被放逐到巴比倫多年，在回歸國土之後改編的一部作品，故事中拿俄米命運的轉變，代表著以色列人命運的轉變，懷中的孩子代表國家的希望與他們未來的拯救者。正如以色列歷史上最偉大的大衛王從這孩子而出，所以孩子在回國的猶太人的心目中，也代表了未來國家的復興和「新大衛」的出現。

《路得記》給予願意皈依猶太宗教的外族女子很高的敬意，故此許多學者認為《路得記》是在公元前 5 世紀時最終修訂成現有的形式，目的是抗衡極端的「排外主義」。公元前 5 世紀時，以斯拉和尼希米為了避免猶太人失去自己的民族和文化特色，鼓吹狹隘的民族主義思想；為了維持血統和宗教信仰的「純潔」，反對與外族通婚。他們採取了強硬的排外措施，強逼所有娶了外族妻子的猶太人離婚。如《以斯拉記》中，祭司以斯拉在耶路撒冷神殿前，對以色列會眾說：

> 你們有罪了，因你們娶了外邦的女子為妻，增添以色列人的罪惡。現在當向耶和華你們列祖的神認罪，遵行他的旨意，離絕這些國的民和外邦的女子。（10：10—11）

《尼希米記》中也有類似記載：

> 當日，人念摩西的律法書給百姓聽，遇見書上寫著說：「亞捫人和摩押人

永不可入上帝的會，因為他們沒有拿食物和
水來迎接以色列人，且僱了巴蘭咒詛他們；
但我們的上帝使那咒詛變為祝福。」以色列
民聽見這律法，就與一切閒雜人絕交。（13：
1—3）

這可見，當時的一些猶太人領袖特別對
亞捫人和摩押人很有成見。《創世記》載亞
捫人和摩押人的起源，是亞伯拉罕的姪兒羅
得醉酒後，和兩個女兒亂倫所出（19：30—
38），這更顯露出以色列人鄙視這兩個民族
的心態。《路得記》在公元前 5 世紀時候，
代表一個較溫和的立場，反對排外的政策，
通過摩押女子路得兩次同希伯來人結婚，建
立美滿家庭，受左鄰右舍稱讚的動人故事，
鼓吹民族間友好、團結和互助的精神，批判
狹隘的民族主義。故事提到希伯來人遇見饑
荒時，摩押人不是收留了希伯來的飢民以利
米勒一家嗎？希伯來人的寡婦拿俄米孤孤單
單地流浪異鄉，兩個摩押籍媳婦不是很孝敬
希伯來籍的婆婆嗎？而且故事正發生在「士
師時期」，也正是希伯來民族很強調血統和
宗教信仰「純潔」的早期時代。希伯來人憎
恨外族人，摩押人卻公正合理、氣量宏大地
接受他們。最後，《路得記》還指出希伯來
歷史上最著名的國王大衛的曾祖母就是摩押
人路得，這就更有力地證明了摩押人和希伯
來人的血統有密切的關係，而且說明這兩個
民族通婚能導致優生的後代。只要外族妻子
願意像路得那樣，完完全全接受猶太人的宗

So Boaz took Ruth and she be-
came his wife; and when he went in
to her, the LORD gave her concep-
tion, and she bore a son.
Then the women said to Naomi,
"Blessed *be* the LORD, who has not
left you this day without a close
relative; and may his name be fa-
mous in Israel!

(Ruth 4:13-14)

教、文化、習俗，與猶太社群打成一片，猶太社群就不應該排斥他們，而應以友善的態度接納她們。

此後，逢陽曆五月下旬，也就是猶太人收割麥子的季節，又稱五旬節，在這季節裡，猶太人都會聚集會堂一同朗誦《路得記》，紀念這段感人的故事。

T*HREE 以斯帖

第三位女性是以斯帖，她和底波拉一樣，是一個女英雄的形象。以斯帖的事蹟記載在《以斯帖記》裡，它講述的是一位年輕猶太女子以斯帖，拯救在波斯帝國統治下，猶太人險遭滅族之災的生動故事。

故事開始於波斯王亞哈隨魯在位的第三年。在登基的周年紀念日上，亞哈隨魯大事慶祝，設宴招待群臣、軍中將領、各省顯要和首長。整個慶祝活動長達一百八十日，藉此炫耀帝國的富裕，同時展示自己的威榮。接著，王又為首都書珊全城的居民無論貧賤富貴在王宮的花園裡舉行宴會，為期一周。花園佈置得富麗堂皇，王慷慨供應香醇美酒，酒杯是各式各樣不同花樣的金杯，讓老百姓盡情享受。同時，王后瓦實提也在後宮設宴招待女賓。

盛會的第七天，國王喝得酒酣耳熱，一時高興，就吩咐太監去請王后戴上后冠出來，好讓大家一瞻她的風采，因為她長得非常美麗。豈料王后違抗太監傳來的御旨，拒絕前往。國王非常生氣，怒火中燒。亞哈隨魯王有這樣一個慣例：每逢遇見有關法律和社會秩序的問題時，必先徵詢太監們的意見。因此他召集太監，請他們提議當如何處置違抗御旨的王后。太監們認為事態嚴重，王后瓦實提不但冒犯了王，而且她的舉止有害全國的臣民，因為王后這種行徑必會傳開，恐怕將來國內的婦女都會傲法她的樣子，不尊重、不順服自己的丈夫。他們建議王嚴辦此事，下一道御旨頒佈全國，廢除瓦實提王后，另立更賢淑的新后。此外，分別以各省的文字和各族的方言發通告，丈夫應為一家之主，所有的婦女，不論丈夫是貴是賤，都必須尊敬他、順從他。王便依照太監們的建議實行，向全國各省降御旨。

這事過後，亞哈隨魯王的盛怒逐漸平靜下來，就想念瓦實提和她平時的好處，心裡後悔廢除了王后。這時候侍臣向王建議，召集全國各省的年輕美女，

交給總管宮女的太監管理，供給她們美容的香料和化妝品。以後，王可以選最喜愛的少女，立她為后，取代瓦實提。王深以為然，就照著做了。

書珊城有一個屬於便雅憫支派的猶太人，名叫末底改。當巴比倫王尼布甲尼撒從耶路撒冷擄走猶大王耶哥尼雅和許多居民時，末底改也在其中。末底改收養了叔父的女兒哈大沙，又名以斯帖；因為她父母雙亡，末底改就把她認作自己的女兒。以斯帖是個非常美麗的少女，當王詔選美女的御旨一下，以斯帖也跟其他美麗的少女一樣被召入宮。好在以斯帖在眾女子中最得總管宮女的太監希該青睞，故此得到非常特別的待遇。太監希該不只給以斯帖提供所需用的美容品和應得的東西，又特別挑選了七名宮女服侍她，並且讓她搬進後宮最好的房子裡去。末底改早已吩咐以斯帖不要透露自己的種族和身世，所以以斯帖一直沒有向人透露身份。

被召入宮的程序是複雜而又漫長的，比如每一個被選入宮的少女，都需要照規矩經過為期一年的美容準備：

眾女子照例先潔淨身體十二個月：六個月用沒藥油，六個月用香料和潔身之物。滿了日期，然後挨次進去見亞哈隨魯王。（2：12）

經過這段時間後，每個少女就要輪流被帶去見王。當她從後宮進入王宮的那一晚，她所要求的一切裝飾，總管都會盡量滿足

✝ 以斯帖被立為王后

她。她晚上進宮，第二天就回到後宮，除非王特別喜歡她，再提名召見，否則她就再也沒有機會親近王，要在後宮寂寞地度過餘生。輪到以斯帖晉見王的時候，除了佩戴太監希該所派定的裝飾品以外，她並沒有其他的要求，但是凡看見以斯帖的人，都喜愛她並讚賞她的美貌。亞哈隨魯王顯然也不在例外：

> 王愛以斯帖過於愛眾女，她在王眼前蒙寵愛比眾處女更甚。王就把王后的冠冕戴在她頭上，立她為后，代替瓦實提。王因以斯帖的緣故給眾首領和臣僕設擺大筵席，又豁免各省的租稅，並照王的厚意大頒賞賜。（2：17—18）

此時供奉朝廷的末底改，有一天救了王一命。當時末底改坐在宮門口，有兩個看守宮門的太監，因為憎恨亞哈隨魯王，在商議如何下毒手謀害王。末底改發現了這陰謀，就告訴王后以斯帖，以斯帖把末底改發現的陰謀轉告王。經過調查證實這兩人的陰謀後，王便把他們吊死在木架上，同時下令，把這事記錄在王朝的史書上。

過了一些日子，亞哈隨魯王擢升亞甲人哈曼為宰相。王還下了一道命令：文武百官都要向哈曼跪拜。在朝廷供職的臣僕，人人見到哈曼都趕快下拜，只有末底改不跪拜。哈曼見末底改不肯跪拜他，非常憤怒。臣僕們都好奇地問末底改為什麼不服從王的命令。他們天天勸末底改改變態度，但他總是不聽。後來，末底改私下向他們解釋，他是猶太人，按照猶太人信仰的準則，他只能跪拜上帝，不能跪拜人。臣僕告訴哈曼，看他會不會容忍末底改的行為。哈曼曉得末底改是猶太人之後，依然怒火中燒，竟至決心要殺滅國內所有的猶太人：「他以為下手害末底改一人是小事，就要滅絕亞哈隨魯王通國所有的猶太人，就是末底改的本族。」（3：6）

亞哈隨魯王十二年正月，哈曼叫人抽籤擇日消滅猶太人，擇定十二月，也就是猶太曆一月，相當於公元前 474 年的三月至四月，向所有的猶太人開刀。哈曼向王進讒言說：「在陛下的帝國裡，有一個民族散居在王國的各省。他們有自己的風俗習慣，跟所有其他的民族不同，不但如此，他們連國法也不遵守。容留他們對陛下絕對不利。要是陛下贊成，就請降旨消滅他們。我願捐出一萬他連得（現等於三十四萬公斤）銀子作為辦理這件事的行政經費。」王聽了，就取下手上的印章戒指交給哈曼，對他說：「這些銀子你只管留著，至於你所說的那個民族，我把他們完全交給你，隨你的意思處置。」正月十三日，

哈曼把王的書記們召來，吩咐他們以國王的名義，用各省各族的語言文字寫詔書，用王的戒指蓋上王印，送交各省首長和各民族領袖。詔書由驛使送到各省，限令在十二月十三日那一天，把所有的猶太人，不管男女老幼，都殺光滅盡，決不留情，並且還可以隨意搶掠他們的財物。驛使們一接到詔書，就急忙上路。詔命在書珊城公佈之後，城裡上下陷入一片混亂和恐慌之中。

末底改聽到這可怕的消息後，非常傷痛，按猶太舉哀的方式撕裂衣服，披上麻衣，把灰撒在頭上，大聲痛哭哀號，走遍書珊城。王的通告傳到哪一省，哪裡的猶太人就悲痛哀傷，他們禁食、哭泣、哀號，有很多人甚至披上麻衣，躺在灰裡。服侍以斯帖的宮女和太監把這件事告訴王后以斯帖，她非常難過，就給末底改送一些衣服去，希望他脫下麻衣，可是末底改不肯接受。以斯帖召來王指派來服侍她的太監哈他革，要他向末底改瞭解事情的真相。太監哈他革在王宮進口的廣場找到末底改，末底改便把所遭遇的事，以及哈曼答應認捐一萬他連得銀子，務求滅絕猶太人的陰謀，一一告訴太監哈他革。末底改還把要消滅猶太人的通告，交給太監哈他革帶回宮給以斯帖看，囑咐她去見亞哈隨魯王，為同胞請命。

但是以斯帖也有她的難處。聽畢太監哈他革傳達過末底改的話，她吩咐哈他革回覆末底改說：「王的一切臣僕和各省的人民，

都知道有一個定例：若不蒙召，擅入內院見王的，無論男女必被治死；除非王向他伸出金杖，不得存活。現在我沒有蒙召進去見王已經三十日了。」（4：11）末底改聽了以斯帖的話，託人回覆她說：「你別以為躲在宮裡，就能逃過大難！如果你在這生死關頭閉口不言，猶太人必能從別處得拯救，但你和你的家必遭毀滅。你得了王后的尊榮，不正是要你挺身而出，解救今日的危機嗎？」以斯帖乃決定挺身而出，她託人轉告末底改：

> 你當去招聚書珊城所有的猶太人，為我禁食三晝三夜，不吃不喝；我和我的宮女也要這樣禁事。然後我違例進去見王，我若死就死吧！（4：16）

三天後，以斯帖穿上朝服進入內院，對著殿前而立。王正坐在寶座上，面向殿門，一見王后站在內院，就施恩向她伸出手中的金杖。以斯帖便走向前去摸杖頭。王問她說：「王后以斯帖啊，有什麼事嗎？你想求什麼呢？就是半壁江山，我也會給你。」以斯帖回答：「我若蒙陛下的恩寵，請陛下和哈曼今晚光臨我專程準備的筵席。」王當即傳召哈曼與他一起赴宴。席間，王又問以斯帖：「你想求什麼，我都會給你。就是半壁江山我也必照樣給你。」以斯帖說：「要是我得陛下的恩寵，賜我所求，請王和哈曼明天再光臨我專程為你們準備的筵席。那時候，我一定把所求的向陛下稟明。」

筵席擺出來，哈曼正在洋洋自得，心花怒放，忽然看見末底改在宮門前，既不向他行禮，也不迴避。哈曼滿心惱怒。他忍著怒氣回到家裡，把朋友和妻子都叫來，向他們誇耀自己如何家財豐富，子孫滿堂，王又如何賞識他，擢升他的地位，使他超越所有的大臣；連王后也看重他，只請了王和他赴宴，而且明天還要再去。可是，每當他看見那個猶太人末底改坐在宮門口，就覺得縱使有這一切榮華富貴，也對自己毫無意義。哈曼的妻子和朋友建議，準備一個五丈高的絞刑架，明早求王將末底改吊在上面，這樣，他就可以輕鬆愉快地陪王赴宴了。哈曼大喜，認為這是好主意，便派人去準備絞刑架。

當天晚上，王輾轉不能入睡，吩咐人把王朝的史書拿來，念給他聽。念到末底改揭發兩名看守宮門的太監陰謀弒君的事，王問為這件事可曾獎賞了末底改，侍候王的臣僕回答說沒有。這時候，哈曼恰好進入王宮的外院，要請王把末底改吊在預備好的絞刑架上。哈曼進來後，王問他：「有一個人，我很想褒揚，我該怎麼做呢？」哈曼心想王要褒揚的人還有誰，不是我還有誰呢？

於是向王建議：「陛下要嘉獎的那個人，可以由一位最尊貴的大臣，把陛下的王袍給他穿上，並且讓他騎在戴冠的御馬上，不單要在城裡的街道遊行，還要派人喝道，當眾宣告這人是王所喜悅和尊榮的人。」哈曼萬萬沒想到王的回答竟然是：「快將你所提議的王袍和御馬，拿去給在宮裡做事的猶太人末底改。就照你剛才所說的去辦，一件也不可少！」這道命令如晴天霹靂，但哈曼無可奈何，只好捧著王袍，拿去給末底改穿上，替他牽著馬在城裡的街道遊行，自己當眾大聲宣告，這是王所喜悅和尊榮的人。遊行完了，末底改返回崗位，哈曼卻羞憤交加地跑回家去。他把所遭遇的事一一告訴妻子和朋友，他們回答說：「你對末底改已經無能為力了。他是猶太人，你決不會勝利，只會失敗！」正談論間，王宮的太監到了，催促哈曼趕快去赴以斯帖的宴會。

在宴會上，王和哈曼正開懷暢飲之際，王再一次問以斯帖：「王后以斯帖，告訴我，你想求什麼，我必賜給你，就是半壁江山，我也會給你。」以斯帖回答：「我若蒙陛下的恩寵，請答應我一個請求。求陛下饒了我的命，也饒了我同胞的命。我和我的同胞都被出賣了，即將慘遭屠殺和毀滅。如果我們只是被賣為奴，我也絕不敢向陛下提說；可是，我們要慘遭滅絕之禍了！陛下將蒙受極大的損失。」王很不高興：「誰敢做這種事？這人在哪裡？」以斯帖指著哈曼回答：「迫

Then Queen Esther answered and said, "If I have found favor in your sight, O king, and if it pleases the king, let my life be given me at my petition, and my people at my request.

"For we have been sold, my people and I, to be destroyed, to be killed, and to be annihilated. Had we been sold as male and female slaves, I would have held my tongue, although the enemy could never compensate for the king's loss."

(Esther 7:3-4)

害我們的人就是這個陰險惡毒的哈曼。」哈曼一聽，頓時嚇得面如死灰。王在盛怒之下，立刻離席到御園去。哈曼見勢不妙，知道性命難保，便起來向王后以斯帖求饒。正當他俯伏在以斯帖所靠的長椅時，王從御園回來，看見這情景，大發雷霆，咆哮：「這個人竟敢在王宮裡當著朕的面非禮王后？」話一出口，便有人把「死囚面紗」蒙在哈曼的頭上。一個常在王左右的太監上前說：「哈曼剛為那救駕有功的末底改做了一個五丈高的絞刑架，現在還立在家中呢。」王下令把哈曼吊上去。哈曼就這樣吊在了自己為末底改預備的絞刑架上。

王把哈曼所有的財產賜給王后以斯帖。末底改也因為以斯帖向王陳明了他們的親屬關係，得以覲見王。王把從哈曼手中取回的印章戒指，賜給末底改。以斯帖也委派末底改管理哈曼的財產。以斯帖又淚流滿面，向王哀求，請廢除哈曼要滅絕猶太人所下的詔令。王一口答應下來，吩咐他們以王的名義，發一道詔令給各省的猶太人，並在上面蓋上王印。那天正是三月廿三日，末底改將王的書記召來，要他們以各省民族的語言文字頒發詔書給全國官民。末底改以王的名義蓋上王印，頒佈詔書，由驛使騎著皇家最快速的馬傳遞到全國各省。詔書批准各地的猶太人，在十二月十三日這一天，可以聚集起來自衛，殲滅可能來攻擊他們的敵人和家人，並且可以奪取他們的財物。凡諭旨所到之處，猶太人無不歡欣鼓舞，設宴慶祝。

十二月十三日，全國各省的猶太人同時團結起來自衛，殲滅仇敵，共殺了七萬五千個仇恨他們的人，但沒有搶奪財物。翌日，他們不再殺敵，而是設宴慶功，盡情歡樂。書珊城的猶太人在十三、十四兩天殲滅仇敵，十五日才停止殺敵，設宴歡樂。猶太人在書珊城所殺的仇敵是八百人，並把哈曼的十個兒子吊在絞刑架上示眾。從此猶太人每年定十二月十四和十五日為節日，設宴慶祝，彼此饋贈，周濟窮人，紀念這歷史性的日子（《以斯帖記》9：21—22）。因為這是猶太人得以平安脫離仇敵，化憂為樂、轉悲為喜的日子。

這也是猶太文化中「普珥節」的來歷。當初猶太人的公敵哈曼陰謀殺滅猶太人，是抽籤決定十二月下手的。哈曼生來好抽籤，每以抽籤來定何月何日為吉。「籤」在希伯來語中讀「普珥」（pur），因此，紀念以斯帖功績的猶太人曆亞達月十四和十五日，就被稱為「普珥節」。今天，按正統猶太教的習俗，信徒在普珥節前一天禁食，紀念王后以斯帖和所有的猶太人曾為民族的危機

禁食禱告（9：31）。普珥節當天，信徒全家聚集會堂，舉行特別禮拜，宣讀《以斯帖記》。每當提及哈曼的名字時，參加禮拜的孩子都要用竹條或其他玩具輪發出「啪啪」聲，以示對他的譴責。禮拜過後，設宴歡樂，開懷暢飲兩天。家家戶戶點起燈火，舉行各種各樣的慶祝活動，其中最常見的是簧火晚會，年輕人戴上面具，圍著簧火載歌載舞，盡情狂歡。所以，普珥節也成了今天以色列人的狂歡節。

以斯帖的故事精彩絕倫，綜合了《一千零一夜》童話故事的懸念，和希特勒毒氣室的焦灼氣氛。全書沒有提到上帝，然而字裡行間卻表達了上帝的同在，事情的發展都在上帝巧妙的安排之中。以斯帖以孤兒的身份被召入宮選美，得太監的喜愛，最後受王寵信，搖身一變成為波斯的王后。末底改在值勤的時候發現謀害王的陰謀，使王及時除害，但王又忘了獎賞他。哈曼為末底改預備了五丈高的絞刑架的那晚，進宮想得王批准將末底改吊在絞刑架上，王恰巧失眠，請人念史書，發現還未獎賞末底改救王的功勞，乃請哈曼建議如何獎賞王所要感恩的人。哈曼以為將得獎賞的人就是他，故此興高采烈提建議，萬萬沒有想到將得獎賞的，竟然是他正想尋求御旨處死的人。更倒霉的是，哈曼被以斯帖請去赴宴時，完全沒有覺察到這是「死亡的宴會」，還沾沾自喜，以為自己是最受賞識的大臣。在第二晚的宴會中，王

> To establish among them that they should celebrate yearly the fourteenth and fifteenth days of the month of Adar,
> As the days on which the Jews had rest from their enemies, as the month which was turned from sorrow to joy for them, and from mourning to a holiday; that they should make them days of feasting and joy, of sending presents to one another and gifts to the poor.
>
> (Esther 9:21-22)

后以斯帖亮出底牌，哈曼嚇得魂不附體，伏拜在以斯帖面前求情，卻讓從御園散步洩憤回來的王誤以為他要非禮王后，立刻被處死刑。這一切讀起來，都極富戲劇性，懸念和因果一環扣一環，可謂古代希伯來文學的精品。

以斯帖機智和勇敢的形象，至此也躍然紙上。當末底改提醒她「焉知你得了王后的位分不是為現今這時刻嗎？」（4：14）以斯帖便開始細心策劃拯救同胞的計劃。她首先是懷著視死如歸的心情，勇敢地違例進宮，邀請王與哈曼來赴她的宴會。在宴會上，她小心翼翼地控制情緒，尋找時機，見時機還未成熟，就再次大膽地請王和哈曼明天再次赴宴。第二晚的宴會上，她知道時機成熟了，便很有技巧地向王為同胞請命，揭穿哈曼的陰謀。為了說服王，她指出自己若和同胞被賣為奴為婢，她一定緘默，但現在是自己民族面臨滅絕之禍，而且她特別指出這事將使王大受虧損。王想到自己王國的利益，當然樂意答應王后以斯帖的請求。以斯帖不僅自救，還救了全國的猶太人，她猶如一顆燦爛的明星，使猶太人的黑夜閃爍光明，和她的名字「晨星」的意義相稱。

《以斯帖記》對於猶太民族的未來，顯然是相當自信的。它暗示那些一心與猶太人為仇，想除滅猶太人的人，他們絕對不是猶太人的對手。作者特別藉哈曼被逼帶著末底改揚眉吐氣遊行，然後頹喪回家之際，讓哈曼的朋友和妻子道出他的信念：「他如果是猶太人，你就絕對不會勝利，只會失敗。」（6：13）此外末底改也告訴以斯帖：「倘若她不願冒險違例進宮，在這生死關頭還閉口不言，猶太人必能從別處得拯救。」（4：14）因為猶太人相信，他們是上帝的選民，上帝必看顧拯救他們。

CHAPTER 10

婚姻與家庭觀念

《聖經》文化非常注重婚姻與家庭。上帝用塵土先創造了亞當，知道亞當獨居不好，所以為他造一個配偶幫助他，名為夏娃。上帝的心意是要人組織家庭，生養眾多，遍滿地面，幫助他治理全地。故此，《傳道書》明確指出，結婚成家比獨身要好（4：9—12）。

夫妻自可以盡情地享受他們之間的愛情，這是上帝賜給人的禮物。《舊約》中的《雅歌》，甚至通篇都在盡力歌頌上帝給人類最美的恩慈，那就是「男女間愛情的美善」。賢惠的妻子被認為是上帝賜給人的恩惠。

《聖經》的資料顯示，**最早期的希伯來人家庭可能是屬母系的社會。**以色列後期的律法明言禁止同父異母或同母異父的兄妹、姐弟之間的婚姻。可是，希伯來人的祖先亞伯拉罕的妻子為同父異母的妹妹；以色列王國最著名的大衛王的長子暗嫩，原本也可娶自己同父異母的妹妹他瑪為妻。這些例子顯示早期希伯來人的社會是許可同父異母兄妹結婚的。故此，學者推測希伯來人最初可能屬母系社會，同父異母兄妹的婚姻乃是母系社會所留下的痕跡。此外，新生嬰孩一般由父親取名，但《聖經》多處提到母親為新生嬰孩取名。雅各有二妻二妾，她們給雅各生了十二個兒子，每一個兒子的名字都是妻子利亞和拉結所取的。拉結生最後一個兒子時，不幸難產，臨終前給兒子取名便俄尼（意思為「愁苦的兒子」），雅各卻給他取名為便雅憫（意思為「好運氣的兒子」）。撒母耳的名字也是由其母親所取的。學者認為母親為孩子取名乃母系社會所遺留下來的習俗。此外，希伯來人的婚筵一般是在新郎的家中舉行，但參孫結婚時卻在新娘的家舉行婚筵，這也很可能是母系社會殘餘的習俗。

⊛NE 一夫一妻

　　《聖經》和古代的法典，都顯示古代近東的社會基本上接受一夫一妻制。根據古代近東的漢謨拉比法典（約公元前18世紀），丈夫只能有一個妻子，除非妻子不育。但是，丈夫若因妻子不育而納妾，也只能有一妾，除非此妾不育。妻子若為丈夫招女奴為妾，則丈夫喪失其再娶之權力。無論哪一種情況，妾都不能擁有元配之權力。

　　但富有人家一妻多妾的情形相當普遍。《聖經》上記載第一個擁有多過一個妻子的人是拉麥：「拉麥娶了兩個妻，一個名叫亞大，一個名叫洗拉。」（《創世記》4：19）亞伯拉罕的妻子為撒拉，撒拉不育，將自己的婢女給丈夫為妾。撒拉去世後，亞伯拉罕再度娶妻，名為基土拉（25：1）。亞伯拉罕的弟弟也有一妻一妾（22：20—24）。亞伯拉罕的長孫以掃有三個妻子（26：34；36：2；28：9），二孫雅各也有二妻二妾（29：15—30；30：1—9）。士師時代的基甸有許多妻子。《士師記》載：「基甸有七十個親生的兒子，因為他有許多的妻。」（8：30）最後一位士師撒母耳的父親以利加拿，有兩個妻子（《撒母耳記上》1：1—2）。以色列人最著名的大衛王，有七個妻子和好些沒有列名的妃嬪。猶大王羅波安有十八個妻，六十個妾（《歷代志下》11：21）。以色列史上最多妻妾的是所羅門王，

For if they fall, one will lift up his companion. But woe to him *who is* alone when he falls, for *he has* no one to help him up.

Again, if two lie down together, they will keep warm; but how can one be warm *alone*?

(Ecclesiastes 4:10-11)

他娶了七百個公主，還有三百個妃嬪（《列王紀上》11：3）。這裡面似乎也有政治的需要，在古代的邦國，君王往往藉著迎娶他國的公主，建立邦國之間的友好關係和聯盟。

多妻妾的現象在富有人家和帝王中誠然相當普遍，但一般的老百姓，基本上都還是一夫一妻。《舊約》律法有關分產業的條例中，間接准許一夫有二妻：

> 人若有兩個妻子，寵愛一個，不愛一個，兩個妻子都生了兒子，但長子是失寵妻子所生。當他分財產的時候，不可偏愛得寵妻子所生的兒子，把長子的名分給他。即使長子是失寵妻子所生的，也必須按規矩給他長子所當得的雙份財產。（《申命記》21：15—17）

但有關立王的條例中卻不許可王有許多妃嬪。「王不可有許多妃嬪，免得被誘惑離棄主；也不可為自己積存金銀，貪圖財富。」（《申命記》17：17）從《聖經》的記載，不難看出多妻常產生家庭糾紛，如上述的亞伯拉罕、雅各、基甸、以利加拿和大衛的家庭，都發生過嚴重的糾紛。而據《列王紀上》載，所羅門更是因為受了眾妃嬪的誘惑而離棄了耶和華：「所羅門年老的時候，他的妃嬪誘惑他的心去隨從別的神，不傚法他父親大衛，誠誠實實地服從耶和華他的上帝。」（11：4）所以耶和華動怒，判定所羅門失去江山，實為意料中事。

希伯來人的婚事一般由父母安排和決定，這樣的例子《聖經》裡比比皆是。如《創世記》講以實瑪利：「他住在巴蘭的曠野，他母親從埃及地給他娶了一個妻子。」（21：21）又亞伯拉罕對他的老僕人說：「你要往我本地本族去，為我的兒子以撒娶一個妻子。」（24：4）如此等等，不一而足。但也有一些自己擇偶和自己作決定的例子。以撒的長子以掃不聽父母的話，娶了兩個赫人的妻子，使父母心裡愁煩（26：34—35）。古代的許多文化中都有這樣的習俗：做首領的往往以女兒作為勇士的獎勵，若有誰能為他在戰場上取得勝利，便將女兒許配給那勇士。迦勒將女兒押撒作為能攻佔基列西弗城者的獎賞，結果俄陀聶攻取了那城，迦勒就把女兒押撒賜給他為妻（《約書亞記》15：16）。在以色列人和非利士人的戰役中，掃羅王願以自己的女兒米拉獎賞能殺死巨人歌利亞的勇士（《撒母耳記上》17：25）。但當大衛殺死歌利亞之後，掃羅卻違約，將女兒米拉給了他人為妻（18：19）。

　　如許多古老部落的生活習俗，希伯來人常在近親內選親。如亞伯拉罕派老僕到老家美索不達米亞自己家族中，為兒子以撒擇妻求親的例子。相反的，不但以掃的雙親，參孫的雙親也因兒子在外族人中擇偶而愁煩（《士師記》14：3）。在族長時期，表、堂兄弟姐妹之間通婚十分普遍。以撒娶了表妹利百加；雅各娶了舅父的兩個女兒拉結和利亞。堂表親的男方有一種特權，他們的求婚一般是不能拒絕的。這習俗確保家庭姓氏的單一性和血緣的純潔性，並能預防家族產業外流。此外，另有一個特例，同父異母兄弟姐妹之間的婚姻在一些時代是允許的。如亞伯拉罕和妻子撒拉，以及大衛的長子暗嫩愛上同父異母的妹妹他瑪的故事所示。但後來，律法顯然禁止同父異母的兄妹結合，如上文《利未記》的記載。許多學者認為猶太人的律法是大約公元前 5 世紀作最後的修訂。相似地，暗蘭娶了自己的姑姑約基別，生了亞倫、摩西和米利暗（《出埃及記》6：20；《民數記》26：59）。但後期的律法，卻禁止姪甥與姑姨之間的婚姻，如《利未記》：「不可露你姑母的下體，她是你父親的骨肉之親。不可露你姨母的下體，她是你母親的骨肉之親。」（18：12—13）除此之外，律法也禁止兒子與繼母通婚（18：8）、公公與兒媳通婚（18：15；20：12）、岳母與女婿通婚（20：14；《申命記》27：23）；禁止人娶女兒或孫女為妻（18：

17），禁止娶伯母或叔母為妻（18：14；20：20），禁止娶嫂嫂或弟婦為妻（18：16；20：21）。

與古代許多民族一樣，希伯來人有長女先嫁的習俗。次女若先嫁，將召來非議。《創世記》記載了這樣一段故事：雅各有兩個表妹，姐姐名叫利亞，妹妹名叫拉結。拉結長得比姐姐美麗。雅各愛上拉結，與舅父拉班談妥以七年的工價作為迎娶拉結的聘禮。結婚洞房夜之後的第二天早晨，雅各發現新娘不是拉結，而是拉結的姐姐利亞。雅各前去理論，指責拉班欺哄他，拉班回答說：「大女兒還沒有出嫁，先嫁小女兒，在我們這地方沒有這規矩。」（《創世記》29：26）

希伯來人不同家族間的通婚很常見，娶外邦人為妻的也不乏其例。以掃娶赫族的女子猶滴和巴實抹，約瑟的妻子是埃及祭司的女兒亞西納（《創世記》41：45），摩西的妻子是米甸祭司的女兒西坡拉（《出埃及記》2：21），拿俄米的兩個兒媳都是摩押人（《路得記》1：4），大衛的妻子中，一個是耶斯列人，一個是迦密人（《撒母耳記下》3：2—3），所羅門的後宮中，除了法老的女兒外，還有許多外邦女子，其中包括了摩押女子、亞捫女子、以東女子、西頓女子和赫人女子（《列王紀上》11：1），耶羅波安的妻子是西頓王的女兒耶洗別（16：31）。在以斯拉和尼希米的時代，與異族通婚的情形更是普遍，這導致不少孩子不會說猶太話（《以斯拉記》10：18—44；《尼希米記》13：23—24）。結果，尼希米採取嚴厲行動，要猶太領袖一同發誓，遵守誡命，不將他們的女兒嫁給當地的外族居民，也不為他們的兒子娶當地的外族女子（《尼希米記》10：29—30）。相對地，也有希伯來人嫁給異族人的。如拔示巴嫁給赫人烏利亞。建所羅門王宮的銅匠戶蘭的母親，嫁給了泰爾人（《列王紀上》7：13—14）。

律法中有禁止與外族人通婚的條例，因為與外族通婚的後果將使宗教信仰陷入危機。如《申命記》：「不可與他們（當地的外族人）通婚。你們的女兒不可嫁給他們的兒子，兒子不可娶他們的女兒。因為他們必使你的兒子轉離不跟隨主，去敬奉別神，以致上帝的怒氣向你們發作，就速速地將你們滅絕。」（7：3—4）但總的來看，希伯來人早期與鄰族通婚相當普遍，異族通婚的禁令當出自較後期的猶太律法。

　　希伯來人有訂婚的習俗。先知以西結曾以訂婚的禮俗描繪上帝與耶路撒冷的關係：「我向你立下盟誓，定下婚約；那時，你便屬於我了。」（《以西結書》16：8）這個隱喻顯示，在訂婚儀式上，訂婚的男子要在雙方家長和眾見證人面前，承諾將娶所愛的女子為妻。倘若男子經濟能力許可，還會給女子一枚金戒指或值錢的物品作訂婚禮物。訂婚因此也受到律法保護。對此《申命記》是這樣記載的：

> 若有處女已經許配丈夫，有人在城裡遇見她，與她行淫，你們就要把這二人帶到本城門，用石頭打死，女子是因為雖在城裡卻沒有喊叫；男子是因為玷污別人的妻。這樣，就把那惡從你們中間除掉。（22：23—24）

　　可是，事情倘若發生在郊野，便只處死那男子，女子並沒有該死的罪，因為她就是喊叫，也沒有人聽見，過來救她。至於男人玷污了未訂婚的女子，被人抓到了，他必須賠償女子的父親，並且要娶她為妻，終生不能離棄她。

　　從訂婚到結婚，時間可以長達一年。按律法，男子在訂婚期間，可以免役（《申命記》20：7）。在訂婚期間，未婚妻若有越軌的行為，未婚夫可以解除婚約。耶穌的世俗父親約瑟，就是在訂婚期間，發現瑪利亞從聖靈那裡懷了孕，曾想過與她解除婚約（《馬太福音》1：18—19）。

"But if a man finds a betrothed young woman in the countryside, and the man forces her and lies with her, then only the man who lay with her shall die.

"But you shall do nothing to the young woman; *there is* in the young woman no sin *deserving* of death, for just as when a man rises against his neighbor and kills him, even so *is* this matter.

(Deuteronomy 22:25-26)

Two 聘禮和嫁妝

　　《聖經》對於男婚女嫁的聘禮和嫁妝習俗，我們發現是充分肯定也是一力推廣的。聘定之時，男方給女方送上聘禮，看來是天經地義的事情。早在《創世記》裡就有記載，亞伯拉罕給兒子以撒娶媳婦的時候，就給女方利百加家裡，送上了一份大禮：「當下僕人拿出金器、銀器和衣服送給利百加，又將寶物送給她哥哥和她母親。」（24：53）這裡面有金銀財寶，禮數委實不輕。《出埃及記》裡還有這樣的記述：

> 人若引誘沒有受聘的處女，與她行淫，他總要交出聘禮娶她為妻。若女子的父親決不肯將女子給他，他就要按處女的聘禮，交出錢來。（22：16—17）

　　這是摩西的律法，這個律法對待胡作非為的男人，真是夠寬容的。首先他染指處女之後可以娶她為妻，其次要是女方的家長不答應，那麼他賠錢也就了事，賠錢就可以免去法律的究責。娶妻也好，賠錢也好，總之付出是相當於婚嫁的聘禮。這一筆錢，看來也是不在少數。

　　有時候聘禮會變得非常離奇。最離奇的就是掃羅嫁女米甲給大衛了。掃羅叫人告訴大衛，他不要什麼聘禮，只要一百個非利士人的陽皮。陽皮就是男人陽物上面的包皮，而且要一百個非利士人的陽皮！這份離奇的聘禮索求與其說是要在仇敵身上報仇，就像掃羅冠冕堂皇的說法那樣，不如說是一個兇險莫測的殺機。掃羅自己怎麼不去割非利士人的陽皮呢？多虧了是大衛，非但自己神勇無比，而且有耶和華的庇護，所以能夠如願以償，做成掃羅王的女婿，換了別人，早死在這聘禮圈套裡了。

　　有時候男方沒有能力送禮，那麼就出力吧。《創世記》裡的雅各就是這樣。他是為岳父拉班放羊七年，來娶拉班的二女兒的。可是臨到過門，卻被岳父欺騙，娶了他並不中意的大女兒，因為按照風俗，大女兒必須首先出嫁。如此，雅各又為岳父放羊七年，這才娶到了滿心喜愛的妻子。這樣一來，雅各為了娶妻的聘禮，是一共為岳父服務了整整十四年（第二十九章）。雅各以放羊替代聘禮，算是樹立了一個絕好的樣板。《出埃及記》裡，摩西後來也以為岳父葉忒羅牧放羊群，作為娶妻的代價（3：1）。就像後代女方家族處理聘禮那樣，女方父親一般未必會獨吞聘禮，常常會把聘禮的一部分價值轉移給新娘。但是

騙得雅各給他放羊十四年的拉班，顯然不是這樣一個好父親。兩個女兒利亞和拉結，就曾向丈夫雅各抱怨父親，怨拉班私吞了理當屬於她們的那一部分聘禮。利亞和拉結說：「我們不是被他當作外人嗎？因為他賣了我們，吞了我們的價值。」（31：15）拉班已經得了雅各十四年服侍的利益，卻沒有將一部分等值的禮物作為嫁妝賜給女兒，真算得上是吝嗇鬼的原型了。

男子娶妻要付聘禮，那麼女兒出嫁又當何論？看來《聖經》的文化在這方面男女是大體平等的。女兒出嫁的時候，父親一般也都會給她一份特別的嫁妝。《創世記》裡，利百加出嫁時的嫁妝，就是她的保姆和一些婢女（24：59，61）。保姆婢女的嫁妝還是輕微的，《士師記》裡，嫁妝變成了一塊田：

押撒過門的時候，勸丈夫向她父親求一塊田。押撒一下驢，迦勒問她說：「你要什麼？」她說：「求你賜福給我。你既將我安置在南地，求你也給我水泉。」迦勒就把上泉下泉賜給她。（1：14—15）

良田並水泉，這嫁妝夠豐厚的。迦勒是示劍人的領袖，一塊地在於他還是不在話下的。

可是還有比起田地更大的嫁妝。《列王紀上》就有這樣的記載：「先前埃及王法老上來攻取基色，用火焚燒，殺了城內居住的迦南人，將城賜給他女兒所羅門的妻作妝奩。」（9：16）埃及法老的女兒真是價值連

城。不過她嫁給天下最闊氣的所羅門，交出一座城池也算是情有可原。

一般來說，女子嫁人以後沒有自己的收入，嫁妝就是她的私房財產了。《路加福音》中，耶穌講過這樣一個寓言故事：

或是一個婦人有十塊錢，若失落一塊，豈不點上燈，打掃屋子，細細地找，直到找到嗎？找著了，就請朋友鄰舍來，對他們說：「我失落的那塊錢已經找著了，你們和我一同歡喜吧。」（15：8—10）

耶穌的本意是要說明，一個罪人悔改，比九十九個無須悔改的義人愉悅更多。可是這個有十枚銀幣失落一枚的婦人，如此關心失落的那枚銀幣，花這麼多工夫尋找，找到了還請朋友和鄰舍一起慶祝，可見那不是一枚普通的銀幣，那無疑是她嫁妝的一部分。畢竟，那是有出未必有進的私房錢啊。

T<small>HREE</small> 結婚和離婚

男婚女嫁是人生的大事，這在《聖經》中也有充分表現。《雅歌》中描寫結婚當天，新郎打扮得像一個國王，頭戴花冠，身穿禮服，腳穿飾有花邊的鞋。有錢的新郎甚至戴上一頂金色王冠。新娘打扮得像一個王后，除了穿上華麗的禮服之外，從頭到腳戴著全家祖輩相傳的所有貴重珍珠寶石。如《以賽亞書》寫人蒙耶和華賜福之後的快樂心情，就說：「好像新郎戴上華冠，又像新婦佩戴妝飾。」（61：10）即使是貧窮的姑娘，到了這個時分，也向親朋好友借些首飾穿戴。《以西結書》裡對新娘的裝扮，有一段生動的描述：

我也使你身穿繡花衣服，腳穿海狗皮鞋，並用細麻布給你束腰，用絲綢為衣披在你身上，又用妝飾打扮你，將鐲子戴在你手上，將金鏈戴在你項上。我也將環子戴在你鼻子上，將耳環戴在你耳朵上，將華冠戴在你頭上。（16：10—12）

然後是新郎迎接新娘。新郎通常在朋友的陪伴下到娘家接新娘，也有新娘的親屬把她送到婆家的。新娘離家之前，諸位親屬要為她祝福。如《創世記》裡，嫁給以撒的利百加，親人就以典型的東方婚姻祝福詞歡送她：「妹妹呀，願你成為千萬人之母！願你後代征服敵人的城邑！」（24：60）新娘通常是面蒙婚紗，離開娘家，隨新郎而行。娘家的親戚走在前面，把烘好的麥穗分給沿

途看熱鬧的小孩。後面是婆家迎接新人的隊伍。隊伍中有樂隊，一路擊鼓奏樂，還有人邊行邊舞，好不熱鬧。迎娶新娘一般是在夜晚進行，受邀請的客人，可以在路上加入迎娶的隊伍遊行，跟著整個隊伍走到婚筵上。參加遊行的人必須拿著油燈或火把。沒有燈或火把者，就不能參加遊行，也不能進入筵席。《馬太福音》中，耶穌耐人尋味用過一個娶親的比喻，講到十個童女等候遊行隊伍的到來，五個聰明的能夠跟隊前行，因為她們為燈備足了油；但是另五個愚拙的童女，卻沒有預備好足夠的油，所以被拒婚筵門外（25：1—13）。

婚筵一般在新郎家中舉行。所有嘉賓都要身穿禮服，沒有穿禮服者，很可能會被拒門外。同是《馬太福音》裡，耶穌又舉過一個比喻，說是天國好比哪一個國王為兒子娶親擺筵，到一切準備就緒之後：

王進來觀看賓客，見那裡有一個沒有穿禮服的，就對他說：「朋友，你到這裡來怎麼不穿禮服呢？」那人無言可答。（22：11—12）

這可見婚筵上應當穿著整齊，早有《聖經》規定在先了。婚筵由一位主持人負責安排指揮一切預備工作，開筵時要往來客人之間，指揮僕人為來賓服務。但是這當中同樣可能發生變故。《約翰福音》記載在迦拿地方的一次娶親婚筵上，耶穌和母親瑪利亞都參加了，可是筵席進行到一半，酒就喝完了，

> And they blessed Rebekah and said to her: "Our sister, *may you become the mother of thousands of ten thousands*; and may your descendants possess the gates of those who hate them."
>
> (Genesis 24:60)

迦拿的婚宴

婚筵主持人非常尷尬,耶穌即時將水變酒,這才幫助他擺脫窘境(2:8—9)。關於耶穌以水變酒的經過,《約翰福音》是這樣記述的:

> 照猶太人潔淨的規矩,有六口石缸擺在那裡,每口可以盛兩三桶水。耶穌對用人說,把缸倒滿了水。他們就倒滿了,直到缸口。耶穌又說,現在可以舀出來,送給管筵席的。他們就送了去。管筵席的嚐了那水變的酒,並不知道是哪裡來的,只有舀水的用人知道。管筵席的便叫新郎來。對他說,人都是先擺上好酒。等客喝足了,才擺上次的。你倒把好酒留到如今。(2:6—10)

這是耶穌在加利利的迦拿第一次行奇蹟。第一次行奇蹟就將六大缸的水變成了一等好酒。迦拿婚筵上的賓客真是有福,從頭到尾都有好酒享用,不似筵席主持人所言,平常這等場合,總是先喝好酒,然後擺上次一等的酒水。迦拿婚筵的盛大規模,由此也可見一斑。

婚筵主持人也要在宴會上做司儀,向來賓致謝,帶領大家向新人舉杯敬酒祝福。此外,宴會上往往都會有一些餘興節目,例如唱情歌和猜謎遊戲。《士師記》寫參孫娶一個非利士小女子為妻,一開始就給大家出了一個奇奧莫名的謎語:

> 參孫在那裡設擺筵宴,因為向來少年人都有這個規矩。眾人看見參孫,就請了三十個人陪伴他。參孫對他們說:「我給你們出一個謎語,你們在七日筵宴之內,若能猜出

This beginning of signs Jesus did in Cana of Galilee, and manifested His glory; and His disciples believed in Him.

(John 2:11)

意思告訴我，我就給你們三十件裡衣，三十套衣裳；你們若不能猜出意思告訴我，你們就給我三十件裡衣，三十套衣裳。」他們說：「請將謎語說給我們聽。」參孫對他們說：

> 「吃的從吃者出來，
>
> 甜的從強者出來。」（14：10—14）

這個謎語真是要把人逼得發瘋。誰知道「吃的從吃者出來」是什麼意思？誰又知道「甜的從強者出來」是什麼意思？要不是參孫什麼都不怕，唯獨過不了女人關，到底還是在他小妻子的哭哭啼啼面前，說出了答案，誰知道這兩個謎語，謎底就是獅子和蜜糖呢？

婚筵一般要連續舉行七天之久，但新人第一夜就可以入新房。入新房是一項重要的儀式。《詩篇》裡面有一首引人注目的王家婚禮讚歌，它如此描繪此一儀式：

> 王女在宮中極其榮華，
>
> 她的衣服是用金線繡的。
>
> 她要身穿錦繡的衣服被引到王前，
>
> 隨從她的陪伴童女也要被帶到你面前。
>
> 她們要歡喜快樂被引導，
>
> 她們要進入王宮。（45：13—15）

這是在王的婚禮上誦唱的詩歌，風格與《雅歌》甚為相似。入新房之後，一些老婦人為新娘梳妝，然後再給她蒙上面紗，不許揭開。有人把新娘引到新郎的旁邊。這時，一位長者或顯要人物就為新人祝福。到場慶祝的人們高唱讚美新人的情歌。《雅歌》就是這類情歌的集子。

貞操的觀念，看來早在摩西的時代已經相當流行了。《申命記》中要求保留新婚之夜床上沾有血漬的床單，認為它既是新娘「貞潔的憑據」，也是新人結合的證明。而假如沒有這個「貞潔的憑據」，那就慘了：

> 女子沒有貞潔的憑據，就要將女子帶到她父家的門口，本城的人要用石頭將她打死，因為她在父家行了淫亂，在以色列中作了醜事。這樣，就把那惡從你們中間除掉。（22：20—21）

今天很少人會恭維這樣森嚴的律法，可見文化的價值是在歷史的進程中發

生變化的，而未必永遠是絕對的。但是《申命記》也不乏人道的關懷，如前述之新婚男子不必服兵役的律法：「新娶妻的人不必服兵役，也不可使他擔任公職；要讓他在家清閒一年，使新婚的妻子快樂。」（24：5）

有結婚就有離婚。這在《聖經》的世界裡同樣不是例外。遺憾的是，古代以色列人丈夫有權提出離婚，妻子則無此權利。《申命記》的律法中有此條文：

倘若有人娶了妻子後發現她行為不檢，使他很不滿意，這人可以寫離婚書給她，叫她離開。假使這婦人再次結婚，而她的第二任丈夫又把她休棄，或者這個丈夫不幸死去，前夫不可再娶她為妻。（24：1—4）

這條律法清楚指明，離棄妻子的丈夫無論在什麼情況之下，以後不可再娶曾被他休棄的妻子。這實際上是把復婚的可能性，也給堵塞了。

但《聖經》並不鼓勵人隨便離婚，即便丈夫有離婚的權利。《馬太福音》中，耶穌與法利賽人討論離婚，指出當初上帝造人的時候，就要人認真地看待婚姻，不可隨意休棄妻子，他說了這一段話：

又有話說：「人若休妻，就當給她休書。」只是我告訴你們：凡是休妻的，若不是為淫亂的緣故，就是叫她做淫婦了。人若娶這被休的婦人，也就是犯姦淫了。（5：31—32）

這是耶穌警誡以色列人，除非妻子不

"For the LORD God of Israel says that He hates divorce, for it covers one's garment with violence," says the LORD of hosts. "Therefore take heed to your spirit, that you do not deal treacherously."

(Malachi 2:16)

貞，否則離婚再娶的就是犯了姦淫；娶這被休的婦人為妻的，也是犯了姦淫。耶穌說這樣的話，基本是遵循了他的父親上帝耶和華的意旨。事實上上帝也不贊成離婚。《舊約》的《瑪拉基》中我們看到上帝作如是言：

耶和華以色列的上帝說：「休妻的事和強暴待妻的人都是我所恨惡的。所以當謹守你們的心，不可行詭詐。這是萬軍之耶和華說的。」（2：16）

這可見夫妻的和睦之道，真是天公地道。所謂詭詐即是詭異欺詐之道，很大程度上說，也就是丈夫對妻子，或者妻子對丈夫的不忠。這一方面，《聖經》的文化同樣是強烈反對的。我們看到《箴言》也規勸夫妻雙方要謹守婚姻的貞潔：

你當喝自己池中的水，飲自己井裡的活泉。你的泉源豈可漲溢在外？你的河水豈可流在街上？惟獨歸你一人，不可與外人同用。要使你的泉源蒙福；要忠於你的髮妻。她秀麗可愛，宛如美鹿。願她溫柔的懷抱使你心滿意足，她的愛情使你陶醉。（5：15—19）

《箴言》還屢次警誡不可有外遇和結交娼妓，不聽勸告者的後果不堪設想。真所謂「妓女能使人只剩一塊餅，淫婦獵取人寶貴的生命。人若懷裡撅火，衣服豈能不燒呢」（6：25—35；參見7：6—27；23：27—28；29：3）。

假如婚姻因為非個人原因而不能持久，比如丈夫先妻子去世，寡婦又當何去何從？我們發現《聖經》的世界裡有寡婦內嫁的文化習俗。就《申命記》來看，希伯來人的律法中一個特別的婚姻法，稱《利未拉特婚姻法》（*Levirate Law*）。這律法規定人若沒有生下兒子便死去，他的遺孀不可改嫁給外人。死者的兄弟要盡兄弟的義務娶她，生下來的第一個兒子要做已死兄弟的兒子，替他在以色列中立嗣。倘若死者的兄弟拒絕履行他的責任，不娶哥哥的寡婦為妻，她可以到城門口長老那裡指控他。兄弟便要當眾被辱，被社會鄙視（25：5—10）。

《舊約》裡，記載了兩個與此習俗有直接關係的事件。第一個事件記載在《創世記》第三十八章。時以色列猶大支派的祖先猶大有三個兒子，長子娶了妻，名叫他瑪，沒有孩子就去世了。次子俄南雖然娶了寡嫂，卻沒有盡弟弟的義務替哥哥傳後。俄南尋思生下來的孩子還是歸在哥哥名下，不屬於自己，所以每次與他瑪同房的時候，總是故意遺精在地上。上帝厭惡俄南的行為，取了

他的性命。猶大見此，擔心最後一個兒子會
遭同樣的命運，便把媳婦送回娘家去。後來，
最小的兒子長大成人，猶大還是沒有讓他娶
寡嫂，盡弟弟的義務。結果他瑪假扮為妓女
從公公猶大那裡懷了孕，生了雙胞胎。

　　第二個事件即是前述之《路得記》。它
講述伯利恆人以利米勒，一家四口，兩個兒
子，因饑荒到摩押地避難。兒子在摩押地娶
了摩押女子為妻，想不到兒子還沒有孩子，
家中的男人相繼去世，留下了三個寡婦。婆
婆拿俄米決定離開摩押地回鄉，兩個媳婦也
願意跟隨，但婆婆苦勸她們回家再嫁，結果
一個回家，另一個堅持與婆婆生死與共，她
就是路得。

　　於是，兩個寡婦，一老一少回到了伯利
恆，相依為命。為了生活，路得到田裡拾麥
穗，恰巧來到拿俄米丈夫親屬的田裡，結識
了好心腸的田主波阿斯。後來路得向波阿斯
求婚，但論至親，路得還有一個比波阿斯更
親的親屬，所以波阿斯必須按規矩詢問這至
親是否要娶路得為妻。經過一輪談判，這個
至親決定不娶路得為妻，讓波阿斯娶了路得
為妻。

　　《路得記》的故事顯示了有關《利未
拉特婚姻法》的兩點：第一，在一些地方，
為去世的親人傳宗接代可能不單是兄弟的義
務，也是其他至親的義務；第二，《利未拉
特婚姻法》不單是為了傳宗接代的需要，也
是為了寡婦的生命得著照顧和庇護而設立。

娶路得為妻，是買下以利米勒的地產所附帶的條件。從這交易中，路得和拿俄米兩個寡婦都將得到照顧和保障。古代近東的法典顯示，除了希伯來人之外，其他的古代烏加列、亞述和赫特民族也有相似的習俗。這一習俗延續直至新約時代。《馬太福音》中，撒督該人在試探耶穌的時候，曾舉出一個與此婚姻法有關的問題：

> 摩西的律法規定，如果一個人死了，遺下妻子，沒有兒女，他的兄弟便當娶這個寡嫂為妻，替哥哥立後，傳宗接代。假如一家有七兄弟，老大結了婚，沒有孩子就死了，他的遺孀與老二結婚，不幸老二也沒有生孩子便去世了，這寡婦又與老三結婚，這樣下去，七兄弟先後都和這個女人結過婚，並沒有生孩子便死了。最後這女人也死了，那麼到復活那天，她該是誰的妻子呢？因為七兄弟都跟她結婚了。（22：23—33；參見《馬可福音》12：18—27；《路加福音》20：27—40）

這個問題真是夠難回答的，可是它難不倒耶穌。耶穌的回答是，你們如何明白《聖經》，如何明白上帝的大能？人到復活的時候，誰也不娶，誰也不嫁，就像天上的天使一樣啦。

FOUR 家庭裡的角色

家庭是社會的最小單位，作為社會的縮影，它具有等級的觀念。這在《聖經》裡面已經有清楚的表達。我們知道以色列人分十二支派，支派由宗族組成，宗族由家族組成。從《創世記》看，以色列家庭乃屬父系的社會，稱家庭為「父家，父親的家」的，比比皆是（12：1；24：38；28：21；34：19；38：11）。此外我們看到，族譜都是根據父系撰寫，婦女只在特殊情形下才附帶提及。如挪亞的譜系：

> 挪亞的兒子閃、含、雅弗的後代記在下面。洪水以後，他們都生了兒子。
> 雅弗的兒子是歌篾、瑪各、瑪代、雅完、土巴、米設、提拉。歌篾的兒子是亞實基拿、利法、陀迦瑪；雅完的兒子是以利沙、他施、基提、多單。這些人的後裔將各國的地土、海島分開居住，各隨各的方言、宗族立國。（10：1—5）

所以不奇怪，在希伯來人的婚姻中，丈夫是妻子的「主人」，妻子稱丈

夫為「主」，像僕人稱呼主人一樣。如《創世記》裡上帝許諾斷經之後的撒拉為亞伯拉罕生子，撒拉當時就心裡暗笑，「我既已衰敗，我主也老邁，豈能有這喜事呢？」（18：12）

　　家庭的主角是父親。父親對子女，即使對已婚的兒子和兒媳，都具有無上的權威。還是在《創世記》裡，我們讀到猶大聽聞媳婦他瑪做妓女犯姦淫，懷了孕，立刻吩咐將她拉出來燒死。好在他瑪打發人去見公公，提醒肚子裡的孩子原是他的種子，這才叫猶大明白，媳婦是假扮妓女留下家族的種子。猶大因此承認說：「她比我更有義，因為我沒有將她給我的兒子示拉。」（38：26）從此猶大不和他瑪同寢。

　　就家庭的成員來看，希伯來人的「家庭」，由所有住在同一屋簷下的成員所組成，包括妻子、孩子和僕婢。若有已婚的兒子同住，兒子、兒媳和孫子都屬於這大家庭。《創世記》裡，上帝吩咐挪亞和他全家進方舟，挪亞就與妻子、兒子和媳婦一起進方舟（7：1，7）。雅各一家人到埃及時是三代同堂，一行六十六人，加上在埃及的約瑟就一共七十人（46：8—27）。有時候，連所收養的孤兒寡婦和寄居在家中的外人外僑，都被看為家庭的成員。羅得在戰爭中被俘虜，亞伯蘭率領家族的壯丁三百一十八人去追趕，把侄兒羅得搭救回來，可見他有一個非常大的「家庭」（14：14）。比較來看，以遊牧

NOW the LORD had said to Abram: "Get out of your country, from your family and from your father's house, to a land that I will show you.

(Genesis 12:1)

或耕種為生的家庭，數代同堂的現象非常普遍，但是在城市裡生活的家庭，因居住的空間有限，幾乎只有未婚的兒女才與父母同住。當兒子結婚組織新家庭時，便搬出去住，蓋自己的房子。如前述之《約伯記》，約伯是個富翁，他有七個兒子、三個女兒，七個兒子都有自己的家，兒子們輪流在自己家中擺設筵席（1：4，13，18）。《撒母耳記下》裡，大衛的兒子暗嫩和押沙龍，顯然也都有自己的家，不與父親同住在宮中，他們的妹妹他瑪，則與父親同住（13：7—8，20）。

《聖經》記述的是農耕社會的家庭生活。古代的希伯來家庭，大多數都有自己的土地耕種五穀，並且牧養羊群。婦人在家中織布和編織衣物，男人則建造自己的帳篷和房子。這些技藝是代代相傳的。從《創世記》看，社會發展起來之後，某些家族就開始從事一些特別的行業，如製造樂器（4：21）、打造銅鐵利器（4：22）。《歷代志上》提到的家族行業，也有木工鐵工（4：14）、陶工（4：23）、織細麻布（4：21）。每個家族有自己的行業，兒子是父業的當然繼承人。

婦女在希伯來家庭中，顯然也擔任重要角色。她們的地位在《聖經》中比較複雜。一方面，摩西十誡將妻子當作男人的產業，與房屋、田地、僕婢、牲畜，並一切財物同列。如《出埃及記》：「不可貪戀人的房屋；也不可貪戀人的妻子、僕婢、牛驢，並他一切所有的。」（20：17）《申命記》裡，也重申了摩西的這一律令。如前所見，丈夫能因一些小事休妻，妻子卻不能要求離異。妻子不能繼承丈夫產業，女兒也不能繼承父親的產業，不過假如父親沒有兒子，那麼女兒就有了權利。如《民數記》：「人若死了沒有兒子，就要把他的產業歸給他的女兒。」（27：8）同是《民數記》裡，許願的條例規定，未婚女子向上帝許的願或起的誓，須得到父親贊同才有效，若父親反對，這誓願就無效；相似的，已婚婦女向上帝許的願或起的誓，丈夫可以不贊同，將它取消（30：1—16）。

但是另一方面，婦女在家裡卻是做繁重家務的一把好手。她們牧放家畜，田間勞動，家中燒飯，紡紗織布，有時還要幫助丈夫在外頭做生意。《箴言》中對此有如是描述：

她尋找羊絨和麻，

甘心用手作工。

她好像商船從遠方運糧來，

未到黎明她就起來，

把食物分給家中的人，將當作的工分派婢女。

她想得田地就買來，

用手所得之利栽種葡萄園。（31：13—16）

不僅如此，一些傑出的婦女還在社會中肩負領導職責。婦女的英雄事蹟，《聖經》中也並不少見。如前述之底波拉，她是女先知，也是士師，不但常為百姓審理訴訟案件，甚至和巴拉一起率領以色列軍隊與迦南軍隊交鋒，把敵軍打得落花流水。《列王紀下》中，太后亞他利雅曾垂簾聽政多年（11：1）。猶大王約西亞年間，大祭司和朝廷大臣也曾拜見女先知戶勒大，向她諮詢國家大事（22：14—20）。《以斯帖記》中，希伯來民族的女英雄以斯帖，用她波斯王后的身份，揭穿殺滅波斯全國猶太人的陰謀，拯救了猶太民族。《撒母耳記下》裡，記載大衛王年間，有一個無賴示巴帶領一班以色列人造反，被追捕的時候，逃到亞比拉城避難。將軍約押把城圍困起來，正要把城牆搗毀的時候，城裡有個聰明的婦女以口才和智慧，勸服城內的居民將示巴的頭顱割下，從牆上扔給將軍約押，拯救了險被夷為平地的亞比拉城（20：15—22）。

妻子的角色是舉足輕重的。《創世記》

清楚顯明上帝創造女人的兩個目的：第一，使男人有伴，不致寂寞；第二，做男人的賢內助。《箴言》也說，「賢惠的婦女建立家室，愚昧的婦人自毀家園。」（14：1）《箴言》還以一首二十二節，每一節按照希伯來字母排列開頭的字母詩作為全書的結語，大事歌頌賢妻帶給丈夫的幫助和利益：「她的丈夫盡可安心信賴她，他一點好處也不會缺少。她一生使丈夫有益無損。」（31：11—12）比較來看，女性的內在美比外在美更重要，特別是信仰的層面：「艷麗是靠不住的，美容是虛幻的，只有敬畏主的婦女，才配得稱讚。」（31：30）

所以做妻當做賢妻，賢惠的妻子必得尊榮。《箴言》裡有許多筆墨講到賢惠妻子的好處。如她深受兒女的敬愛、丈夫的稱讚（31：28）；她是丈夫的榮耀（12：4；31：23）；賢惠的妻子還是上帝所賜（19：14）。反過來，得著賢惠妻子的人，當然也是蒙了上帝的恩惠（18：22）。

《新約》也強調婦女的內在美。《彼得前書》中，使徒彼得如此勸導做妻子的婦女：

> 你們做妻子的要順服自己的丈夫；這樣，若有不信從道理的丈夫，他們雖然不聽道，也可以因妻子的品行被感化過來；因為他們會看見你們貞潔的品行和敬畏主的心。你們不要以外面的辮頭髮，戴金飾，穿美衣為裝飾。要以經久不滅的溫柔嫻靜這等內在美為裝飾，這才是上帝看為最寶貴的。因為，從前那些仰賴上帝的聖潔婦女都以順從丈夫來裝飾自己。撒拉就是這樣，她順從亞伯拉罕，稱他為主人。所以，如果你們毫不畏縮做對的事，就等於跟隨撒拉的腳蹤，成了她的女兒了。（3：1—6）

相似地，使徒保羅勸導婦女要廉恥自律，服裝要端莊，不要以花哨華貴的外觀來裝飾自己。總之，「愛丈夫，愛兒女，謹守，貞潔，料理家務，待人和藹，順服丈夫」，乃是妻子的本分（《提多書》2：4—5）。

母親的角色又有不同。妻子成為母親，尤其是生了男孩後，在家中的地位更有提高。這說明了為何撒萊把自己的婢女夏甲給丈夫亞伯蘭為姿，而當夏甲一發現自己有了身孕，便輕視主母撒萊。還有就是利亞和拉結兩姐妹之間相互嫉妒，爭奪丈夫雅各的歡心，競爭誰能給丈夫多生幾個男孩。從摩西律法看，是要求兒女一樣尊敬並孝順父母，不尊敬母親所受的刑罰，同等於不尊敬父親所當受的刑罰。《出埃及記》說：「咒罵父母的，必要把他治死。」（21：17）

《利未記》也說：「凡咒罵父母的，總要治死他；他咒罵了父母，他的罪要歸於他身上。」（20：9）《箴言》則一併看重父親的訓誨和母親的教導：「我兒，要謹守你父親的誡命，不可離棄你母親的法則。」（6：20）這是提醒作兒女的，要一併銘記謹守父親和母親教訓。與律法的要求相似，論到孝敬父母，《箴言》也常將父親和母親擺在同等的地位（19：26；20：20；23：22；30：17）。

兒女的角色，首先也是一種榮耀。與古代各民族一樣，希伯來人強調多子多孫，特別是男性的子孫。因為由此姓氏得以傳承，家族擴展強盛。子孫滿堂是老人的榮耀。《箴言》說：「子孫是老人的冠冕。」（17：6）《詩篇》明言兒女是上帝所賞賜的福分，更用比喻說：兒女就像戰士手中的箭，箭袋充滿的人便為有福，與仇敵爭論時，必不至羞愧。所以：

> 蒙福的家庭是妻子生養眾多，像結實纍纍的葡萄樹，孩子濟濟一堂，像橄欖樹幼苗圍繞桌子，子孫幾代同堂。（128：3）

這個場面無疑是非常熱鬧的。因此，在婚禮上，人們祝福新人早生貴子，子孫滿堂。前述之利百加出嫁，離開家門的時候，家人就祝福她說：「妹妹呀，願你成為千萬人之母！願你後代征服敵人的城邑！」波阿斯娶路得時，長老和眾民祝福他，願上帝使他的妻子生養眾多：「願上帝藉這女子賜你後裔，使你的家像猶大和他瑪所生的法勒斯的家一

Your wife *shall be* like a fruitful vine in the very heart of your house, your children like olive plants all around your table.

(Psalms 128:3)

樣昌盛。」（4：11）雅各從拉結和利亞繁衍出以色列的十二支派，其中猶大支派最為強盛。大衛就是出自猶大支派，建立大衛王朝後，他和兒子所羅門統治全以色列民達八十年之久，被視為以色列的黃金時代。

希伯來人視不育為上帝的作為，只有上帝能解決這問題，使人生育。撒拉九十歲得子，就是最好的例子。《撒母耳記上》交代撒母耳的身世，寫撒母耳的父親以利加拿有兩個妻子，一個是哈拿，一個是毗尼拿。毗尼拿有兒女，但是哈拿沒有兒女。每到獻祭的日子，以利加拿總將祭肉分給毗尼拿和毗尼拿所生的兒女。給哈拿的卻是雙份：「因為他愛哈拿，無奈耶和華不使哈拿生育。」（1：5）不過後來耶和華在哈拿不停的祈禱面前到底開恩，顧念哈拿，讓她懷孕，生下了以色列的最後一個士師撒母耳。

對婦女而言，不育是一種恥辱，為了除去這種恥辱，婦女往往把自己的婢女給丈夫為妾，代替自己給丈夫生子。撒萊將婢女夏甲給丈夫亞伯蘭為妾，生了以實瑪利，是開了先例。無獨有偶，雅各的兩個妻子拉結和利亞，拉結將自己的婢女辟拉給丈夫雅各為妾，辟拉給雅各生了但和拿弗他利。利亞也將自己的婢女悉帕給雅各為妾，悉帕給雅各生了迦得和亞設。

兒女之中，毋庸置疑長子的角色為最重要，希伯來人非常注重兄弟的輩分。約瑟設宴招待兄弟們時，就是按著兄弟們長幼的次序，為他們安排座位。長子有特別的權利和尊榮，稱為「長子的名分」（《創世記》25：33）。父親過世之後，長子可得雙份的遺產，並成為一家之主。

但「長子的名分」也有可能失去。《創世記》裡，記載了失去這名分的兩種情況：第一，以掃是以撒的長子，卻輕看「長子的名分」，因為打獵回來一時飢渴，竟為了一盆紅豆湯，把這名分賣給了弟弟雅各（25：29—34）。第二，流便是雅各的長子，因與他父親的妾辟拉同寢，犯了嚴重的亂倫罪，失去了「長子的名分」（35：22）。

長子為尊的習俗，甚至表現在祭祀上面。按以色列的宗教習俗，無論人或牲畜，一切頭生的都屬於上帝，頭胎的牛羊都必須獻給上帝為祭。《出埃及記》中耶和華曉諭摩西說：「以色列中凡頭生的，無論是人是牲畜，都是我的，要分別為聖歸我。」（13：1）具體地說，頭生的牛羊獻祭給耶和華自不待言，頭胎的驢子，則可用羊羔代贖，要不然，就要折斷這頭生驢的頸項。頭生的男

嬰，也都要買贖他的性命。追究這裡的原委，耶和華解釋說，當初以色列人出埃及，法老百般阻撓，是上帝耶和華顯示大能，把埃及地方所有頭生的，無論是人是牲畜，都給殺了。所以現在上帝要求把一切頭生的牲畜獻祭給他，把一切頭生的男孩贖買出來，思想起來，便也是情有可原了。

FIVE 婦女要沉靜學道

《新約》中有些篇章似乎不利於女性。經常被人援引的有兩則勒令婦女「沉靜學道」的文字，它們都出自使徒保羅的書信。

其一是《哥林多前書》：「婦女在會中要閉口不言，像在聖徒的眾教會一樣，因為不准她們說話，她們總要順從，正如律法所說的。」（14：34）既然律法規定婦女不許說話，那麼婦女在聚會上緊閉嘴巴，認真來當聽眾，就是理所當然。保羅接著說，婦女假若想要學點什麼，可以回家問她的丈夫，因為婦女在大庭廣眾之下嘮叨原是可恥的事情，神的道理豈是從你們嘴巴裡出來的嗎？

也有正面文章，同是《哥林多前書》，保羅講到做禮拜時蒙頭的話題，說是男人不用蒙頭，女人則要蒙頭。女人若不蒙頭，就該剪髮，但是假如以剃髮為羞恥，那麼就要蒙頭：「男人本不該蒙著頭，因為他是上帝的形象和榮耀，但女人是男人的榮耀。」（11：9）這裡的尊貴階次由神、男人、女

† 以掃出賣長子權

人三個等級排出，其中婦女如何與男人不在一個層面之上，不言而喻。但是保羅緊接著話鋒一轉，轉到了女人和男人理應平等的話頭：

然而照主的安排，女也不是無男，男也不是無女。因為女人原是由男人而出，男人也是由女人而出，但萬有都是出乎上帝。（11：11—12）

所以男人和女人互補互成，一樣都是神的子民。女人有長頭髮，其實是神賜予她的榮耀，因為長髮可以給她蒙頭。須知蒙頭原是正派端莊婦女的裝束，女人若不蒙頭，就像彼時以剃髮來羞辱懲罰淫婦，則必牽及放蕩，頓時就讓人疑神疑鬼起來。

保羅真是個大男子主義者！本書作者在梵蒂岡金碧輝煌的聖彼得大教堂門前，看到過保羅的雕像，低眉垂目，沉靜而且謙卑，很難想像他對婦女疾言厲色吆喝起來會是什麼樣子。但是問題未必如此簡單。對於保羅以上言論的圓說，首先是指向保羅書信的時代背景。哥林多（Corinth）通行的翻譯是科林斯，位於希臘的伯羅奔尼撒半島東北，地處東西方貿易要衝，為一繁華商港。《哥林多前書》係保羅第三次旅行傳道期間所撰，時間約在公元 56 年。是時的哥林多公認是一個物慾橫流的城市，三教九流，蠅營狗苟，荒宴醉酒，縱慾淫亂，這似乎原本就是羅馬的作風。聖保羅顯然是憂心忡忡，忍無可忍然後致書哥林多教會。哥林多人口既然來自四面八方，所操語言自然也是各不相同。希臘語作為普通話，整日營生社交在外的男人，肯定比居家的女人要流利得多。故此，保羅一而再、再而三地叮囑婦女不要吭聲，應是在說，婦女們，做禮拜的時候要沉靜認真地聽講，不要提問打斷佈道，不要交頭接耳竊竊私語。要是聽不懂，那就回家問丈夫吧，他們會給你們說個明白的啊。事實上教堂裡的希臘語佈道，大多數婦女恐怕未必能夠完全聽懂，是以開始提問，漸感乏味而聊起天來，都是很自然的事情。

要之，對於這些文字的辯護便是，保羅這裡是專門告誡婦女在教堂裡不要同丈夫交頭接耳，要專心一點。同理婦女要順從的不是丈夫，而是她們正在侍奉的神聖秩序。所以這段話是有它的特定語境的，由此得出《哥林多前書》鼓吹男尊女卑的結論是不適宜的。

另一則文字語出《提摩太前書》，是為保羅給他的年輕助手提摩太寫的一封信：「女人要沉靜學道，一味地順服。我不許女人講道，也不許她管轄男人，

只要沉靜。」（2：11—12）保羅這裡的理
由是當初上帝先造的是亞當，後造的是夏
娃，而且不是男人亞當被引誘，而是女人夏
娃受了引誘，由此拖累男人一同犯下原罪。
不過保羅也說，如果女人常存信心和愛心，
再加上聖潔自守，那麼她還是可以通過生兒
育女，來獲得拯救的。

　　提摩太自幼跟隨保羅，後來留在以弗所
（Ephesus）教會工作。保羅稱他為「我的兒
子」，有六封書信與他一同具名。提摩太似
乎身體不好，而且很顯然想離開以弗所，另
謀高就。同卷書中保羅說：「我往馬其頓去
的時候，曾勸你仍住在以弗所。」（1：3）
可見這已經是第二次勸提摩太留下來。哥林
多紅塵滾滾，以弗所又怎樣？誠如在哥林多
的社會背景裡滿可以來圓說《哥林多前書》
中的男女平等，背靠以弗所的文化和社會語
境，解讀《提摩太前書》裡保羅之敦促婦女
沉靜學道，便也未必是如此不可救藥了。

　　以弗所在今天的土耳其境內，是時為亞
細亞省的首府，很顯然它同哥林多一樣，也
不是一個太平乾淨的地方。首先這裡諾斯替
教流行。用保羅的話說，就是「必有人離棄
真道，聽從那引誘人的邪靈和鬼魔的道理。
這是因為說謊之人的假冒，這等人的良心如
同被熱鐵烙慣了一般。他們禁止嫁娶，又禁
戒食物」（4：1—3）。嫁娶和食物本是神
的恩寵，人自當感恩受之，何言抵制？即就
這些異教崇拜的細節描述來看，在保羅已是

† 保羅在以弗所傳道

可忍，孰不可忍了。以弗所更有希臘月亮和狩獵女神阿耳忒彌斯的神廟，神廟是為世界七大奇蹟之一，屋頂為大致七層樓高的一百二十七根立柱撐起，建築長度幾近一百五十米。誠如阿耳忒彌斯是女性的守護神，守護她的自然就是女性當先。據史家記載，首先主掌神廟的就是一批處女和閹人，麾下自有女祭司和女奴數以千計，更有女性接待人、管理人、鼓手、笛手、清潔工等不計其數。整個城市一年當中有整整一個月，專門用來祭祀這位羅馬神話中叫做狄安娜的月亮女神，而須知這位法力無邊的阿耳忒彌斯，光是乳房就大大小小長了好幾排！

這樣來看以弗所，很使人懷疑它是不是一個女性的城市？以弗所的女性地位肯定是不低。一個例子是《哥林多前書》裡保羅的話：「凡女人禱告或是講道，若不蒙著頭，就羞辱自己的頭。」（11：5）這可見婦女出任牧師，在教堂裡高談闊論，已經不顯稀罕。故此，婦女的趣味和心理狀態，對於以弗所這樣一座城市的基督教生活，無論如何也是一個不容忽視的大問題。女性天生好奇，她們的好奇心會草草掠過精彩絕倫的阿耳忒彌斯崇拜嗎？如是社會流行的價值觀念，會如何穿透到教會中間？由是而觀提摩太一心想逃之夭夭離開以弗所，也就是在情理之中了。可憐的提摩太病懨懨一個年輕人，委實是孤掌難鳴，要抵禦明顯是擁有相當權力的婦女們的相當頑強的異教作風，除非保羅親自出山，真是談何容易。拒絕婚姻，拒絕生育，挑剔飲食，這在今天看起來也未始不能見出種後現代的時尚，難怪保羅憂心忡忡，唯恐此種生活方式危及基督教會的社會和神學基礎。

婦女要沉靜學道，至此可以說破解完畢也圓說成功。謎底是保羅原是針對特定的教會說話，是有特定的言說對象，即便舉譬亞當夏娃，那又怎樣？這個對象不是別的，乃是有錢階級的妻眷，蓋窮人不會「禁止嫁娶，又禁戒食物」也。這些婦女在後代闡釋家看來就像夏娃受了蛇的誘惑，亦是為旁門左道所惑。換言之，保羅不許女人講道，指的是邪門歪道，反之要女人一味順服的，則是正道，更具體說就是保羅和提摩太的佈道，而不是一味順從家裡的丈夫。這可見，即便在教會裡，神對男女其實是一視同仁，無分高下。普天之下，莫非王土；率土之濱，莫非王臣。神的光輝一路照將下來，豈能眷顧我們人類的一半，而將那更可愛的另一半留在黑暗之中呢？

*S*IX
其他希伯來家庭習俗

《聖經》中還記述了希伯來文化的許多其他習俗，我們且分而述之。

首先，生產。婦女生產時，新生嬰兒的父親，在這個特殊場合一般卻是不在場的，產婦由接生婆在旁協助。《創世記》寫雅各的妻子拉結難產，只有接生婆在身邊，臨死之前給兒子取名便俄尼，後來才被雅各改名為便雅憫。可見，丈夫始終沒有在她身邊（35：17）。但是當嬰孩出生之後，會有人負責向父親報喜（《耶利米書》20：15）。而早在希伯來人在埃及的時候，已經有專業的接生婆了（《出埃及記》1：15）。《以西結書》則記載了希伯來人新生嬰孩用水洗淨，用鹽擦身的習俗，然後裹在襁褓裡（16：4）。嬰孩通常由母親自己哺乳，也有交給奶媽哺養的。這方面同其他民族的習俗沒有多大差別。而根據《聖經》後典中的《馬加比傳下》的記載，希伯來人的嬰孩是在三歲時斷奶（7：27）。有錢人家每每會在孩子斷奶的那天大擺筵席宴客。以撒斷奶的日子，亞伯拉罕就擺開了豐盛的筵席。

生產還涉及產婦潔淨的習俗。按照以色列人的宗教禮節，產婦在生產之後，像月經期間一樣，有一段不潔淨的時期。由此《利未記》中我們讀到了產婦潔淨禮的條例：

婦人產下男嬰，產後七天，她在禮儀上

> "*As for* your nativity, on the day you were born your navel cord was not cut, nor were you washed in water to cleanse *you;* you were not rubbed with salt nor wrapped in swaddling cloths.
>
> (Ezekiel 16:4)

是不潔淨的，跟月經期間一樣不潔淨。接著，產婦要再等三十三天，到停止流血時才潔淨。這段期間，完成潔淨禮以前，她不可摸任何聖物，也不可進入聖所。產婦若生了女嬰，產後的十四天，她在禮儀上是不潔淨的，跟月經期間一樣不潔淨。她要再等六十六天，到停止流血時才潔淨。產婦潔淨的日期滿了以後，無論生男生女，她都要帶一隻一歲大的小羊作燔祭，一隻斑鳩或鴿子作贖罪祭，到會幕門口交給祭司。祭司要替她向主獻祭，為她行潔淨禮。這樣，她在禮儀上就潔淨了。產婦若買不起一隻小羊，可以用兩隻鴿子或斑鳩代替，一隻作燔祭，另一隻作贖罪祭。（12：2，4—8；參見《路加福音》2：24）

其次，割禮。割禮是指割去男子包皮的儀式。割禮的記載在《聖經》中多不勝數。從《創世記》看，希伯來人是在男孩出生後第八天為他行割禮（《創世記》17：12），且割禮一般是由父親操刀執行（《創世記》21：4）。但是也有特殊的情況。《出埃及記》寫摩西返回埃及的途中遇到耶和華，耶和華想要殺摩西，妻子西坡拉忽地明白過來，當機立斷，救了摩西：

> 西坡拉就拿一塊火石，割下他兒子的陽皮，丟在摩西腳前，說：「你真是我的血郎了。」這樣耶和華才放了他。西坡拉說：「你因割禮就是血郎了。」（4：24—26）

割禮是上帝和亞伯拉罕立約時定下的重要標記。摩西一開始疏忽了這一點，所以幾乎性命不保。這一次，是母親代父親施行了割禮。火石看來應是當時用來行割禮的刀具。在後期，也有請專人操刀的。除了兒子之外，家中的僕人即便不是以色列人，是用銀子買來的，如前所述，也要接受割禮。割禮作為以色列人與上帝立約的記號，是成為上帝子民的先決條件。按照《聖經》的要求，就不奇怪住在以色列社群中的異族人或僱工，若想成為以色列群體的一分子，與他們同守逾越節，就必須先受割禮（《出埃及記》12：43—49）。

再次，家庭教育。從《聖經》的記載來看，以色列人是非常注重家庭教育的。孩子出生之後，母親一面哺養他，一面教育他。稍微長大一些，父親也會參與孩子的教育。看來希伯來人相信嚴厲的家庭教育手段，相信它行之有效，因此普遍認為體罰是管教的一部分。《箴言》在這方面留下許多語錄：

> 不忍用杖打兒子的，是恨惡他；疼愛兒子的，隨時管教。（13：24）

不可不管教孩童；你用杖打他，他必不至於死。你要用杖打他，就可以救他的靈魂免下陰間。（23：13—14）

杖打和責備能加增智慧；放縱的兒子使母親羞愧。（29：15）

與此相似，《箴言》裡還有許多有關家庭教育的經文（19：18；22：15；29：17）。耐人尋味的是，希伯來人管教兒女的模式，自認為出自於他們對上帝管教人的體會。如《申命記》：「你當心裡思想，耶和華你上帝管教你，好像人管教兒子一樣。」（8：5）《撒母耳記下》中論到大衛的兒子，上帝應許說：「我要作他的父，他要作我的子；他若犯了罪，我必用人的杖責打他，用人的鞭責罰他。」（7：14）其他類似的經文，亦比比皆是。

家庭教育顯然男女有別。從《箴言》看，女孩子出嫁前，在母親指導和監護下學習各種手藝，並幫助母親做家務。男孩子長大時，除了繼續接受母親的教導，還跟著父親學手藝和做人的道理。《箴言》記載了父親給兒子的許多為人處世的教誨，這些教誨一般都以「我兒」作開場白：

我兒，要聽你父親的訓誨，

不可離棄你母親的法則，

因為這要作你頭上的華冠，

你項上的金鏈。

我兒，惡人若引誘你，

你不可隨從。（1：8—10）

這樣的例子《箴言》裡多不勝數。父親也負責教導兒子一些謀生的技能，將自己的手藝傳授給兒子，兒子自然就成為家族生意的接棒人。母親健在時，必繼續負起教導兒子的責任，甚至兒子成家立業以後，仍然如此。《箴言》記載了一位太后給他兒子利慕伊勒王的教誨：

> 我的兒啊，我腹中生的兒啊，
>
> 我許願得的兒啊，我當怎樣教訓你呢？
>
> 不要將你的精力給婦女，
>
> 也不要有敗壞君王的行為。
>
> 利慕伊勒啊，君王喝酒，君王喝酒不相宜。
>
> 恐怕喝了就忘記律例，
>
> 顛倒一切困苦人的是非。（31：2—5）

利慕伊勒王不見於以色列王的譜系，想必是一位外邦的君王。他母親教導他要遠離酒色，要仁愛，主持公義。父母最神聖的教育責任，莫過於信仰的傳承。《出埃及記》中上帝對摩西說：「要叫你將我向埃及人所作的事，和在他們中間所行的神蹟，傳於你兒子和孫子的耳中，好叫你們知道我是耶和華。」（10：2）之後逾越節的來歷，耶和華也再三吩咐摩西要向子子孫孫解釋清楚。《申命記》中，上帝向以色列人交代清楚他的一應誡命、律令和典章之後，緊接著就語重心長，吩咐他們要把信仰傳承給兒女：

> 以色列啊，你要聽！耶和華我們上帝是獨一的主。你要盡心、盡性、盡力愛耶和華你的上帝。我今日所吩咐你的話都要記在心上，也要慇懃教訓你的兒女。無論你坐在家裡，行在路上，躺下，起來，都要談論。也要繫在手上為記號，戴在額上為經文；又要寫在你房屋的門框上，並你的城門上。（6：4—9）

這是說，希伯來人當在不同的場合，利用每一個機會，運用各種別具創意的方式，將信仰傳承給下一代。這不妨說是希伯來文化中家庭教育的重中之重。

最後，孝敬父母。《出埃及記》中，摩西十誡的第五誡是：「當孝敬父母，使你的日子在耶和華你上帝所賜你的地上得以長久。」（20：12）《新約》中，《以弗所書》和《歌羅西書》裡，使徒保羅都重申了這一教訓。而照《箴言》的說法，不孝不單是自己的恥辱，也是家庭的羞恥（19：26）。

《聖經》屢次警告，不孝敬父母將面對嚴重的後果。《申命記》說：「藐視父母的，必受咒詛。」（27：16）《箴言》更說：「咒罵父母的，他的生命要像一盞燈在黑暗中熄滅。」（20：20）又說：「嘲笑父親，藐視、不聽從母親的，他的眼睛必為谷中的烏鴉啄去，被兀鷹所吃。」（30：17）這些警告和詛咒無疑是非常嚴厲的。但是更嚴厲的還是摩西律法。摩西律法規定，咒罵父母的要判死刑（《出埃及記》21：17；《利未記》20：9）。有關頑梗悖逆的孩子，《申命記》裡有如下交代：

> 人若有頑梗悖逆的兒子，不聽從父母的話，雖然屢次懲戒，他仍不聽從，父母就要把他帶到城門口去見長老，對長老們說：「我們這個兒子頑梗悖逆，不聽從我們，整天酗酒放蕩。」本城的眾人就要用石頭把他打死。這樣，你們可以把那惡從你們中間除掉，以色列人民都會聽見這事而懼怕。（21：18—21）

這裡可以見出希伯來文化峻厲森嚴的特點，即便是家庭關係，也給籠罩在生生死死的森嚴法度之中了。

SEVEN 婚姻和家庭隱喻

值得注意的是，《聖經》常常以婚姻的立約關係，來描述上帝和以色列民的立約關係，以及基督與教會的關係。由是觀之，婚

> What, my son? And what, son of my womb? And what, son of my vows?
>
> Do not give your strength to women, nor your ways to that which destroys kings.
>
> *It is* not for kings, O Lemuel, *it is* not for kings to drink wine, nor for princes intoxicating drink;
>
> Lest they drink and forget the law, and pervert the justice of all the afflicted.
>
> (Proverbs 31:2-5

姻的神聖意味就是自不待言的了。《舊約》中，以色列民離棄上帝，去信奉別的神明，常被描述為背叛神聖婚姻的淫亂。《耶利米書》中有一個絕好的說明：

> 有話說，人若休妻，
>
> 妻離他而去，作了別人的妻，
>
> 前夫豈能再收回她來？
>
> 若收回她來，那地不是大大玷污了嗎？
>
> 但你和許多親愛的行邪淫，
>
> 還可以歸向我。
>
> 這是耶和華說的。（3：1—3）

這個浪子回頭的隱喻，指的顯然就是上帝和以色列人的關係。上帝是在指責以色列人對他不忠，同時期望他們回頭是岸。上文中的「親愛的」是指以色列的鄰邦，先知耶利米責備以色列民信靠與鄰邦的聯盟，勝過信靠上帝，這自然是不足為道的。《何西阿書》中，先知何西阿也比喻說法，開篇就以如何原諒自己淫亂的妻子，重新愛她，將她贖回，闡述了上帝如何願意赦免以色列人信仰上的不忠，將他們買贖回來。

在《新約》裡，婚姻隱喻的是基督與教會的關係。如《以弗所書》中使徒保羅作如是言：

> 丈夫是妻子的頭，正如基督是教會的頭；他又是教會全體的救主。教會怎樣順服基督，妻子也要怎樣凡事順服丈夫。你們做丈夫的，要愛你們的妻子，好像基督愛教會，為教會捨命一樣。基督藉著上帝的道潔淨教會，使她成為聖潔榮美、無瑕無疵、毫無斑點皺紋，好獻給自己。丈夫應該愛妻子如同愛自己的身體一樣，愛妻子就是愛自己。沒有人厭惡自己的身體，一定會珍重保養身體，正如基督愛護教會一樣；因為我們是他身上的肢體。聖書上說「人要離開父母，與妻子連合，二人成為一體。」這是極大的奧秘，但我是指著基督和教會說的。（5：23—32）

這是典型的在《舊約》中讀出《新約》思想的《聖經》讀法。在《啟示錄》中，使徒約翰也常把教會描述為羔羊的新婦，羔羊就是基督耶穌（19：7）。如此，教會便是那蒙神揀選的夫人，信徒是為她的兒女。

家庭的隱喻情況有所不同。《舊約》時代，上帝與以色列人的關係，常被

理解為父子關係。如《歷代志上》：「耶和華我們的父，以色列的上帝，是應當稱頌，直到永永遠遠的。」（29：10）又《以賽亞書》：「亞伯拉罕雖然不認識我們，以色列也不承認我們，你卻是我們的父。耶和華啊，你是我們的父，從萬古以來，你名稱為我們的救贖主。」（63：16）但要注意的是，上帝並沒有許多兒子（sons），而是只有一個兒子（son），他就是以色列，這是一個集體所指，指稱所有的以色列人。《何西阿書》中，上帝耶和華如此描述「出埃及」事件和以色列的開國：「以色列年幼的時候，我愛他，就從埃及召出我的兒子來。」（11：1）這正如《申命記》所言，以色列是上帝以贖價從埃及買回來的兒子（32：6）。當以色列人悖逆上帝的時候，《以賽亞書》中，我們看到先知以賽亞這樣責備他們：

　　天哪，要聽！地啊，側耳而聽！

　　因為耶和華說：「我養育兒女，將他們養大，

　　他們竟悖逆我。」

　　……

　　嗐！犯罪的國民，

　　擔著罪孽的百姓；

　　行惡的種類，

　　敗壞的兒女！

　　他們離棄耶和華，

　　藐視以色列的聖者，

　　與他生疏，往後退步。（1：2，4）

"WHEN Israel was a child, I loved him, and out of Egypt I called My son.

(Hosea 11:1)

這還是忤逆子女的隱喻。而既然上帝和以色列眾民的關係是父子關係，那麼很自然，以色列民眾彼此間的關係，就是兄弟的關係了。《瑪拉基書》中，先知瑪拉基責備以色列人行事詭詐時，不奇怪我們就看到了這樣的比喻：「我們不是出於同一位父親嗎？由同一位上帝所造的嗎？我們各人怎麼以詭詐待弟兄，背棄了上帝與我們列祖所立的約呢？」（2：10）

《馬太福音》中，耶穌登山寶訓，常稱上帝為信徒的「天父」，信徒為上帝的「兒女」。耶穌教導門徒禱告時，更直接叫他們稱呼上帝為「天上的父」：

> 所以，你們禱告要這樣說：
>
> 「我們在天的父，
>
> 願人都尊你的名為聖。」（6：9）

不但耶穌本人，耶穌的門徒也常常用「父親與兒女」的關係來描寫信徒與上帝的關係。《約翰福音》中，使徒約翰說：「凡接待他（耶穌）的，就是信他名的人，他就賜他們權柄作上帝的兒女。」（1：12）同理，使徒彼得勸導信徒作天父上帝順服兒女時，也以「父親與兒女」的隱喻，來描述信徒與上帝的關係：「你們既稱那不偏待人、按各人行為審判人的主為父，就當存敬畏的心度你們在世寄居的日子。」（《彼得前書》1：17）

《新約》的不同作者當中，使徒保羅是最常用「父親—兒女」關係來描述信徒與上帝關係的人。信徒「上帝兒女」的名分，是因為相信耶穌基督而獲得。如《加拉太書》說：「你們因信基督耶穌都是上帝的兒子。」（3：26）《羅馬書》更說得明白：

> 因為凡被上帝的靈引導的，都是上帝的兒女。你們所受的，不是奴僕的心，仍舊害怕；所受的，乃是兒子的心，因此我們呼叫：「阿爸！父！」聖靈與我們的心同證我們是上帝的兒女；既是兒女，便有承受的權利，叫我們可以與基督一同承受上帝的產業。（8：14—17；參見《加拉太書》4：5—7；《哥林多後書》6：18）

所以保羅傳佈福音所及，信眾可望同基督耶穌一道，繼承上帝的產業。這自然是莫大的榮光。保羅還將教會比喻為「上帝的家」，耶穌基督是這家的長子，信徒是兄弟姐妹（《以弗所書》2：19；《提摩太前書》3：15；《羅馬書》8：29）。故此，保羅書信中，常稱信徒為「兄弟姐妹」。「兄弟姐妹」

生活在「上帝的家」裡面。這個信徒和教會
關係的家庭隱喻，其影響之深廣，無論如何
估計都是不為過的。

For as many as are led by the
Spirit of God, these are sons of God.
For you did not receive the
spirit of bondage again to fear, but
you received the Spirit of adoption
by whom we cry out, "Abba, Fa-
ther."

(Romans 8:14-15)

CHAPTER 11

性觀念

《聖經》的文化裡，只有婚姻中的男女，交合才是合法的。以色列人通常用希伯來文的三個動詞，以及從它們衍生的名詞，來表達男女的交合：其一是 shakab，即「同床」，重點在於行房時的姿態；其二是 bo，即「進去，進到，進入」，重點在於身體的趨近，也許還意味男性器官進入女性體內；其三是 yadac，即「認識」。最後一個字特別有意思，是指透過經驗來獲得的知識。這個字所表達的重點是夫妻間的親暱、無言、感性的契合，強調夫妻間的親密，是美滿婚姻必須具備的重要溝通過程，它有別於 shakab 所指不合法的性關係，如《利未記》：「與繼母行淫的，就是羞辱了他父親。」（20：11）以及《申命記》：「與獸淫合的，必受咒詛！」（27：21）。相比起來，yadac 則基本上不用來指不合法的性行為。

✳ONE 男女有別

上帝創造人的時候,「性別」就已經在他的計劃之中。如《創世記》記載:

> 上帝說,我們要照著我們的形象,按著我們的樣式造人,使他們管理海裡的魚,空中的鳥,地上的牲畜和全地,並地上所爬的一切昆蟲。上帝就照著自己的形象造人,乃是照著他的形象造男造女。上帝就賜福給他們,又對他們說,要生養眾多,遍滿地面,治理這地。也要管理海裡的魚,空中的鳥和地上各樣行動的活物。(1:26—28)

很顯然,上帝要人生養眾多,遍滿全地。但繁衍並不是上帝創造「性別」的唯一目的。上帝創造女人的另一個目的是,使男人有一個好伴侶,好幫助他:「耶和華上帝說,那人獨居不好,我要為他造一個配偶幫助他。」(2:18)所以女人和男人是相對與互補的,男人沒有女人就不完全。除了排除孤單之外,上帝更高的旨意,是要男人和女人共同發揮上帝賜給人類的潛能。故此,只有當男女同心、攜手合作時才能完全發揮這潛能。這就像《哥林多前書》中,使徒保羅所說的話:「然而照上帝的安排,男女互相倚賴,彼此需要。因為女人是從男人造的,男人是從女人生的,而萬物都是從上帝來的。」(11:11—12)

《創世記》中我們看到,人類犯下「原罪」以前,兩性之間的關係是單純且純潔

Nevertheless, neither *is* man independent of woman, nor woman independent of man, in the Lord.
For as woman *came* from man, even so man also *comes* through woman; but all things are from God.

(1 Corinthians 11:11-12)

的，當時夫妻二人赤身裸體，並不羞恥（2：25）。亞當和夏娃既食禁果，標誌罪進入世界，其後不僅破壞了上帝與人之間的關係，而且破壞了人與動物之間的關係，例如人和蛇：「女人的後裔要傷你的頭，你要傷他的腳跟。」（3：15）而且破壞了人與地之間的關係：「地必給你長出荊棘和蒺藜來，你也要吃田間的菜蔬。」（3：18—19）甚至兩性之間的關係，它意味著女人必然隸屬於男人：「你必終身勞苦，才能從地裡得吃的。」（3：16）

因為「原罪」，人開始對「性」有負面的聯想。男人和女人雖然是夫妻，卻有隔膜，用衣服遮蔽自己。罪也破壞了兩性之間的完美契合，使女人失去她與男人同等的地位。亞當是在被上帝驅逐出伊甸園之後，給妻子起名為「夏娃」的，起名的方式與他給動物命名的方式一樣：「那人怎樣叫各物的活物，那就是它的名字。那人便給一切牲畜和空中飛鳥、野地走獸都起了名。」（2：19—20）這暗示亞當在行使地位較高者管轄較低者的同一種權力。可見，任何涉及擁有管轄主權，和女性屬於次要位置的兩性關係模式，都是人類偷食禁果之後墮落的結果，而非來自創造秩序的神學。

在以色列人的家庭裡，男女角色也有明顯的分別。丈夫是一家之主，負責看顧和養活全家，妻子主要是理內，料理家務，照顧孩子，若有需要也要幫助丈夫打理生意（《箴言》31：10—31）。以色列人很講究男女服裝的分別，甚至有律法規定不可混淆，如《申命記》載：「婦女不可穿戴男子所穿戴的，男子也不可穿婦女的衣服，因為這樣行都是耶和華——你上帝所憎惡的。」（22：5）從男女服裝的條例，可見出以色列人對男女角色，是有清楚分別的。

Ｔｗｏ 夫妻

男人和女人是平等的，但他們各自在家庭、社會和大自然中都肩負不同的職責。夫妻必須互敬互愛。《歌羅西書》中，使徒保羅如此教導夫妻的關係：「你們作妻子的，當順服自己的丈夫，這在主裡面是相宜的。你們作丈夫的，要愛你們的妻子，不可苦待她們。」（3：18—19）如前所述，《以弗所書》裡，使徒保羅將基督和教會的關係與丈夫和妻子的關係作一個比較；《彼得前書》中，使徒彼得也勸勉丈夫要體貼並尊重妻子，妻子要順服丈夫。一方面，做妻

子的不要追求外在的辮頭髮、戴金飾、穿美衣，而要以內在的長久溫柔、安靜的心為妝飾，順從自己的丈夫；另一方面，「你們作丈夫的也要按情理和妻子同住，因她比你軟弱，與你一同承受生命之恩的，所以要敬重她」（3：7）。

摩西律法對婚姻有一些很具體的規定。比如《申命記》裡規定，女人在結婚時應當是處女，否則將面對死刑：「女子沒有貞潔的憑據，就要將女子帶到她父家的門口，本城的人要用石頭將她打死，因為她在父家行了淫亂。」（22：20—21）反過來丈夫若誣告妻子不是處女，他將面對罰款，而且終生不得離棄妻子（22：13—19）。《利未記》中並禁止一些「不正常」的婚姻。例如：娶母女為妻（18：17），娶姐妹兩個為妻（18：18），娶孫女或外孫女為妻（18：17），等等。特別對於祭司，婚姻有著更高的規範。還是《利未記》中，耶和華讓摩西轉告「亞倫子孫作祭司的」說：「不可娶妓女或被污的女人為妻，也不可娶被休的婦人為妻，因為祭司是歸上帝為聖。」（21：7）

《聖經》鼓勵配偶持守婚姻的忠貞。這在《箴言》所羅門訓兒的教誨中，清楚表現出來：

你要喝自己池中的水，

飲自己井裡的活水。

你的泉源豈可漲溢在外？

你的河水豈可流在街上？

唯獨歸你一人，

不可與外人同用。

要使你的泉源蒙福。

要喜悅你幼年所娶的妻。

她如可愛的麀鹿，可喜的母鹿。

願她的胸懷，使你時時知足。

她的愛情使你常常戀慕。

我兒，你為何戀慕淫婦？

為何抱外女的胸懷？（5：15—20）。

不僅如此，《箴言》且多次警誡婚外情將導致身敗名裂，引來皮肉之苦，甚至殺身之禍。下述兩段文字，可以說最生動地描述了婚外情所招來的嚴重後果：

與婦人行淫的，便是無知，

行這事的，必喪掉生命。

他必受傷損，必被凌辱，

他的羞恥不得塗抹。

因為人的嫉恨，成了烈怒，

報仇的時候，決不留情。

什麼贖價，他都不顧，

你雖送許多禮物，他也不肯干休。（6：32—35）

淫婦用許多巧言誘他隨從，

用諂媚的嘴逼他同行。

少年人立刻跟隨她，好像牛往宰殺之地，

又像愚昧人帶鎖鏈去受刑罰。

直等箭穿他的肝，

如同雀鳥急入網羅，卻不知是自喪己命。（7：21—23）

摩西十誡的第七條誡命是：「不可姦淫。」（《出埃及記》20：14）第十誡的第二句是：「不可貪戀別人的妻子。」（《出埃及記》20：17）律法嚴厲

看待婚外性行為，犯罪者無論男女，一律處以死刑。對於這一點，摩西律法事實上是三番五次一再重申的。如《利未記》說：「與鄰舍之妻行淫的，姦夫淫婦都必治死。」（20：10）《申命記》說得更為詳細：

> 若遇見人與有丈夫的婦人行淫，就要將姦夫淫婦一併治死。這樣，就把那惡從以色列中除掉。若有處女已經許配丈夫，有人在城裡遇見她，與她行淫，你們就要把這二人帶到本城門，用石頭打死──女子是因為雖在城裡卻沒有喊叫；男子是因為玷污別人的妻。這樣，就把那惡從你們中間除掉。（22：22─24）

這一點在《新約》中也得到了回應。《約翰福音》中，寫到法利賽人帶了一個婦人，對耶穌說，這婦人是在行淫的時候被抓住的，按照摩西律法，她該用石頭打死。你看怎麼處置好呢？耶穌先是避而不答，給追問得緊了，就回答說：「你們中間誰是沒有罪的，誰就可以先拿石頭打她。」（8：7）耶穌的回答真是好。我們怎麼來看待上述摩西律法？本著耶穌的精神，我們首先反躬自問吧。

婚姻關係也是耶和華上帝與以色列立約關係的隱喻。所以《耶利米書》中，當先知耶利米指責以色列人背棄耶和華，去敬奉別的神祇時，就很自然地常以婚姻來作隱喻了（詳見第十章第七節）

關於夫妻之間的性愛關係，特別值得一

> With her enticing speech she caused him to yield, with her flattering lips she seduced him.
> Immediately he went after her, as an ox goes to the slaughter, or as a fool to the correction of the stocks,
> Till an arrow struck his liver. as a bird hastens to the snare, he did not know it *would cost* his life.
>
> (Proverbs 7:21-23)

提的是《雅歌》。如前所述，《雅歌》通篇沒有提到上帝，只描寫男女之間的愛情。正因為這愛情是那麼的神聖和偉大，所以它成為上帝和以色列關係及基督與教會關係的最佳隱喻。《雅歌》應否列入正典這一問題，也引起過古代猶太教拉比們的激烈爭論，因為當中有一些提及人體及男女親密極為露骨的對白。例如新郎稱讚新娘：

> 我所愛的，你何其美好！
>
> 何其可悅！使人歡暢喜樂。
>
> 你的身量好像棕樹；
>
> 你的兩乳如同其上的果子，纍纍下垂。
>
> 我說我要上這棕樹，抓住枝子。
>
> 願你的兩乳好像葡萄纍纍下垂；
>
> 你鼻子的氣味香如蘋果；
>
> 你的口如上好的酒。（7：6—9）

除了新郎多處直接描繪新娘的雙乳，《雅歌》還多處描述新郎和新娘之間的愛撫：「他的左手在我頭下，他的右手將我抱住。」（2：6）「我在外頭遇見你就與你親嘴……他的左手必在我頭下，他的右手必將我抱住。」（8：1，3）書中甚至以隱喻方式，描述了他們做愛的情景：「我妹子，我新婦，我進了我的園中，採了我的沒藥和香料，吃了我的蜜房和蜂蜜。喝了我的酒和奶。」（5：1）「我的良人下入自己園中，到香花畦，在園內牧放群羊，採百合花。我屬我的良人，我的良人也屬我。他在百合花中牧放群羊。」（6：2—3）

除非採用最勉強和最含糊的釋經方法，詮釋以上所舉的經文，要不然我們很難不觸及書中有關性方面的親密描述。《雅歌》所要表揚的是合法的性愛，它是純潔的，也是和美和善的。摩西律法雖然對性有很高的要求，並非常嚴厲地懲罰與「性」有關的罪行，但合法的性，在《聖經》裡卻擁有非常純潔和崇高的地位。

THREE 亂倫和不潔淨禁忌

對於亂倫，《聖經》是有嚴厲禁忌的。摩西律法一再重申，嚴厲禁止與母

親、岳母、繼母、姑母、姨母、伯母、叔母、
兒媳、嫂嫂、弟婦、孫女、外孫女、異母同
父或異父同母的姐妹等的亂倫。我們看《利
未記》中的這一段文字，便知究竟了：

> 你們都不可露骨肉之親的下體，親近
> 他們。我是耶和華。不可露你母親的下體，
> 羞辱了你父親。她是你的母親，不可露她的
> 下體。不可露你繼母的下體，這本是你父親
> 的下體。你的姐妹，不拘是異母同父的，是
> 異父同母的，無論是生在家生在外的，都不
> 可露她們的下體。不可露你孫女或是外孫女
> 的下體，露了她們的下體就是露了自己的下
> 體。你繼母從你父親生的女兒本是你的妹
> 妹，不可露她的下體。不可露你姑母的下體，
> 她是你父親的骨肉之親。不可露你姨母的下
> 體，她是你母親的骨肉之親。不可親近你伯
> 叔之妻，羞辱了你伯叔，她是你的伯叔母。
> 不可露你兒婦的下體，她是你兒子的妻，不
> 可露她的下體。不可露你弟兄妻子的下體，
> 這本是你弟兄的下體。（18：6—16）

同樣的話，在《申命記》裡也反覆出
現。禁止與有姻親關係的人亂倫，其主要原
因，倒不是擔心近親交合會產生遺傳問題，
而是為了維護家庭的和諧與團結，避免因為
亂倫，造成整個家族分崩離析。這也直接影
響到社會的安寧和穩定。所以，亂倫者要面
對嚴厲的懲罰。我們再來看《利未記》：

> 與兒婦同房的，總要把他們二人治死，
> 他們行了逆倫的事，罪要歸到他們身上……

人若娶妻，並娶其母，便是大惡，要把這三人用火焚燒，使你們中間免去大惡⋯⋯人若娶他的姐妹，無論是異母同父的，是異父同母的，彼此見了下體，這是可恥的事，他們必在本民的眼前被剪除。他露了姐妹的下體，必擔當自己的罪孽⋯⋯不可露姨母或是姑母的下體，這是露了骨肉之親的下體，二人必擔當自己的罪孽。人若與伯叔之妻同房，就羞辱了他的伯叔，二人要擔當自己的罪，必無子女而死。人若娶弟兄之妻，這本是污穢的事，羞辱了他的弟兄，二人必無子女。（20：11—21）

　　除了亂倫禁忌，摩西律法中，還有一些規條，視與性有關的事物都為「不潔淨」。如《利未記》載，男女行房後，必須沐浴，但他們仍然「不潔淨」到當天傍晚（15：18）。此外夢遺的人，必須沐浴，而且同樣「不潔淨」到當天的傍晚。那些染有精液的衣物或皮革，必須洗淨，這些東西一樣都「不潔淨」，直到傍晚（15：16—17）。此外，患遺漏症的男子也被視為「不潔淨」：

> 他患漏症，無論是下流的，是止住的，都是不潔淨。他所躺的床都為不潔淨；所坐的物也為不潔淨。凡摸那床的，必不潔淨到晚上，並要洗衣服，用水洗澡。那坐患漏症人所坐之物的，必不潔淨到晚上，並要洗衣服，用水洗澡。那摸患漏症人身體的，必不潔淨到晚上，並要洗衣服，用水洗澡。若患漏症人吐在潔淨的人身上，那人必不潔淨到晚上，並要洗衣服，用水洗澡。（15：3—8）

　　不僅如此，遺漏症患者摸過的陶器都要摔破，木器必須用水洗刷。他的遺漏症痊癒後，必須等七天，然後要洗滌衣服，用溪水或泉水沐浴。在第八天，他要帶著祭物到聖所請祭司為他行潔淨禮。

　　女人則在月經期間為不潔淨。凡摸她的人不潔淨直到傍晚。女人在經期內躺過和坐過的東西，也都被視為不潔淨，凡摸這些東西的人，必須洗滌衣服和沐浴，不潔淨直到傍晚。此外，「女人行經的時候，不可與她行房事。」（18：19）男人若跟行經的女人行房事，將感染女人的「不潔淨」：「男人若與那女人同房，染了她的污穢，就要七天不潔淨；所躺的床也為不潔淨。」（15：24）女人假如經期失常，不斷流血，她將一直不潔淨直到停止流血七天後，才算潔淨。在第八天，她要帶祭物到聖所請祭司為她行潔淨禮（15：25—30）。此外，婦女生產之後流血，也被視為不潔淨，直到停止流血為止。然後還必須等一段時間，生男嬰為三十三天，生女嬰為六十六天，才能到聖

所行潔淨禮，然後，才正式結束不潔淨期
（12：1—8）。關鍵是，上述所提「不潔淨」
的人，一律不能參拜上帝的聖所，或參加與
宗教有關的盛事，原委是免得玷污聖所並感
染別人。

今天來看，摩西律法中列為「不潔淨」
的，多為人正常的生理現象，如男人的夢遺、
女人的月經以及男女的交合等等。也有屬於
病症的，如漏症，無非是膿瘡之類。所以這
些「不潔淨」，都有一個特點，即都是從人
的下體排泄出污穢之物。對於這些「不潔淨」
的處理，我們看到，一方面固然是有禁忌，
首先是聖事的禁忌，但凡屬於正常生理活動
的，無需特別的禮儀，只要用水洗乾淨就可
以了。如男人的夢遺和女人的月經。凡屬病
症的，如遺漏症，則需在潔淨之後獻兩隻斑
鳩或鴿子，分別作贖罪祭和燔祭：

第八天，要取兩隻斑鳩或是兩隻雛鴿，
來到會幕門口、耶和華面前，把鳥交給祭司。
祭司要獻上一隻為贖罪祭，一隻為燔祭，因
那人患的漏症，祭司要在耶和華面前為他贖
罪。（15：14—15）

古代的性禁忌說到底也是一種神秘文化
使然。所以不奇怪，《出埃及記》中，我們
看到上帝的祭壇都不能有台階，免得上台階
的時候露出下體（20：26）。上帝在西奈山
與以色列百姓立約時，也要他們用三天潔淨
自己，洗滌衣服，不可親近女人（19：14—
15）。同理，在聖殿中工作的人員，值勤的

'Also, when a woman lies with a
man, and *there is* an emission of
semen, they shall bathe in water,
and be unclean until evening.

(Leviticus 15:18)

當天不可親近女人。凡要食用聖所中飲食的人,當天也必須沒有親近女人,才能享用。故此,《撒母耳記上》中,當大衛向挪伯的亞希米勒祭司要聖所中的食物時,祭司問他和他的隨從有沒有親近女人,確定他們是「潔淨的」之後,才敢把聖所裡供奉在上帝面前的陳設餅,交給他們。當然那些餅是當天剛從聖桌上換下來的,還可以食用(21:1—6)。

F_{OUR} 性侵犯的懲罰

《聖經》中,摩西律法以最高刑罰對付性侵犯者,《申命記》中明言,侵犯有夫之婦者要面對死刑:

> 若有男子在田野遇見已經許配人的女子,強與她行淫,只要將那男子治死。但不可辦女子;她本沒有該死的罪,這事就類乎人起來攻擊鄰舍,將她殺了一樣。因為男子是在田野遇見那已經許配人的女子,女子喊叫,並無人救她。(22:25—27)

此外,侵犯處女的,必須賠償處女的父親,並要娶這女子為妻,終身不得離棄她:「若有男子遇見沒有許配人的處女,抓住她,與她行淫,被人看見,這男子就要拿五十舍客勒銀子給女子的父親;因他玷污了這女子,就要娶她為妻,終身不可休她。」(22:28—29)假如女子的父親不願把女兒嫁給那男子,男子也得付出相當於聘禮的賠款給女子的父親(《出埃及記》22:17)。

《士師記》還有一段性侵犯的故事。士師時代,以色列社會動盪混亂。一個利未人帶著他的妾,從娘家猶大的伯利恆回家到以法蓮山地,途經便雅憫支派的基比亞,在一老人家裡投宿。當天晚上突然來了一群匪徒,要求接待這個利未人的老人將他交出來,他們要與他交合。老人願意犧牲自己的女兒,將她交給那群流氓,任他們蹂躪,可是他們卻不願意接受。最後那利未人無奈,將自己的妾交了出去:

> 他們便與她交合,終夜凌辱她,直到天色放亮才放她去。天快亮的時候,婦人回到她主人住宿的房門前,就仆倒在地,直到天亮。(19:25—26)

利未人的妾就這樣受強暴死亡。利未人悲憤交加,一回到家便把妾的屍體切成十二塊,分送到以色列的十二支派,請求以色列全體人民主持公道。以色

列全體民眾開會，決定嚴厲懲罰基比亞城的
匪徒。可是便雅憫人卻不合作，不願意將這
些流氓交出。這導致便雅憫支派與以色列其
他各支派之間發生戰爭。結果便雅憫支派大
敗，死傷慘重，幾乎絕種。可以說，這是一
個典型的因為性侵犯幾乎招致亡種的例子。

　　基比亞匪徒的作為，也表明了《聖經》
對待同性戀的態度。摩西律法是禁止同性戀
的，《利未記》說：「不可與男人苟合，像
與女人一樣；這本是可憎的。」（18：22）
又說：「人若與男人苟合，像與女人一樣，
他們二人行了可憎的事，總要把他們治死，
罪要歸到他們身上。」（20：13）《士師記》
裡把同性戀的意欲派在基比亞匪徒身上，而
且他們執迷不悟，連老人願意送出自己還是
處女身的女兒，也非要盯著外鄉的男人不
可，可見真是鬼迷心竅。《創世記》裡也有
一段類似的涉及同性戀的情節：所多瑪城罪
惡昭彰，沉迷於淫亂之中。上帝差派兩個天
使來視察。天使到所多瑪就住在亞伯拉罕的
侄子羅得家裡。所多瑪的居民聽說有外人進
城住在羅得的家，便圍住羅得的家，要他把
訪客交出來，要與這兩人行淫。羅得勸他們
不要做這惡事，並願意把兩個女兒交出來代
替這兩個訪客，任憑他們對待兩個女兒。可
是，所多瑪人卻偏要兩個客人不可，蜂擁衝
前要破門而入。多虧天使立刻把羅得拉進屋
裡，讓屋外的人眼目昏花，「摸來摸去，總
尋不到房門」（19：11）。所多瑪因此除羅

"If a man is found lying with a
woman married to a husband, then
both of them shall die—the man that
lay with the woman, and the
woman; so you shall put away the
evil from Israel.

(Deuteronomy 22:22)

得一家，全城毀滅於天火。所多瑪和基比亞的故事基本上如出一轍，從中可以看出，《聖經》是把同性戀和性侵犯視作一途的。這在《新約》也沒有例外，如《羅馬書》中，保羅就有「男和男行可羞恥的事，就在自己身上受這妄為當得的報應」（1：27）這樣的說法。

對於獸奸，《聖經》明令禁止。《出埃及記》中，獸奸面臨的處罰是死刑：「凡與獸淫合的，總要把他治死。」（22：19）《利未記》中，死刑則一併施及有關的人與獸兩方：「人若與獸淫合，總要治死他，也要殺那獸。女人若與獸親近，與它淫合，你要殺那女人和那獸，總要把他們治死，罪要歸到他們身上。」（20：15—16）古代許多社會都出現過獸奸的行為。埃及人、赫人及迦南人的文獻，均有提及獸奸行為。所以摩西律法禁止這類行為，也是有的放矢的。

ℱɪᴠᴇ 妓女

《聖經》對待妓女的態度，似乎和後來的大多數文明社會一樣，是一方面令行禁止，另一方面又欲罷不能的。摩西律法明確禁止以色列人做妓女。《利未記》說：「不可辱沒你的女兒，使她為娼妓，恐怕地上的人專向淫亂，地就滿了大惡。」（19：29）《申命記》也說：「以色列的女子中不可有妓女。以色列的男子中不可有孌童。」（23：17）特別是祭司的女兒假如成了娼妓，她就要面對死刑，如《利未記》載：「祭司的女兒若行淫辱沒自己，就辱沒了父親，必用火將她焚燒。」（21：9）但是，摩西律法卻沒有提到其他違例者，將受怎樣的刑罰。律法也沒有明言禁止以色列人不能去找妓女。

實際上《聖經》當中涉及妓女的故事比比皆是，這可見娼妓現象在古代希伯來文化中，是普遍存在的。早在《創世記》裡，就記述了雅各的兒子，約瑟的哥哥猶大去找妓女的故事（38：12—19）。《士師記》裡，士師參孫根本就是栽在了大利拉的手裡。參孫是英雄，英雄難過美人關。大利拉是不是妓女《士師記》沒有明確交代，可是《士師記》明確交代了參孫也找妓女：「參孫到了迦薩，在那裡看到一個妓女，就與她親近。」（16：1）由此看來，參孫光顧妓女的生意，差不多就是家常便飯。雖然，《箴言》三令五申，告誡以色列人

千萬不可去找妓女，警誡找妓女會導致貧窮和死亡：「與妓女結交的，卻浪費錢財。」（29：3）「因為妓女能使人只剩一塊餅，淫婦獵取人寶貴的生命。」（6：26）「妓女是深坑。外女是窄阱。她埋伏好像強盜，她使許多人背信奸詐。」（23：27—28）可是現實生活中，以色列人還是樂此不疲，追逐妓女。包括參孫這樣的英雄士師長，都在「以身作則」。

《聖經》中的妓女現象從更廣的角度看，是與迦南地方盛行生殖崇拜密切相關的。與廟妓寢合，即是宗教禮儀的一部分。以色列人從埃及出來，要進入迦南之前，上帝不斷地提醒他們不可傚法迦南民族的宗教，如《出埃及記》中，上帝對摩西說：「我要從你面前攆出亞摩利人、迦南人、赫人、比利洗人、希未人、耶布斯人。你要謹慎，不可與你所去那地的居民立約。」（34：11—16）《申命記》裡耶和華也嚴令：「不可隨從別的神，就是你們四圍國民的神。」（6：14）但是以色列人進入迦南之後，與迦南各族通婚，不知不覺就受了迦南宗教的影響。如《士師記》載：「以色列人又行耶和華眼中看為惡的事、去事奉諸巴力、和亞斯他錄、並亞蘭的神、西頓的神、摩押的神、亞捫人的神、非利士人的神。離棄耶和華，不事奉他。」（10：6）上面這些神衹，都是以色列人「四圍列國」的神。由此廟妓一類迦南文化，進入以色列人的日常生活，

也是順理成章的事情。

進入君王時期，以色列人仍沒有擺脫被迦南文化同化的命運。所以先知屢次指責以色列人跟隨迦南的宗教，行了「屬靈的姦淫」。同時熱衷把以色列人偏離上帝的軌道移情別戀，比作追逐娼妓。如《耶利米書》書：

> 我怎能赦免你呢？
> 你的兒女離棄我，
> 又指著那不是神的起誓。
> 我使他們飽足，
> 他們就行姦淫，
> 成群地聚集在娼妓家裡。（5：7）

這裡的「娼妓」一語雖然是比喻義，但是唯其娼妓現象盛行，才構成比喻的基礎。所以它同樣也是一種「字面義」。《以西結書》中，更把耶路撒冷比作倒貼的妓女：

> 主耶和華說：你行這一切事，都是不知羞恥妓女所行的，可見你的心是何等懦弱！因你在一切市口上建造圓頂花樓，在各街上做了高台，你卻藐視賞賜，不像妓女。哎！你這行淫的妻啊，寧肯接外人，不接丈夫。凡妓女是得人贈送，你反倒贈送你所愛的人，賄賂他們從四圍來與你行淫。（16：30—33）

如果說先知書裡的娼妓比喻主要還是揭示了對於妓女的鄙視，以及妓女在《聖經》文化中的低下地位，那麼《列王紀》等篇章屢次記載廟妓文化的男妓，即「變童」之存在於以色列社會，則可見出娼妓文化不僅是女性，一樣也是男性的恥辱了。如《列王紀上》中這一段文字：「國中也有變童。猶大人傚法耶和華在以色列人面前所趕出的外邦人，行一切可憎惡的事。」（14：24）由此可見，一方面以色列是廣泛接受了迦南文化的影響，一方面宗教男妓，也是普遍存在於以色列社會之中的。

CHAPTER 12

會幕、聖殿和會堂

以色列人最早期敬拜上帝的聖所，稱為會幕（tabernacle），那是可搬遷的帳幕。迦南地建立王國之後，以色列不久便開始興建聖殿（temple）。聖殿是所羅門王所建，故一般稱為所羅門的聖殿。

聖殿的命運與以色列民族的命運息息相關，一旦國家被毀滅時，人民被擄到外邦，聖殿也被拆毀。波斯帝國時期，居魯士恩准猶太人回歸故鄉，第一件事便是重建聖殿。實際上重建聖殿，也是居魯士讓猶太人回歸故里的緣由。重建的聖殿稱之為第二聖殿，它在大希律王年間，被大事擴建成一個非常壯麗的建築。只可惜，用了八十多年擴建的第二聖殿，卻在完工後六年，被羅馬軍隊夷為平地。在兩約之間，猶太人也開始了另一種敬拜上帝的方式。散佈在世界各個角落的猶太人，開始聚集在會所，以祈禱和誦讀律法的方式敬拜，這些會所稱為會堂（synagogue）。

⊛ONE 會幕

　　根據《出埃及記》記載，上帝帶領以色列人出埃及，來到西奈曠野的西奈山，就在此地，與以色列人立了約。上帝呼召摩西代表以色列人上西奈山與自己立約，領受十誡的法版，同時也賜給了摩西建造會幕的藍圖，我們看到耶和華這樣對摩西說：「又當為我造聖所，使我可以住在他們中間。製造帳幕和其中的一切器具，都要照我指示你的樣式。」（25：8）這可見，會幕的起源是以色列人從西奈山到迦南地途中，用作敬拜上帝的大帳幕。他是上帝與其子民們相會的地方，故稱會幕。

　　《民數記》裡講到，利未人專門管理和搬運會幕的一切用具。在曠野途中，以色列人每一次紮營或拔營時，都必須由利未人負責架起或拆卸會幕（1：50—51）。會幕位於各個營寨中間，利未人的營幕則環繞會幕的四圍。最外面就是十二支派的營幕，東南西北四方，每邊有三個支派。這在《民數記》第二章裡，有清楚交代。會幕是以色列人宗教生活的中心，也是上帝常與他們同在的標記。

　　會幕的規模，《出埃及記》有具體描述：

你要用皂莢木作帳幕的豎板。每塊要長十肘、寬一肘半。每塊必有兩榫相對。帳幕一切的板都要這樣做。帳幕的南面要作板二十塊。 在這二十塊板底下要作四十個帶卯

✝會幕複製

的銀座，兩卯接這塊板上的兩榫，兩卯接那塊板上的兩榫。（26：15—19）

如此這般，不厭其詳。由此我們知道帳幕約長 14 米，寬 4 米，高 4.5 米。架構由皂莢木豎板組成，木板之間用閂和環相互連接，木板底部都靠銀座穩固站立。支架上，則有四層頂蓋，第一層是細麻幔子，用藍色、紫色和朱紅色線織成，並繡上基路伯的圖案。第二層是山羊毛織造的幔子，這一層比細麻布幔子稍長，其中一幅幔子垂下來作會幕的門簾。在這兩層幔子上面再蓋上一層染紅的公羊皮的幔子。最後是一層海狗皮的幔子（26：1—14）。

進而視之，會幕裡面分為兩部分，較小的一部分，也是最裡面的部分，稱為「至聖所」；較大的一部分，稱為「聖所」。這兩部分由一個幔子隔開，幔子是用藍色、紫色、朱紅色的毛線和細麻織成，上面繡上基路伯的圖案。聖所入口有門簾，門簾也是用藍色、紫色、朱紅色的毛線和細麻織成，但沒有繡上圖案（26：31—37）。只有大祭司獲准一年一度進入至聖所（30：10）。

至聖所內只有一件器具，那就是約櫃。約櫃大約長 122 厘米，寬 76 厘米，高 76 厘米，以皂莢木做成，裡外包金。櫃內存放寫著十誡的兩塊法版、一個盛著嗎哪的金罐，和亞倫發過芽的杖。約櫃的上面是施恩座。施恩座兩邊各有一個純金打造的基路伯像，面對面，伸展翅膀，覆蓋施恩座（25：10—22）。

聖所裡有三件器具：香壇、金燈台和陳設餅的桌子。《出埃及記》裡的記載是，一進入聖所，前面是香壇，左邊是金燈台，右邊是陳設餅的桌子。香壇擺在隔開至聖所幔子之前。香壇是用皂莢木造成，包上純金。每天早晨和黃昏時分，祭司要在壇上燒香（30：1—10）。金燈台有七支燈盞，這是聖所中唯一的光源。整座燈台，包括其上的一切裝飾全是用一塊純金錘出來的（25：31—39）。陳設餅的桌子是皂莢木做的，包上純金，桌子上陳設十二塊餅（25：23—30）。

會幕還有個外院，據《出埃及記》的描述，院子約長 45 米，寬 22.5 米。整個院子圍著一層 2.3 米高，以細麻織成的帷幔（27：9—19）。院子的入口在東邊，會幕在西邊。進入院子，第一件器具是銅製的洗濯盆，祭司每次進入會幕或獻祭時，都要在此洗手洗腳（30：17—21）。第二個器具是用皂莢木造成，外面包銅的四方祭壇，長和寬大約是 2.3 米，高 1.4 米，一切祭牲都獻在這個壇上（27：1—8）。

總之，會幕作為流動的聖所，作為象徵上帝臨在的聖所，《摩西五經》裡有如此詳細的描述，幾乎照著它提供的藍圖，就可以予以完好復現。足見古代希伯來人的還很原始的建築天才，是給《聖經》完好保留下來了。

Two 所羅門聖殿

以色列人從埃及出來，進入迦南地居住之後，會幕可能根據國情，曾經停留在不同的地方。從摩西到撒母耳那幾百年裡，會幕經過多次遷移，無論是由於自然的損壞或受戰爭的蹂躪，會幕大概已破爛不堪。也可能經過若干次的更換，但《聖經》未記詳情。就《撒母耳記上》的記載來看，撒母耳的時代，位於示羅的聖所是一個相對固定的建築物，稱為耶和華的殿，入口已安上了門，約櫃置放在此聖所中（1：9）。大衛作以色列王的時候，則把約櫃搬運到耶路撒冷，並搭起了一個帳幕擺放約櫃（《撒母耳記下》6：1—17）。可是，同一個時期，似乎在挪伯和基遍，也還有會幕存在，如《歷代志上》的記載：「且派祭司撒督和他弟兄眾祭司，在基遍的邱壇耶和華的帳幕前燔祭壇上，每日早晚，照著耶和華律法書上所吩咐以色列人的，常給耶和華獻燔祭。」（16：39—40）

大衛成為以色列的王之後，計劃在耶路撒冷建造聖殿，作為以色列國的宗教中心。可是，根據《歷代志上》的記載，上帝的心

In the fourth year the founda-
tion of the house of the LORD was
laid, in the month of Ziv.

(1 Kings 6:37)

意是只讓大衛繪製聖殿的藍圖，並預備建造的一切材料，最終由他的兒子所羅門來建造聖殿（17：11—12）。大衛於是按照上帝的吩咐，籌備建聖殿的一應工作，預備所需用的材料，並將繪製好的藍圖交給所羅門，吩咐他按著這藍圖建造聖殿（22：1—18）。而照《列王紀上》的記載，所羅門用了七年的時間，才造好聖殿：

所羅門在位第四年西弗月，立了耶和華殿的根基。到十一年布勒月，就是八月，殿和一切屬殿的都按著樣式造成。他建殿的工夫共有七年。（6：37—38）

聖殿的地址坐落在舊耶路撒冷城的東面，《撒母耳記下》載，這裡是大衛向耶布斯人亞勞拿買下來的禾場（24：24）。同會幕相似，聖殿規模和建築結構，在《列王紀上》和《歷代志下》中，也有詳細記載。如《列王紀上》載聖殿長 27 米，寬 9 米，高 13.5 米。殿前的廊子長 9 米，寬 4.5 米（6：2—3）。聖殿的院子裡有銅製的圓形洗濯盆和銅祭壇。洗濯盆又稱銅海，高 2.2 米，直徑 4.5 米（7：23—26）。銅祭壇則長 9 米，寬 9 米，高 4.5 米（《歷代志下》4：1）。

以下是《列王紀上》所載的關於聖殿的一些數據：從院子到聖殿的廊子，要經過一段階梯。廊子入口兩側是兩根分別名為雅斤和波阿斯的銅柱，柱子高 8 米，圓周 5.3 米（7：15—22）。從廊子進入聖所要經過兩扇門，門是松木造成的，外面包金（6：33—35）。聖所內有五對金燈台、五對陳設餅的金桌子和金香壇（7：48—50）。從聖所進入至聖所，還要經過用橄欖木製造、包金的兩扇門（6：31—32）。至聖所約莫長 9 米，寬 9 米，高 9 米，內部全貼上純金的正立方內室。約櫃就放在至聖所，它是唯一從摩西時代存留至今的主要物件（6：19）。至聖所內還有兩個用橄欖木製成的基路伯，都包上純金（6：23—28）。至聖所和聖所的外牆，建有兩個 0.4 米寬的廊子，用來支撐三層小房間的托樑。這樣，地面的房間寬 2.3 米，第二層寬 2.7 米，最高一層寬 3.1 米。這些房間用來收藏種種備用品、祭司的禮服及敬拜者奉獻的金錢和物品。

所羅門王建造的聖殿，毀於巴比倫的入侵。公元前 587 年巴比倫王尼布甲尼撒拆毀聖殿，將之付之一炬。《列王紀下》對這一慘烈景象亦有記載：

巴比倫尼布甲尼撒十九年五月初七日，巴比倫王的臣僕、護衛長尼布撒拉

旦來到耶路撒冷，用火焚燒耶和華的殿和王宮，又焚燒耶路撒冷的房屋，就是各大戶家的房屋。（25：8—9）

所羅門聖殿的材料，給人印象深刻的是觸目皆是的銅。銅柱、銅海、銅盆座，悉盡給打碎運到了巴比倫：「所羅門為耶和華殿所造的兩根銅柱、一個銅海，和幾個盆座，這一切的銅，多得無法可稱。」（25：16）耶路撒冷的第一座輝煌聖殿，從此僅存在於希伯來文化的集體無意識之中。

Ｔ*HREE* 第二聖殿

第二聖殿是指波斯帝國毀滅了巴比倫帝國之後，公元前 538 年居魯士下詔讓猶太人回歸耶路撒冷，重新建造的聖殿。《以斯拉記》中，記述居魯士王不僅降旨准許全國各地的猶太人返回耶路撒冷重建聖殿，還把尼布甲尼撒王從聖殿中掠奪到巴比倫的金銀器皿，全部歸還耶路撒冷，作聖殿重建之用。居魯士的詔令是這樣的：

耶和華天上的上帝已將天下萬國賜給我，又囑咐我在猶大的耶路撒冷為他建造殿宇。在你們中間凡作他子民的，可以上猶大的耶路撒冷，在耶路撒冷重建耶和華以色列上帝的殿（只有他是上帝）。願上帝與這人同在。凡剩下的人，無論寄居何處，那地的人要用金銀、財物、牲畜幫助他；另外也要為耶路撒冷上帝的殿，甘心獻上禮物。（1：2—4）

　　猶太人回國之後，所羅巴伯和祭司耶書亞帶領眾人，興奮地展開重建聖殿的工作。但聖殿奠基不久之後，便遇到困難。由於當地居民的反對，加上經濟蕭條，收成欠佳，猶太人建殿的熱忱似乎也在漸漸消失：「那地的民，就在猶太人建造的時候，使他們的手發軟，擾亂他們。從波斯王居魯士年間，直到波斯王大流士登基的時候，賄買謀士，要敗壞他們的謀算。」（4:4—5）。結果是，建造聖殿的工程就此停頓下來，直到大流士第二年：

> 那時先知哈該和易多的孫子撒迦利亞，奉以色列上帝的名，向猶大和耶路撒冷的猶太人說勸勉的話。於是，撒拉鐵和兒子所羅巴伯和約薩達的兒子耶書亞，都起來動手建造耶路撒冷上帝的殿，有上帝的先知在那裡幫助他們。（5:1—2）

　　第二聖殿終於落成是在公元前515年。這座聖殿留存了近五百年之久，但有關此殿的詳情所知極少。《哈該書》說：「你們中間存留的，有誰見過這殿從前的榮耀呢？先知你們看看如何？豈不在眼中看如無有嗎？」（2:3）這可見，第二聖殿應該是倣照所羅門聖殿的樣式建造，但沒有所羅門聖殿華麗。

　　公元前167年，西流基王安提阿哥四世禁止在聖殿獻祭給猶太人的上帝耶和華，卻在壇上獻上異教的祭祀，污穢了祭壇，導致馬加比革命。猶太人在馬加比的帶領之下，經過三年多反叛，在公元前164年革命成功，重修和潔淨聖殿。每年猶太人在「燭光節」紀念這個日子。公元前63年，羅馬將軍龐培佔領耶路撒冷，圍困聖殿三個月，才制服守衛聖殿的武裝。龐培奪取聖殿之後沒有進行掠奪活動。但公元前54年，羅馬將軍克拉蘇曾掠奪過聖殿中的寶物。

　　公元前37年，大希律獲羅馬協助，取得耶路撒冷的治理權。大希律是以土買猶太人的後裔，作王之後有心籠絡猶大省的臣民，估計看到破爛不堪的第二聖殿，覺得也真是可以一顯身手的絕好對象，乃在公元前19年前後開始，大事擴建聖殿。大希律倣照先前兩殿的結構，分聖殿作三大部分，但其門廊則大很多。大希律的聖殿以當時希臘—羅馬建築風格建造。其先完成主要的聖所，在十年內已經開始啟用，但整個計劃至公元64年才得完成。可惜，六年後，第二聖殿被羅馬軍隊夷為平地。這樣推算起來，耶穌潔淨聖殿的時候，擴修聖殿的工程，也已經進行了四十餘年了。

　　大希律王所建的聖殿，聖所長18米，寬9米，高18米，至聖所長寬高皆

為 9 米。聖所和至聖所之間有一幅幔子分隔（《馬太福音》27：51），至聖所內沒有陳設品。聖所內則有金登台、陳設餅的桌子和香壇。內院子裡有祭司院、以色列院（男人院）和婦女院。外院長 450 米，寬 18 米，又稱外邦人院。內院略高於外邦人院，並圍以欄杆；入口處以希臘文和拉丁文書寫通告：「禁止外邦人進內，違例者會被處死。」從外院進入內院的入口稱「美門」（《使徒行傳》3：2，10）。聖殿圍牆內有廊子圍繞聖殿的外院，南邊是聖殿的主要入口，南面的門廊有四排柱子，稱為「王室門廊」，其餘幾面的廊子各有兩排柱子。東面的子廊稱為所羅門廊（《約翰福音》10：23）。猶太教的先生即「文士」，便在這些廊子裡教導學生和辯論（《路加福音》2：46；19：47）；商人和兌換銀錢的，亦在這裡擺攤子做買賣（《約翰福音》2：14—16）。

公元 70 年，猶太人起義，羅馬人攻入耶路撒冷，拆毀聖殿，把所有的珍寶掠奪到羅馬。關於第二聖殿的被毀，三部福音書裡，都記載了耶穌的預言，如《馬可福音》就是這樣記載的：

> 耶穌從殿裡出來的時候，有一個門徒對他說：「夫子，請看。這是何等的石頭，何等的殿宇！」耶穌對他說：「你看見這大殿宇嗎？將來在這裡沒有一塊石頭留在石頭上，不被拆毀了。」（13：1—2）

THEN as He went out of the temple, one of His disciples said to Him, "Teacher, see what manner of stones and what buildings are here!"

And Jesus answered and said to him, "Do you see these great buildings? Not *one* stone shall be left upon another, that shall not be thrown down."

(Mark 13:1-2)

FOUR 會堂

在希伯來文和希臘文裡，「會堂」的字面意思都是「聚會之處」。猶大國在公元前 587 年被巴比倫毀滅，耶路撒冷的聖殿被拆毀，百姓被擄到巴比倫。以色列人在被擄期間，不能繼續在耶路撒冷的聖殿敬拜，每逢安息日和聖日，便聚集在一些領袖的家裡讀經、禱告和敬拜。如《以西結書》中，先知以西結多次提到以色列長老到他居所來聚會：「有幾個以色列長老到我這裡來，坐在我面前。」（14：1）後來漸漸演進，世界各地的猶太人開始興建集體敬拜的「聚會之處」，這就是「會堂」的由來。除了聚集崇拜以外，會堂也成為當地猶太人的教育中心和民眾聚集商討公眾事務的地點。時至今日，會堂仍然是猶太教的主要機構，也是猶太社群宗教生活的中心。

公元 1 世紀，凡有猶太人的地方都能找到會堂。各大城市裡則有許多會堂，據說公元 70 年，單是耶路撒冷城內就有三四百所會堂。福音書常提到耶穌在各會堂處傳道，如《馬太福音》：「耶穌說完了這些比喻，就離開那裡，來到自己的家鄉，在會堂裡教訓人。」（13：53—54）但是耶穌在家鄉佈道效果並不好，鄉親們尋思這不是木匠的兒子嗎？他弟兄們不是叫做雅各、西門、猶大嗎？怎麼就有這許多異能呢？以至於耶穌也感歎，先知在家鄉總是不被人當回事情。但就是耶穌的家鄉，我們看到，也是有會堂的。保羅旅行宣教時，所到之處，也都先以會堂作傳道的基地。如《使徒行傳》載，保羅「到了撒拉米，就在猶太人各會堂裡傳上帝的道」（13：5）。

會堂內部的設計，一般有兩道雙柱廊，形成會堂的主體，左右翼廊則大概用作通道。會堂內有一個可移動的約櫃，用來存放律法書和先知書的經卷。在約櫃之前設有「高位」，朝向會眾，這是宗教領袖和管會堂人的座位（《馬太福音》23：6）。講台在會堂的中央，頌讀律法或勸誡百姓的人站在其上，眾人便可以清楚聽見他的聲音。會堂內，男女分開而坐。

會堂裡沒有祭壇，崇拜主要是祈禱、頌讀經書和講道。崇拜開始時，先頌讀「示瑪」（Shemaᶜ），這是猶太人的信仰宣言禱告，取材於《申命記》中這段話：

以色列啊，你要聽！耶和華我們上帝是獨一的主。你要盡心、盡性、盡力

愛耶和華你的上帝。我今日所吩咐你的話都
要記在心上,也要慇勤教訓你的兒女,無論
你坐在家裡,行在路上,躺下,起來,都要
談論;也要繫在手上為記號,戴在額上為經
文;又要寫在你房屋的門框上,並你的城門
上。(6:4—9)

接著是朗誦會堂的禱文,其中最古舊、
最著名的是猶太教的「十八祝文」。禱文的
內容不外是下列幾個主題:以色列重回故土、
上帝的榮耀復臨聖殿、重建耶路撒冷和大衛
王朝的復興。禱告之後便是誦讀律法,根據
三年一循環的方式誦讀(《使徒行傳》15:
21)。隨後從先知書中選段來加以閱讀。因
為兩約之間的會眾,大多數不熟諳希伯來文
的《聖經》,因此讀經之後,便會以他們熟
悉的亞蘭文或希臘文來翻譯一下。然後,講
解所讀的經文,並從其中提出勸勉。整個敬
拜儀式,以祝福作結束。

古代會堂

CHAPTER 13

耶穌之死

　　耶穌之死，是死亡與崇高在西方基督教文化傳統中的一個原型。與希臘文化中蘇格拉底之死的毫無痛苦，以及他面對死亡表現出的驚人坦然從容不同，耶穌是在極度的痛苦中辭別人世的。**耶穌之死及其復活，是以一種更為神秘的超驗力量，將人的目光引向了彼岸世界**。由此可見，耶穌之死對於危機意識日益深重的西方人來說，也許更顯得親切一些。我們說**耶穌之死具有崇高色彩，那麼這崇高更多是顯示怎樣超越了苦痛和對苦痛的意識本身**。在這裡，死亡帶著它的全部恐怖色彩，血淋淋地展現在人們面前。這一方面培植了西方文化中的宗教熱忱和苦行主義傳統；另一方面，也尤為真實地顯現了在掙扎和痛苦中超越死亡的艱難。對於大多數人來說，較之蘇格拉底無所畏懼死亡的那一種莊嚴肅穆的貴族氣派，耶穌的殉道，或許具有更為現實的意義。

⊛NE 耶穌的降生

耶穌的身世本身是一個謎。在基督徒看來，他是上帝道成肉身來拯救人類的「彌賽亞」即「救世主」，而除了更像文學，不像歷史的四篇福音書的記載，有關耶穌生平基本上沒有一頁檔案留世。羅馬史學家塔西佗《編年史》中有一處提到過「基督」，稱以此得名的教派是一個討厭的教派，發源於猶大省，又傳入包納了一切污垢的羅馬。但也僅此而已。另一個叫人納悶的事實是，公元1世紀，耶穌同時代的猶太哲學家斐洛，不遺餘力用寓言解經法來闡釋《舊約》，可是也隻言未提耶穌。或者因為斐洛住在亞歷山大，同耶穌道途相隔，不知道他的英名？

但是《約翰福音》顯示這一切都無關緊要，反之耶穌出身的崇高，足以同上帝比肩。由此我們看到了氣勢恢宏的另一種創世模式：

太初有道，道與上帝同在，道就是上帝。這道太初與上帝同在。萬物是藉著他造的，凡被造的沒有一樣不是藉著他造的。生命在他裡頭，這生命就是人的光。（1：1—4）

上文中的「道」，英文是 Word，七十子文本中的希臘文是「邏各斯」（logos）。邏各斯最早由赫拉克里特引入哲學，是為宇宙的根本大法。但誠如柏拉圖的「理念」（eidos），本義是形相，即便它是在心而不在目的形相，邏各斯同樣有一個感性的最初

IN the beginning was the Word, and the Word was with God, and the Word was God.

He was in the beginning with God.

All things were made through Him, and without Him nothing was made that was made.

In Him was life, and the life was the light of men.

(John 1:1-4)

含義，那就是「言說」。道可道，非常道，邏各斯是上帝之言，它不但包括說出的話，而且包括沒有說出的話，這就是理性。此外，邏各斯固然不能說是有人格的，可是也很難說是沒有人格的，這就為基督教三位一體理論提供了靈感。邏各斯道成肉身即是耶穌基督。「道與上帝同在」，意味耶穌與上帝有區別。「道就是上帝」，意味耶穌在最充分、最完全的意義上，就是上帝本人。這如《羅馬書》所言：「他（基督）是在萬有之上，永遠可稱頌的上帝。」（9：5）

可以說，《約翰福音》以上創世描述或者說耶穌降生圖式，是在很大程度上將希臘的理性傳統和希伯來的神秘傳統合而為一了。耶穌的崇高因此在這裡更為清晰地顯現出精神的必然性和超越性。值得注意的是「生命」一語在《約翰福音》中出現頻率達三十六次，而在《新約》其他篇章中最多不超過十七次。「生命在他裡頭，這生命就是人的光。」意味耶穌就是生命，就是光，他同時具有一切人的品質和神的品質。同卷書耶穌說，我是世界的光；又說，我就是道路、真理、生命。這一捨我其誰的氣概，雖然並不多見於平日裡更多謙卑和忍讓的耶穌，但由此我們讀出了耶穌依憑光來照亮世界的那一種神秘的榮耀。那正是上帝君臨天下的風範。

關於耶穌的降生，《馬太福音》是這樣記載的：

他母親瑪利亞已經許配了約瑟，還沒有迎娶，瑪利亞就從聖靈懷了孕。她丈夫約瑟是個義人，不願意明明地羞辱她，想要暗暗地把她休了。正想念這事的時候，有主的使者向他夢中顯現，說：「大衛的子孫約瑟，不要怕，只管娶過你的妻子瑪利亞來，因她所懷的孕是從聖靈來的。她將要生一個兒子，你要給他起名叫耶穌，因他要將自己的百姓從罪惡裡救出來。」這一切事成就，是要應驗主藉先知所說的話，說：

「必有童女懷孕生子，

人要稱他的名為以馬內利。」（1：18—22）

「以馬內利」（Immanuel）的意思是「上帝與我們同在」。所以耶穌最初的名字就是，上帝與我們同在。這裡的關鍵是瑪利亞童貞女懷孕。既是童貞女，又懷了身孕，這怎麼可能呢？對此《路加福音》的記載，細節和經過稍有不同。說是天使加百列奉上帝差遣，去往加利利的拿撒勒，來到一個童女家裡。童女名叫瑪利亞，已經許配給了大衛家族的後裔約瑟：

天使進去，對她說：「蒙大恩的女子，我問你安，主和你同在了！」瑪利亞因這話就很驚慌，又反覆思想這樣問安是什麼意思。天使對她說：「瑪利亞，不要怕！你在上帝面前已經蒙恩了。你要懷孕生子，可以給他起名叫耶穌。他要為大，稱為至高者的兒子，主上帝要把他祖大衛的位給他，他的國也沒有窮盡。」瑪利亞對天使說：「我沒有出嫁，怎麼有這事呢？」天使回答說：「聖靈要臨到你身上，至高者的能力要陰庇你，因此所要生的聖者，必稱為上帝的兒子。」

（1：26—35）

耶穌降生是因為童貞女受孕，這對於人類經驗來說是不可思議的。它和福音書中耶穌在海面上行走、當眾治癒麻風病人等等其他奇蹟相似，用現實世界的因果關係不好解釋。這類奇蹟似乎中國也是古已有之，比如黃帝曾孫帝嚳的一個夫人姜嫄，就是履巨大腳印而受孕，乃生下后稷這位教民以稼穡的中國農業先祖。那麼，它是不是屬於宙斯偷偷和地上女子尋歡的希臘神話模式？但是很顯然兩希文化在這一點上不好通約，因為上帝耶和華讓童貞女瑪利亞受孕，這裡面沒有一絲一毫的肉慾成分，而宙斯背著髮妻赫拉眠花宿柳，滿足肉慾是第一動機。因此，怎麼來看聖經中的這一超自然內容呢？

值得注意的是，耶穌降生的故事僅見於《馬太福音》和《路加福音》，《新約》中的其他篇章並沒有予以復述，即便《馬可福

✝ 受胎報信

給基督行割禮

音》和《約翰福音》，也隻字未提瑪利亞是童貞女受孕，生下了耶穌。後來聖保羅頻頻傳道，同樣沒有提到過耶穌的降生。或者看起來，《新約》的作者們認為這就是順理成章的事情？或者，之所以要強調耶穌是童貞女所生，是因為唯其如此，才足以證明耶穌既是神，也是人？不管怎麼說，耶穌是約瑟的兒子，這在上面《馬太福音》的敘述裡，已經表現得再清楚不過。就是《約翰福音》，也不止一次提到耶穌是約瑟的兒子，例如以下兩個片段：

腓力找著拿但業，對他說：「摩西在律法上所寫的眾先知所記的那一位，我們遇見了，就是約瑟的兒子拿撒勒人耶穌。」（1：45）

猶太人因為耶穌說「我是從天上降下來的糧」，就私下議論他說：「這不是約瑟的兒子耶穌嗎？他的父母我們豈不認得嗎？他如今怎麼說『我是天上降下來的』呢？」（6：41—42）

這可見，耶穌作為神的身份，固然是上帝的獨生子。可是他作為人的身份，千真萬確是拿撒勒的木匠約瑟的兒子。《馬太福音》給耶穌列陳家譜，往上一直推到所羅門和大衛，這同樣也是約瑟的家譜，而不是上帝耶和華的家譜。

但耶穌作為上帝的兒子，同樣是毋庸置疑的。《新約》中，「耶穌」一語是《舊約》

Joseph also went up from Galilee, out of the city of Nazareth, into Judea, to the city of David, which is called Bethlehem, because he was of the house and lineage of David,

To be registered with Mary, his betrothed wife, who was with child.

So it was, that while they were there, the days were completed for her to be delivered.

And she brought forth her firstborn Son, and wrapped Him in swaddling cloths, and laid Him in a manger, because there was no room for them in the inn.

(Luke 2:4-7)

中「彌賽亞」一語的希臘文翻譯，意思是「受膏者」。他的另一個名字「以馬內利」，意思如前所說，是「上帝與我們同在」。《使徒福音》第九章裡，掃羅到各個猶太會堂裡宣傳耶穌，就說，耶穌是上帝的兒子。耶穌本人也言必稱上帝為父，如《馬太福音》中我們看到耶穌這樣說：

> 一切所有的，都是我父交付我的。除了父，沒有人知道子；除了子和子所願意指示的，沒有人知道父。（11：27）

因此我們有充分理由相信，《聖經》對於耶穌和上帝特殊的一體關係，是表述得再清楚不過了。以後耶穌的復活記載，無疑也更進一步堅定了這一層特殊的關係。

Two 耶穌的死

但是假如我們排除包裹著耶穌的基督徒的神秘氛圍，把他看作一個普通的人，就像未被神化的喬達摩、穆罕默德那樣，我們發現耶穌之死同樣展示了一種無所畏懼，然而是充滿痛苦的超越精神。耶穌被釘死在十字架上，時年尚未及三十四歲。他的死極為慘烈，極為痛苦。他厭惡死，渴望生。在他這樣的年齡，他更有理由保存生命，完成他未竟的事業。然而耶穌選擇了死。這使他成為基督，也使他復活，使他在西方文化史上成為替人類受難和殉道的象徵。

耶穌受難，最直接的罪名是耶穌自稱基督即彌賽亞，要當猶太人的王。其餘基本上是東拉西扯的假證，彼此互相矛盾，沾不上邊。對此《馬太福音》的記述十分生動，它講到耶穌被捕後給帶到大祭司該亞法那裡，祭司長和長老們尋找假見證控告耶穌，一心要治耶穌死罪。可是雖然不少人出來作假見證，無奈總是不得實據。於是大祭司發話了：

> 大祭司就站起來，對耶穌說：「你什麼都不回答嗎？這些人作見證告你的是什麼呢？」耶穌卻不言語。大祭司對他說，「我指著永生的上帝叫你起誓告訴我們，你是上帝的兒子基督不是？」耶穌對他說：「你說的是。然而，我告訴你們，後來你們要看見人子坐在那權能者的右邊，駕著天上的雲降臨。」（26：62—64）

捉拿耶穌的是法利賽人。這是《新約》時代猶太宗教的一個主要派別，來源

可以追溯到公元前 2 世紀反抗希臘化的一群
猶太祭司。法利賽人墨守成規，除了少數人
尊敬耶穌，大部分人處處同耶穌作對。所以，
這不過是猶太教中保守勢力的欲加之罪。耶
穌號召革除猶太宗教的清規戒律，對經律教師
的權威提出了挑戰。他要把教傳到異教徒中間
去，更以末日審判的思想，預言天國的來臨。
這一切都使法利賽人忍無可忍。耶穌毫不留
情，斥責這些法利賽人是假冒為善的人：

> 你們這假冒為善的文士和法利賽人有禍
> 了！因為你們正當人前，把天國的門關了，
> 自己不進去，正要進去的人，你們也不容他
> 們進去。(《馬太福音》23：13—14)

耶穌本人曾多次意識到死之將臨。他早
就告訴他的門徒說：「人子必須受許多的苦，
被長老祭司長和文士棄絕，並且被殺，過三
天復活。」(《馬可福音》8：31) 以後他
又一再重複了這些話。這些死亡預言造成一
種緊張恐怖的氣氛。這可見耶穌對自己十字
架上的慘烈殉道，是早有預料的。於是有了
逾越節的最後的晚餐。耶穌及十二個門徒都
來赴席了。飯桌上耶穌說，實話告訴你們，
你們當中有一個人要出賣我。這話引起軒然
大波，叫眾門徒不知所措。有人問：主，你
說的是誰？耶穌回答說，我把在碟子中蘸過
的麵包遞給誰，就是誰。他把麵包遞給了將
耶穌賣了三十塊銀幣的猶大。

達‧芬奇曾據《新約》上述記載，創作
了名畫《最後的晚餐》。畫面上耶穌和十二

最後的晚餐

門徒全部面向觀眾，在長桌後一字兒排開。坐在正中的耶穌，頭部正好受到中間窗戶光亮的襯托，平靜的面容上略顯無奈，有種仁慈的美。此刻他正淡淡地說出了那句驚人的話：「你們當中有一個人要出賣我。」眾門徒震驚不已，姿態各異。唯恐懼中仰向後方，右手不自覺握住一袋銀幣的猶大，臉隱在陰影中，益增其形象的陰險和卑劣。美善與醜惡，構成強烈的對比。

當時猶大接過耶穌的麵包悄悄溜出。耶穌一行走出客店，來到客西馬尼果園。耶穌在這裡作了最後一次沉思。這時候他的心裡是憂愁而又悲傷的。《馬太福音》裡，就寫耶穌對彼得等人說：「我心裡甚是憂傷，幾乎要死，你們在這裡等候，和我一同警醒。」（26：38）然後他三次向上帝祈禱，希望命運可以出現轉機，但是，「不要照我的意思，只要照你的意思」（26：39）。耶穌其實知道他已是必須去死，所以第二次禱告時，已經在說：「我父啊，這杯若不能離開我，必要我喝，就願你的意旨成全。」（26：42）他可以出逃，但出逃意味著默認有罪，意味著自稱彌賽亞降臨，終究是鬧劇一場。這樣來看，無疑是耶穌自己選擇了殉道的慘烈。所以不奇怪，到《約翰福音》裡，我們就看到耶穌這樣不厭其詳，來向門徒們交代後事了：

你們心裡不要憂愁，你們信上帝，也當信我。在我父的家裡有許多住處；若是沒有，

So the disciples did as Jesus had directed them; and they prepared the Passover.

When evening had come, He sat down with the twelve.

Now as they were eating, He said, "Assuredly, I say to you, one of you will betray Me."

(Matthew 26:19-21)

我就早已告訴你們了。我去原是為你們預備地方去。我若去為你們預備了地方，就必再來接你們到我那裡去；我在那裡，叫你們也在那裡。我往哪裡去，你們知道；那條路，你們也知道。（14：1—4）

但是有人回答說，主啊，我們不知道往哪裡去啊，我們如何知道那條路呢？耶穌當即說：「我就是道路、真理、生命，若不藉著我，沒有人能到父那裡去。你們若認識我，也就認識我的父。」（14：6—7）曾經對保守勢力毫不妥協堅決反抗的耶穌，在此我們看到，是甘願作一個沉默的受難者了。

耶穌面對他屈辱的死亡，沒有反抗。猶大率人來捕捉耶穌時，彼得曾拔刀相對，砍去了大祭司僕人的一隻耳朵。但是耶穌勸住彼得，又治好了傷者的耳朵。耶穌曾經近似一個暴力主義者，他曾經用鞭子來清潔聖殿，他要打破一切世俗秩序，他說話也斬釘截鐵，絕沒有蘇格拉底曲里拐彎兜圈子的辯證法作風。比如他說：「凡在人面前不認我的，我在我天上的父面前，也必不認他。你們不要想我來，是叫地上太平。我來，並不是叫地上太平，乃是叫地上動刀兵。」（《馬太福音》10：33—34）這就極有以血還血、以牙還牙的氣概。然而，在死亡面前，性格多少顯得容易衝動的耶穌，充分顯示出了種默默忍耐的殉道者的尊嚴。

耶穌之死亦具有偶然性。通讀記述耶穌生平的四篇福音書，我們會發現耶穌死得陰差陽錯，很大程度上是為他自己的意志所左右。非欲置耶穌於死地不可的是猶太教中的法利賽人，那正是他的同胞。當權的羅馬統治者，卻無意剝奪耶穌的生命。耶穌被押解到大祭司的府邸後，大祭司問他：你就是上帝的兒子基督嗎？耶穌回答：是的，你們將會看到人子坐在全能者的右邊，駕著天上的雲降臨。大祭司如獲至寶：

大祭司撕開衣服，說：「他說了僭妄的話，我們何必再用見證人呢？這僭妄的話，現在你們都聽見了。你們的意見如何？」他們回答說：「他是該死的。」他們就吐唾沫在他臉上，用拳頭打他；也有用手掌打他的，說：「基督啊，你是先知，告訴我們打你的是誰？」（《馬太福音》26：65—68）

大祭司認為不需別的證據了，耶穌親口說了這瀆神的話，這不就是證據嗎？法利賽人又吐唾沫，又拳打掌擊耶穌，那架勢就像在對待一個瘋子。

但真正執掌生殺大權的是羅馬總督彼拉多。祭司們將鐵鏈鎖住的耶穌帶到

後，彼拉多深信耶穌無辜，是仇人妒忌心的
犧牲品。他有意開釋耶穌。他問耶穌：你是
猶太人的王嗎？耶穌答：是的，你說的是。
彼拉多又問：他們告你這麼多罪名，你沒有
聽見嗎？這麼多罪名是指莫須有的誘惑國
民、鼓動抗稅等等。但是耶穌一言不發。彼
拉多傳來祭司長和長老，坦率告訴他們，他
沒有發現耶穌觸犯羅馬法律。他準備鞭責一
頓釋放耶穌。當時有個慣例，每逢逾越節，
將按眾人要求釋放一名囚犯。彼拉多讓眾人
在耶穌和一個叫巴拉巴的殺人犯之間二擇其
一。這時候假如耶穌略示屈服，滿足法利賽
人的報復心理，未必沒有生路。但耶穌沉默
無言。在祭司鼓動下，圍觀人眾高呼巴拉巴
的名字。彼拉多至此心猶不忍，他問眾人說，
我能將你們的王釘在十字架上麼？祭司長回
答說，除了愷撒，我們沒有王！彼拉多眼見
再折騰下去，難免不發生內亂，這是他這個
羅馬總督最忌諱的。這樣耶穌就走上了死路：

　　彼拉多見也無濟於事，反要生亂，就拿
水在眾人面前洗手，說：「流這義人的血，
罪不在我，你們承當吧。」眾人都回答說：
「他的血歸到我們和我們的子孫身上。」於
是彼拉多釋放巴拉巴給他們，把耶穌鞭打
了，交給人釘十字架。（《馬太福音》27：
24—26）

　　耶穌死得極為痛苦，極為屈辱，全沒
有蘇格拉底那種面臨死亡的泰然自若和從容
不迫。他更像一隻任人宰割的羊，給人的感

耶穌被釘在兩個罪人之間

覺是壓抑的、沉重的。他受到羅馬士兵的戲
弄，眾兵丁給他披上紫色的長袍，戴上荊棘
編成的冠冕，然後朝他臉上吐唾沫，朝他下
跪道，猶太人的王萬歲！戲弄夠了，才押去
執行。他受難的十字架上掛著一個牌子，上
書彼拉多寫的：「猶太人的王，拿撒勒人耶
穌。」這意味著猶太人將為他們絞殺了這個
無辜的生命負責，意味著耶穌乃是他自己的
同胞們獻給上帝的祭品。上午九點，耶穌被
釘上了十字架。《馬太福音》是這樣記載耶
穌之死的：

> 從午正到申初，遍地都黑暗了。約在申
> 初，耶穌大聲喊著說：「以利，以利！拉馬
> 撒巴各大尼？」就是說：「我的上帝，我的
> 上帝，為什麼離棄我？」站在那裡的人，有
> 的聽見就說：「這個人呼叫以利亞呢！」內
> 中有一個人趕緊跑去，拿海絨蘸滿了醋綁在
> 葦子上，送給他喝。其餘的人說：「且等著，
> 看以利亞來救他不來。」耶穌又大聲喊叫，
> 氣就斷了。（27：45—49；參見《馬可福音》
> 15：33—37）

耶穌最後大聲喊著說：「以利，以利！
拉馬撒巴各大尼？」這是泣血的生命之聲，
原文是摻和了希伯來語的亞蘭語：Eloi, Eloi,
lama sabachthani？亞蘭語是耶穌時代巴勒斯
坦地區通行的語言。耶穌是否有一種被上帝
遺棄了的感覺呢？

Now from the sixth hour until
the ninth hour there was darkness
over all the land.
And about the ninth hour Jesus
cried out with a loud voice, saying,
"Eli, Eli, lama sabachthani?" That
is, "My God, My God, why have You
forsaken Me?"

(Matthew 27:45-46)

Three 耶穌為什麼死

　　《新約》福音書對耶穌之死的上述記載，無疑是確立了西方文化在苦難和罪惡中超越死亡的一種原型。耶穌的死亡模式中，我們看不到蘇格拉底式的人性尊嚴。也許，在孤獨無援的絕望之境中，人格尊嚴是更為真實地潛入了沉默無聲的忍耐。

　　耶穌為什麼死？耶穌之死據基督教的闡釋是人子甘願犧牲自己，把人類的所有罪孽包攬到了自己的身上，是用他的血和肉洗滌了世人的靈魂。但是它更為現實的啟示則應是，人有可能遭受各種不期而至的苦難；即使被命運遺棄，也不必怨天尤人，而應似耶穌受難的範式，甘於忍受最不公正、最為慘烈屈辱的死亡。這無疑正是基督教中苦難意識的來源。事實上，關於耶穌為什麼死，《新約》裡面的第一代基督教徒，已經給出了回答，如《哥林多前書》中保羅的說法：

　　你們既是無酵的麵，應當把舊酵除淨，好使你們成為新團；因為我們逾越節的羔羊基督，已經被殺獻祭了。（5:7）

　　這是比喻說法，把耶穌的死比作獻祭的羔羊。獻祭也是通觀《新約》形容耶穌之死的意象。在這裡耶穌被比作羔羊，顯然與《舊約》中為贖罪進行的獻祭儀式有關。耶穌本人在逾越節的最後的晚餐上，拿起餅擘開給門徒們吃，說這是他的身體；又拿酒給門徒們喝，說這是他立約的血，這已經是在提醒他的門徒們，他將在十字架上成就的事情，就像祖先記憶中的逾越節一樣，將成為他們生命的轉折點。《出埃及記》裡以色列人祭奠上帝把他們從埃及人的奴役中解救出來，獻祭的就是羔羊。我們記得當初上帝這樣曉諭摩西和亞倫：

　　你們要以本月為正月，為一年之首。你們吩咐以色列全會眾說：本月初十日，各人要按著父家取羊羔，一家一隻。若是一家的人太少，吃不了一隻羊羔，本人就要和他隔壁的鄰舍共取一隻。你們預備羊羔，要按著人數和飯量計算。要無殘疾、一歲的公羊羔。（12:1—4）

　　這可見，在保羅看來，耶穌的死就是代表有罪的人類，將自己整個兒的生命獻給上帝，由此為人類求得了罪的赦免。因此同樣是在《哥林多前書》中，保羅又說：「基督照聖經所說，為我們的罪死了。」（15:3）

　　耶穌是為他的民族而死的。中世紀以降，當西方人接受了《舊約》的全部記述時，卻對記撰《舊約》的猶太人產生刻骨仇恨，認為猶太人應對上帝之子耶穌的死負全部責任。本是一脈相生的基督教和猶太教，因此成為勢不兩立的狹路冤家。然而耶穌本人是猶太人，他的母親是個猶太女人，他的門徒也都是猶太人。按照基督教教義，耶穌之死是上帝道成肉身，以生命贖免世人罪惡的象徵。若此說可被接受，那麼耶穌用他的鮮血贖清的，首先便是他的同胞猶太人的苦難和罪愆。耶穌是他的民族獻給上帝的替罪羔羊，是用人的鮮血替代了牛羊的祭祀。這正是《舊約》世界和《新約》時代之間一塊不朽的界碑。這樣來看，耶穌是猶太民族中最後一個，也是最偉大的一個先知，是民族危亡之際挺身而出，以血警世的宗教英雄。耶穌贖清了亞當犯下的「原罪」，使世人可望在死後得到拯救，現實世界中的一切苦難，都因耶穌而得到神聖化。比較亞當不聽上帝的話，偷吃禁果犯下原罪，從而使人類墮入生生死死的循環，耶穌則是給必死的人類帶來了永生的希望。

　　假如和《舊約》中的上帝作一比較，可以發現耶穌身上發散出更多的人文精神。上帝耶和華是一個不苟言笑的至高無上神，他關照的是以色列人，但是即便以色列人，在他面前也總是顯得誠惶誠恐。耶穌雖然也從他這位父親身上繼承下剛烈的血統，表現為

現存制度的一個不屈的叛逆者，但是他慈祥、溫和、寬容、富有同情心。他彷彿遙在天邊，卻又似近在眼前。他本人也飽受了人世間的痛苦和折磨，他被人唾罵，被人侮辱，最終被釘上了十字架。他更像一個活生生的人。耶穌的神性，因此是表現在對苦難人生的一種堅定的超越信念，這信念是他在屈辱和苦難中，唯一剩下的一個立足之點。然而當他在極度痛苦中喊出「我的上帝，我的上帝，你為什麼離棄我？」時，他似乎對這唯一的精神支柱，也開始懷疑了。這呼聲更像是從生命的根基處，向我們訴說著殉道的痛苦。

耶穌本來在邊遠地區教導門徒，後來去了權力中心耶路撒冷，這就和保守權力直接發生衝突，從而導致了他不可逆轉的死亡。在這個背景中來看耶穌的死，英國學者約翰·德雷恩的《新約概論》一書中，枚舉了耶穌為什麼死的三種流行的解釋。

第一種也是最古老的觀點，那就是耶穌知道他受死的日子近了，於是就出發到耶路撒冷，去完成上帝的旨意。這一點可以見於《路加福音》中，耶穌對門徒所說的話：「看哪，我們上耶路撒冷去，先知所寫的一切都要成就在人子身上。他將要被交給外邦人。他們將要戲弄他，凌辱他，吐唾沫在他臉上，並要鞭打他，殺害他，第三日他要復活。」（18：31—33）

第二種觀點一度時髦。那就是耶穌故意賭了一次，但是沒有成功。也就是說，耶穌期望上帝間接或直接地介入他的耶路撒冷之行，以證明他推動上帝做工的榮光。但是上帝沒有如他期望的那樣介入歷史，耶穌發現自己只能死在十字架上了，這是他始料不及的。

第三種觀點，則認為耶穌之所以有耶路撒冷之行，完全是因為他已經去過巴勒斯坦的大部分其他地區，所以希望到以色列民族信仰的都城來繼續佈道。耶穌受到當地權威的迫害，則是件不曾料到的司法錯誤。

這三種解釋或許都是不無道理的。但是沒有疑問耶穌始終是知道他的殉道命運，而迎頭走上去的。在靈與肉的劇烈衝突中，脆弱的肉體和人性雖歸消亡，但是它們揭示了人類內心生活中一些最為深邃的東西，因此有了神聖的光輝。黑格爾看出了這一點，他多次用耶穌之死來引證他的絕對精神理論。《美學講演錄》中他說，耶穌雖然遭受了苦難和死亡，但是通過死亡的痛苦，他又從死亡中復活了，成為光榮的神。個體生命由單純的自在之物，因此昇華為實現了

它的本質的實在之物。耶穌之死給予人類的
啟示，據黑格爾看來，便在於它揭示了人類
亦將經歷一個痛苦的否定過程，最終實現精
神的無限自由。所以他認為耶穌之死是一種
崇高的範型，其中體現出的尖銳衝突特徵，
與古希臘審美理想具有很大的差異：

　　基督受嗤笑，戴荊棘冠，背十字架到刑
場，忍受殉道者的苦刑和拖得很久的死，這
一切都不能用希臘美的形式去表現。在這種
情境裡偉大崇高的是神性本身，是深刻的內
心生活，是精神中永恆因素的無限的苦痛，
是堅忍和神的寧靜[1]。

　　黑格爾因此強調選取基督之死為藝術題
材，藝術家如果按照古典型的理想模式來塑
造耶穌，必然會走上歧途。古希臘的美學範
式固然也可賦予耶穌的形象以肅穆和莊嚴的
美，然而耶穌的內心痛苦和純精神一面的表
現勢將有所犧牲。黑格爾認為將希臘的感性
傳統和希伯來致力於超越的崇高傳統結合起
來是極難的事。他發現的解決辦法，是一方
面在於藝術家通過平凡熟悉的東西來顯示最
為內在的精神，一方面在於藝術家在創造過
程中使用技巧工具和技巧方法，從而將精神
的生氣吹入所以創作的形象之中，令精神中
最深刻的東西成為可以觀照的對象。黑格爾
的這一看法也正體現了他美學體系中古典型
藝術和浪漫型藝術的區分。由是而為尺度，

---

① 黑格爾著，朱光潛譯：《美學》第二卷，北京：商務印書
館，1979 年，頁 299。

耶穌之死理所當然便是宗教藝術中最美的題材。懸釘在十字架上的難以忍受的痛苦，被淋漓盡致地表現了出來。

耶穌之死作為藝術題材的常新不敗，甚至見於電影這個相對新近的藝術形式。近年有兩部表現此一題材的好萊塢電影值得注意。這兩部電影都引起過爭議，它們是 1988 年由馬丁‧斯科塞斯執導的《基督的最後誘惑》和 2004 年由梅爾‧吉伯森執導的《基督受難記》。

《基督的最後誘惑》改編自希臘作家尼科斯‧卡贊扎基斯的同名小說，耶穌出場就是一個落寞自卑的孤家寡人，他的木匠生計是給羅馬統治者做十字架，而十字架上釘死的是他的猶太同胞。有一陣他惘然若失看著妓女抹大拉的瑪麗在接納排著長隊的客人。他覺得內心裡有什麼聲音在召喚，要他去殉道，可是他弄不清這到底是聖父上帝的聲音還是魔鬼撒旦的聲音。反倒是猶大這個把自己老師賣了三十塊錢的叛徒，在電影裡神氣活現，儼然成了革命者的角色，因為正是他最終把耶穌逼上絕路，給釘在十字架上。就在十字架上，耶穌經歷了最後的誘惑，在撒旦引誘下他夢見自己走下十字架來，同妓女瑪麗結伴，過起了普通老百姓的生活。唯到最後關頭，耶穌才如夢初醒，堅定信念，殉道而亡。影片著力將耶穌表現為一個庸庸碌碌的凡人，全然不見神性，公映後當時就引起軒然大波，迄今大多數基督教徒對它還是耿耿於懷。不說它褻瀆神聖，就是在藝術和美學上，也有評論家認為它是失敗之作，比如讓猶大帶上近東口音，尤引來譏諷不斷。但是喜歡這部片子的同樣大有人在，認為導演手法堅定，出演耶穌、猶大和瑪麗的三位演員各盡其妙，整部影片是為後現代的代表之作。但是什麼是後現代？一切離經叛道的東西都叫做後現代嗎？也許，因為我們不能忘記《基督的最後誘惑》這部小說可是出產在半個世紀之前，是時尚不知後現代為何物。耶穌之死在上述同名電影和小說中展示的不是崇高，而是典型的反崇高。崇高與反崇高，它們是同根相生的兄弟嗎？

《基督受難記》給人的感受是血腥和強烈的痛苦。它集中表現耶穌一生最後十二個小時的悲烈時刻。從最後的晚餐之後來到客西馬尼果園祈禱開始，後面一連串驚心動魄的事件以生活的全部真實血淋淋地在銀幕上展開。耶穌被出賣，被逮捕，被彼拉多和希律王審判，他被鞭打折磨，被判死刑，然後頭戴荊棘冠，背著沉重的十字架，在眾人的揶揄和兵士的擊打下屈辱地上山，以及鐵

釘怎樣釘進手腕……這一切按照古典美學原則應該節略的慘相，全都栩栩如生以細節的真實呈現在我們面前。其中有幾次影片閃回敘述耶穌的生平，可是觀眾驚魂甫定，馬上又回到了血肉橫飛的慘烈鏡頭。這很像是另一種暴力美學，而死亡與崇高的痛苦經驗，是以極為慘烈的形式震撼了我們的靈魂和肉體。對此片的反對意見除了暴力，主要是認為它具有反猶主義傾向。辯護者則稱指責該片反猶是無稽之談，因為殺死耶穌的不僅有猶太人，也有羅馬人，更有我們所有的人，因為耶穌是為了贖清人類的罪孽而犧牲自己，給釘死在十字架上的。

But Jesus, turning to them, said, "Daughters of Jerusalem, do not weep for Me, but weep for yourselves and for your children.

"For indeed the days are coming in which they will say, 'Blessed are the barren, wombs that never bore, and breasts which never nursed!'

"Then they will begin 'to say to the mountains, "Fall on us!" and to the hills, "Cover us!"'

"For if they do these things in the green wood, what will be done in the dry?"

(Luke 23:28-31)

CHAPTER 14

復活的信念

復活指的是耶穌的死亡和復活，它給基督教的死亡觀念畫龍點睛，是為其中的核心和靈魂。**耶穌復活的原型給苦難人生展示一種永生的希望**，就像尼采譬喻造型藝術的阿波羅日神衝動，是給淒風苦雨的生存現實披上一層如夢似幻的美麗面紗，使羅馬暴政迫害之下的基督徒，覺得苦不堪言的人生盡頭畢竟還有一線光明。復活不僅是肉體上的復活，當然還是精神上的復活。或者，肉體和精神都還不足以涵蓋復活這個母題在基督教文化中的深長意味？那就說來話長了。

○NE
《舊約》中的死亡觀念

　　最初的基督教徒是猶太人，早期猶太教
裡，人死即意味著生命形式的終結，與上帝
的聯繫，也由此終結。但人死之後不是完全
寂滅，而是去向希伯來文叫做 sheol 陰間，
陰間裡的居民叫做 rephaim，大抵是影子模
樣，昏昏沉沉，無精打采的，與在世時充沛
在身體裡的生命不可同日而語。但是即便是
這等影子模樣，也聊勝於徹底寂滅沒有一點
蹤影存在。所以《傳道書》裡，我們會讀到
這樣的話：「活著的狗比死了的獅子強。」
（9：4）

　　《傳道書》的主題是渲染人生的虛空，
一般認為是《舊約》裡最是悲觀的篇章。作
為《聖經》裡典型的智慧文學作品，《傳道
書》顯示人單憑自己的智慧和能力去奮鬥探
索，其結果每每就是徒勞無功的，因為人有
共同的歸宿，這就是死亡。而死亡的來臨是
沒有人可以改變和逃避的：

　　活著的人知道必死，死了的人毫無所
知，也不再得賞賜，他們的名無人記念。他
們的愛，他們的恨，他們的嫉妒，早都消滅
了。在日光之下所行的一切事上，他們永不
再有份了。（9：5—6）

　　這真是死去原知萬事空。一切都歸於虛
無，真好似一切是來自虛無。所以我們理當
珍惜短暫的生命。對於這一點，《傳道書》

For the living know that they
will die; but the dead know nothing,
and they have no more reward, for
the memory of them is forgotten.
Also their love, their hatred, and
their envy have now perished; nev-
ermore will they have a share in
anything done under the sun.

(Ecclesiastes 9:5-6)

同樣是給予充分首肯的：

> 在你一生虛空的年日，就是上帝賜你在日光之下虛空的年日，當同你所愛的妻快活度日，因為那是你生前在日光之下勞碌的事上所得的份。凡你手所當作的事，要盡力去作，因為在你所必去的陰間，沒有工作，沒有謀算，沒有知識，也沒有智慧。（9：9—10）

僅此而言，《傳道書》就不宜被視為一味消極的悲觀主義。作者針對人無從逃避的死亡歸宿，給出的建議是當我們享受生命的時候，我們理當敬畏造物主，珍惜親情，盡心盡力把手邊的事情做好，這樣，即便到了終歸虛空的彼岸世界，也就沒有什麼遺憾了。這樣一種人生哲學，應當是具有普世性的。

《舊約》把死亡描述為「原罪」的直接後果。原罪是指人類始祖亞當和夏娃犯下的罪行，這就是偷吃了智慧樹上的禁果。上帝造人之初，並沒有給他規定生命的期限，伊甸園裡亞當和夏娃原是可望得到永生的。夏娃抵擋不住蛇的誘惑，偷吃了智慧果，亞當明知大事不好，可是也義無反顧，接過夏娃遞過來的果實，一樣吃了下去。上帝因此將亞當和夏娃逐出樂園，他給予夏娃的宣判是，她將加倍蒙受生兒育女的痛苦，且必戀慕丈夫而為丈夫管轄。給予亞當的宣判則是必終身勞苦直至死亡：

> 你必汗流滿面才能餬口，
>
> 直到你歸了土；
>
> 因為是從土而出的。
>
> 你本是塵土，仍要歸於塵土。（《創世記》3：19）

由此人類便因為其始祖的犯罪而墮落，開始了生生死死的無窮輪迴。所以不奇怪，《羅馬書》裡聖保羅會這樣說：「這就如罪是從一人入了世界，死又是從罪來的；於是死就臨到眾人，因為眾人都犯了罪。」（5：12）這墮落或者是人類從朦朧愚昧邁向智慧文明的第一步，死亡在這裡，思想起來也自有一種悲壯的美。

所以死亡恐懼，對於上帝的選民以色列人來說，也一樣永遠是籠罩在心頭的一塊陰影。《詩篇》裡大衛求告上帝，我們發現也每每涉及死亡的母題。如大衛患難時，這樣向上帝祈禱：「耶和華啊，求你轉回搭救我，因你的慈愛拯救我。因為在死地無人記念你，在陰間有誰稱謝你？」（6：4—5）這是說，

人死去之後，連讚美上帝的機會都沒有啦。同樣的，上帝的恩典眷顧活人，卻不會眷顧死人。還是在《詩篇》裡，我們讀到這樣的文字：

> 我被丟在死人中，
>
> 好像被殺的人躺在墳墓裡。
>
> 他們是你不再記念的，
>
> 與你隔絕了。（88：5）

這是可拉後裔的詩歌。可拉是摩西帶領以色列人出埃及時一個反叛黨的領袖，反對只有亞倫家族可以擔當祭司，結果挨上帝懲罰，下場悲慘，大地裂開，被活活吞沒。但是《詩篇》裡面出現可拉後裔的作品，可拉的後裔，很可能是一群音樂家。就以上詩行來看，詩人現在身患重病，身心孤苦，在祈求上帝眷顧。而「被丟在死人中」這樣的說法，很使人懷疑他是不是身患傳染病，被隔離開來了。使人深感死人不復被上帝眷顧，反過來自然也不再會稱讚述說上帝的慈愛：

> 你豈要行奇事給死人看嗎？
>
> 難道陰魂還能起來稱讚你嗎？
>
> 豈能在墳墓裡述說你的信實嗎？
>
> 你的奇事豈能在幽暗裡被知道嗎？
>
> 你的公義豈能在忘記之地被知道嗎？

（88：10—12）

陰魂、墳墓、幽暗、忘記之地，這些就是用來描述彼岸世界的詞彙。顯而易見，這個彼岸世界和上帝賜予的日光之下的今生今世，是兩不相通的。

　　《舊約》裡也有復活的思想。如《以賽亞書》講到將來救世主降臨的時候，陰間裡的居民就要復活了：「死人要復活，屍首要興起。睡在塵埃的啊，要醒起歌唱！」（26：19），《但以理書》中我們也看到類似的文字：

> 睡在塵埃中的，必有多人復醒，其中有得永生的，有受羞辱的、永遠被憎惡的。智慧人必發光，如同天上的光；那使多人歸義的，必發光如星，直到永永遠遠。（12：2—3）

　　但這裡基本上還是善惡報應的觀念，相信好人最終將得復生。這一點，和後來成為基督教基本信仰的《新約》中的復活信念，是大不相同的。

Two 保羅論復活

　　《聖經》中的復活思想比較集中見於《新約》中的保羅書信。保羅是猶太人，出生在今土耳其東南部的塔爾索斯，後來成為法利賽人的一員。法利賽人不是祭司，而是堅持恪守《摩西五經》的俗人，公元 66 至 70 年猶太人舉行反抗羅馬的起義之後，一些派別如撒都該人，都流散不存，但法利賽人留存下來，為其後的拉比猶太教奠定了基礎。復活是法利賽人的基本信仰。可見保羅在成為基督徒，相信耶穌復活的傳聞是為真實之前，老早就深信不疑復活了。但耶穌的犧牲和復活標誌一個新的時代的開始，它意味著拯救，意味著人和上帝形成了一種新的關係。

　　《新約》裡收入保羅名下的書信計有十三封，由於文體、用詞及內容多有差異，研究者普遍認為其中一些書信多半是出自保羅門徒的手筆。雖然具體篇目的作者還有爭論，但其中七篇學界一致公認是保羅所撰，它們是《羅馬書》、《哥林多前書》、《哥林多後書》、《加拉太書》、《腓立比書》、《帖撒羅尼伽前書》、《腓利門書》。保羅釋亞當和夏娃的故事為死亡之所以進入人類世界，是因為亞當原罪即抗命上帝的結果。唯其如此，死亡才成為人類的必然歸宿。就像上面《羅馬書》中保羅強調說，這就如罪是從一人而來，死亡又是從罪而來，於是死就臨到眾人，因為眾人都犯了罪。這意味著什麼？這意味著人不是因為他是必死之身而難免犯罪，恰恰相反，人之所以終歸死亡，是因為他的原罪，而原罪不僅僅是亞當所為，而是從此之後每一個人都必犯罪，由

此來呼應亞當的原罪及其惡果。這樣一種理論，當它提出之初，無疑是非常新鮮的。

保羅在罪和死亡的根源上沒有多費口舌。他的真正意圖是表明上帝通過基督耶穌，如何將人類拯救出了困境。人類如何能夠擺脫罪和死亡的陰影？保羅給出的答案是參與耶穌的受難與復活。如何參與？那便是接受洗禮，還是《羅馬書》裡他說，豈不知我們這受洗歸入基督的人，是受洗歸入他的死嗎？所以我們藉著洗禮歸入死，和他一同埋葬，就是像基督藉著父的榮耀從死裡復活一樣。那麼，是不是洗禮即意味得享不朽？未必，洗禮並不能擺脫死亡的陰影，這一點保羅非常清楚。但是洗禮成為基督徒之後，可以藉耶穌的復活而得到永恆來世的承諾，這便是《哥林多前書》中「在亞當裡眾人都死了，照樣在基督裡眾人都要復活」（15：22）這句話的由來。

保羅寫下這些書信的時候是在四篇福音書記載耶穌受難和復活之前，可以說是迄今為止最重要的基督教復活觀念的信仰記述。其中最集中的片斷是在《哥林多前書》第十五章，保羅告訴哥林多人耶穌復活是千真萬確的事實而不是道聽途說的傳聞：

我當日所領受又傳給你們的，第一，就是基督照聖經所說，為我們的罪死了，而且埋葬了；又照聖經所說，第三天復活了，並且顯給磯法看；然後顯給十二使徒看，後來一時顯給五百多弟兄看，其中一大半到如今

For as in Adam all die, even so in Christ all shall be made alive.
But each one in his own order: Christ the firstfruits, afterward those *who are Christ's* **at His coming.**

(1 Corinthians 15:22-23)

還在。（15：3—6）

保羅接著又說：既然大家傳說基督是從死裡復活了，怎麼在你們中間有人說沒有死人復活的事呢？若沒有死人復活的事，基督也就沒有復活了。若基督沒有復活，我們所傳所信的便也全是枉然。可見保羅一心要說明凡信仰基督的人，都也將跟著一道死而復生。有人問保羅，死人怎樣復活，帶著什麼樣的身體來呢？保羅認為這個問題問得無知，不過還是耐心作了回答。保羅用的是比喻說法，比喻和形象在後來的基督教傳統中，就成為向沒有多少知識的大眾傳佈信仰的最好途徑。保羅說，凡所種的，假如不死就不能生。而且世俗的必死的身體，和神聖的永恆的身體不是一回事情。具體說，就是肉體各有不同，人是一樣，獸又是一樣，鳥又是一樣，魚又是一樣。有天上的形體，也有地上的形體。天上形體的榮光是一種樣式，地上形體的榮光又是一種樣式。正好比日有日的榮光，月有月的榮光，星有星的榮光，這顆星和那顆星的榮光，又各不相同。所以：

> 死人的復活也是這樣：所種的是必朽壞的，復活的是不朽壞的；所種的是羞辱的，復活的是榮耀的；所種的是軟弱的，復活的是強壯的；所種的是血氣的身體，復活的是靈性的身體。（15：41—44）

換言之，肉體的身體必然死亡，但是精神的身體將得到復活永生。按照保羅的解釋，血肉之軀不足以承受上帝的榮光，唯有精神的身體可以承受永恆的榮光。但是問題在於，精神的身體是身體嗎？它和我們平時所說的靈魂，又有什麼區別？它是空間的、三維的、物質的存在嗎？保羅的回答是亞當是屬土的形狀，耶穌是屬天的形狀。我們現在具有屬土的形狀，將來就必然有屬天的形狀。既然道成肉身的耶穌和我們一樣也有過血肉之軀，那麼可以相信，到我們具有屬天的形狀的時候，正如耶穌復活指的不光是精神，而恰恰也是肉體的復活，故此它們將同樣是具有空間的、三維的、物質的軀體。

保羅寫這封信應是回復對耶穌復活抱有懷疑的哥林多人。持懷疑態度多半是受了希臘哲學的影響。但是保羅毫不含糊闡明復活是他的信仰的核心所在。基督得救是緊銜基督復活的事實，沒有基督的死中復生，就沒有基督的得救。而除卻這兩者，信仰將變得空空如也。保羅的書信斷斷續續寫出，不是系統神學，因此有些問題可能未必敘述清楚。比如一個問題是，假如說保羅把復活描

述為一個將來的事件，那麼在我們死亡和復活發生之間，我們又可以期望些什麼？事實上《新約》的作者包括保羅都認為基督的再次降臨是很快的事情。如保羅這樣說過：

> 我們現在照主的話告訴你們一件事：我們這活著還留存到主降臨的人，斷不能在那已經睡了的人之先，因為主必親自從天降臨，有呼叫的聲音和天使長的聲音，又有上帝的號吹響，那在基督裡死了的人必先復活。（《帖撒羅尼伽前書》4：15—16）

這可見保羅和《新約》的其他作者一樣，都相信他們在世的時候，基督就會再次降臨，令先已死去的人復生復活。但是日月嬗替，光陰流轉，耶穌使徒期盼的耶穌的第二次來臨並沒有發生，反之死亡和復活的母題轉化成了內心的經驗。從前人死將面臨上帝審判，好人上天與上帝同在，壞人下地獄給上帝拋棄的猶太傳統觀念，又捲土重來。這一傳統同復活的信念結合起來，就形成了一個非常獨特的生死模態：從理論上說，人死之後不可能是油盡燈滅，他依然存在，當然是非肉體的存在，一直到最後復活，人可望恢復當初死去的肉體。假如有天網恢恢、疏而不漏的最後的審判，那麼似乎也會出現一個兩難：審判的標準是普世價值的標準，還是民族和國家的相對價值的標準？不僅如此，基督教徒死後，是馬上就天堂地獄去向分明呢，還是要等待審判？他得等多久呢？

THREE 來世的模樣

因此，有一點是明白無誤的，這就是《聖經》寓示了來世的觀念。這是基督教救贖學說的基礎。雖然這個觀念非常模糊，或者毋寧說，最後審判的教義更像是對此生人格的一種鞭策和督促，故此，基督教的來世觀念從根本上說，是在於強調此生人格的轉化。但是顯而易見，這一轉化的結果是此生看不到的，它只能在彼岸世界得到實現。所以不奇怪，基督教關於拯救、永生、潔淨等等一切話語，假如沒有來世的觀念，將無一例外變成烏托邦而謬不可信。

但加拿大學者泰倫斯·帕內倫（Terence Penelhum）在他的《基督教來世觀》一文中，對保羅的復活理論提出了一個問題。他認為這個問題雖然在歷代基督教思想家看來不足一道，其實不然。即是說，如果我們每一個人，或者每一個得到拯救的人，因為上帝的恩寵重獲身形，而且比當初的血肉之軀更榮耀、更強壯，那麼我們如何能說，這個未來的靈性的身體是我們自己呢？難道他不是我們的一個副本，一個複製品嗎？帕內倫注意到這個問題表面上看是不難解釋的。比如可以說在死亡和復活之間，人是存在於靈魂或者說精神的狀態，依然保留了原來的身份。這和柏拉圖的靈魂不死說一脈相承，事實上也是普遍流行的解釋。但是帕內倫認為這個解釋沒有說到點子上，而且本身就有漏洞：

我們堅持沒有身體的存在，這意味著什麼？脫離肉體的人對肉身所為是一無所能的，他不能走路、跑步、坐下、說話、唱歌、微笑、大笑、哭泣、招手甚或握手。所以顯而易見，脫離身體的存在是看不見、聽不到、摸不著的。他們不可能彼此相遇，更不用說和我們交流了。許多人相信死後的生活，相信靈魂可以同肉體分開。但是事實上他們是把人的生理的特點加在靈魂之上，這和他們說靈魂沒有肉體，是自相矛盾的[①]。

這樣來看，復活以後我們的身份就成了一個很大的問題。至少在帕內倫看來，讓沒有身體的精神來承擔某人死後的身份特徵，是極可懷疑的。也許帕內倫的疑慮只是一家之言。《新約》談死實際上有兩種意義：一種是字面義，一種是隱喻義。字面義死亡是指生命的終結，隱喻義則多指精神和道德層面，這

---

① Harold Coward ed., *Life After Death in World Religions*, New York: Orbis Books. 1997, p.45-46.

是我們所熟悉的傳統：有些人活著，他們已
經死了；有些人死了，他們依然活著。這裡
指的自然是精神的層面了。但《新約》對生
理上的死亡很顯然持敵視態度——它肯定不
是卸除一生苦辛的甜蜜夢鄉。如是死亡和永
生就成為一個認真的宗教和神學問題：既然
上帝是生命的創造者，為什麼他創造的一切
生命，終歸死亡呢？

　　靈魂不死是希臘哲學的傳統，然而未必
是《新約》的傳統。《新約》的永生模式是
獨一無二的，這就是通過復活，人將再一次
得到不朽的生命，包括靈魂，也包括肉體。
而未必就是帕內倫憂慮的光見靈魂不見肉體
特徵的困頓。故此復活不光是再生，再生可
以再死，但是復活之人將得永生。基督教的
死亡哲學由此彰顯無遺：人生來必死，但是
人生有耶穌樹立的復活的榜樣和目標，通過
實現復活的目標，人終而可以得到永生。

　　《新約》裡希臘文化的影響是為顯見。
希臘文化裡以不朽的靈魂對必朽的肉體，構
成一個二元對立。這個二元對立的歷史遠較
將之哲學化的柏拉圖更要悠久，一般認為它
的直接來源是近東的諾斯替教的神秘主義。
《新約》中有這一靈肉二元論的影響，這與
《舊約》是不同的。《舊約》從來沒有視肉
體為靈魂的束縛，上帝造人是造出了完整的
人，肉體和吹入其中的生氣，一併是上帝的
作品。這意味肉和靈一樣具有神聖的意義。
但是隨著復活觀念的流行，好人進天堂，壞

人下地獄，標誌著基督教的死亡觀開闢了一個全新的天地。

復活意味著什麼？《馬太福音》和《馬可福音》中，耶穌對這個問題都還有一個解答。兩部福音都記述了撒都該人不相信復活，跑來探問耶穌的故事。撒都該人對耶穌說，當初摩西說過，人若死了，撇下妻子，沒有孩子，他兄弟便當娶她為妻，為哥哥生子立後。那麼假如某人有七個兄弟，無子而亡，留下妻子。於是妻子嫁給老二，但是接著老二又死了，妻子嫁給老三，老三又死了……如此妻子挨個嫁給了七兄弟。現在的問題是，復活以後，這女子是誰的妻子呢？耶穌當時答道：

你們所以錯了，豈不是因為不明白聖經，不曉得上帝的大能嗎？人從死裡復活，也不娶也不嫁，乃像天上的使者一樣。論到死人復活，你們沒有念過摩西的書荊棘篇上所載的嗎？上帝對摩西說：「我是亞伯拉罕的上帝，以撒的上帝，雅各的上帝。」上帝不是死人的上帝；乃是活人的上帝。你們是大錯了。（《馬可福音》12：24—27）

凡人通過復活可以變成天使！這樣一種許諾，使得復活以後只有靈魂還是靈魂肉體兼有的疑慮變得無足輕重。復活這樣看來，便也超脫了生生死死的世俗輪迴，就像佛教的涅槃那樣進入大生大死的至高境界。基督教的來世文化，因此也是一種道成肉身的期望，其光輝燦爛，當非言語可以恣意描述了。

Four 末日審判和天堂地獄

《聖經》中同復活直接有關的，還有世界末日，以及天堂和地獄的觀念。世界末日是人類及世界的最終結局，也是人類最終毀滅歸於死亡的那一日。這一觀念出自早期基督教，據信彌賽亞即救世主來臨之前，世界將近末日，天地變色，災難迭降，天使與魔鬼展開大戰，然後在地上建立基督為首的義人統治，惡人永遠受刑，善人升入永恆天國。但《新約》中的《啟示錄》對世界末日的描述，則要形象得多。《啟示錄》的作者是約翰，成書在保羅去世三十年，耶穌殉道六十餘年之後。議及《新約》對西方文學和藝術產生的影響，可以說沒有哪一篇能出《啟示錄》之右。此書的寫作正值基督教徒廣受迫害之際，因為不肯認同羅馬皇帝的君權神授，許多教徒不得不以命相抵。啟示神學原是來自

猶太教的遺產，現在約翰可以說是用它來解釋基督徒面臨的新問題了。

《啟示錄》的一個顯見的主題就是死亡。我們看到耶穌出場，一開口就這樣宣佈：

> 不要懼怕！我是首先的，我是末後的，又是那存活的。我曾死過，現在又活了，直活到永遠永遠，並且拿著死亡和陰間的鑰匙。（1：17—18）

這是昭示世人，為耶穌而死者，必有復活的希望，因為耶穌本人就掌握著死亡和陰間的鑰匙。接下來的死亡意象充滿幻想色彩而顯得驚心動魄，激發了基督徒對死後世界的無窮想像，也激發了歷代藝術家的無窮靈感。約翰說，他先是看見天門開了，有一匹白馬，騎在馬上的人雙目炯炯如火焰，頭上戴著許多冠冕，身上穿著濺了血的衣服，率領穿細麻衣、騎白馬的天兵天將，從天而降。他口中吐出利劍，可以擊殺列國，並用鐵杖來轄管它們。他就是萬王之王、萬主之主，第二次降臨人間的基督耶穌。

耶穌再次降臨人間，是來實行最後的審判的。約翰首先看到的是千禧年的景象。他接著說，他又看見一位天使從天而降，手中拿著鑰匙和一條大鐵鏈，捉住變成蛇的撒旦，將他打入無底深淵，為期千年，令他不得再迷惑列國。而在這一千年中，凡為敬奉上帝而被殺，和那些沒有拜過偶像的靈魂，皆一一復活，與基督一同作王一千年。然後，撒旦將從牢獄中放出，復而迷惑四方列國，

末日審判

令其大動刀兵。他們的人數多如海河，密密麻麻，將基督徒的城池圍個水洩不通。然而火從天降，瞬間便將這群烏合之眾燒了個灰飛煙滅。繼而將迷惑他們的魔鬼撒旦扔進熊熊燃燒的硫磺湖中，令其與先已被打入這湖中的惡獸和假先知們，一起晝夜受烈火煎熬，直到永遠永遠。於是進行最後的末日審判：

> 我又看見死了的人，無論大小，都站在寶座前。案卷展開了，並且另有一卷展開，就是生命冊。死了的人都憑著這些案卷所記載的，照他們所行的受審判。於是海交出其中的死人。死亡和陰間也交出其中的死人。他們都照各人所行的受審判。死亡和陰間也被扔在火湖裡，這火湖就是第二次的死。若有人名字沒記在生命冊上，他就被扔在火湖裡。（20：12—15）

這個景象是驚心動魄的：亡靈從大海和幽冥中一一升起，匯聚到在天的生命之冊跟前，根據上面的記載，凡冊上無名者，統統被發落入那可怕的火湖，經歷第二次死亡，也是萬劫不復的永恆的死亡。而善人則與上帝同在，「上帝要擦去他們一切的眼淚，不再有死亡，也不再有悲哀、哭號、疼痛，因為以前的事都過去了。」（21：4）這實際上是升入了天國。至此我們有理由相信，我們這個曾經是善惡並舉，美醜與共，因而是轟轟烈烈相當熱鬧的人間，已是白茫茫一片大地，了無人煙了。

約翰說他是親眼看見耶穌復活後，再次降臨為世上的君王的。這多半是一種幻覺，或者說一種迷狂狀態中的想像。但即便如此，這篇出自約翰手筆的《啟示錄》，實際上是將世界末日設定在公元 11 世紀。約翰的預言已被充分證明是沒有實現，但提出的與此有關的天堂和地獄的觀念，卻對後世產生了難以形容的巨大影響。其實《啟示錄》對人死後這兩個靈魂的去處，描述還相當模糊，尚在這一類觀念的初創階段。我們看到約翰是這樣描述天堂的：

> 我觀看，見天上有門開了。我初次聽見好像吹號的聲音，對我說：「你上到這裡來，我要將以後必成的事指示你。」我立刻被聖靈感動，見有一個寶座安置在天上，又有一位坐在寶座上。看那坐著的，好像碧玉和紅寶石。又有虹圍著寶座，好像綠寶石。寶座的周圍，又有二十四個座位，其上坐著二十四位長老，身穿白衣，頭上戴著金冠冕。有閃電、聲音、雷轟，從寶座中發出。有七盞火燈在寶座前點著，這七燈就是上帝的七靈。寶座前好像一個玻璃海如同水晶。寶座中和寶座周圍有四個活物，前後遍體都滿了眼睛。（4：1—6）

這是一個叫人眼花繚亂的天堂，毫無疑問它就是上帝的居所。從其中反覆出現的寶石、黃金、異獸等意象來看，它是反映了一種相當素樸的審美意識，以富麗為美。那一種感覺有點像劉姥姥初進大觀園，亦無異於一個赤貧如洗的窮人，一下子走進了一所金碧輝煌的宮殿，而耶穌的十二位門徒，確實也大都就是赤貧如洗的窮漢子。而接下來二十四位長老俯伏在地，向寶座中的上帝極盡禮讚的場面，也非常相似人間帝王的八面威風。

　　其實如前所述，耶和華上帝本是無形無狀甚而無名的，而且堅決反對形象崇拜。《舊約》中上帝不止一次告誡他的子民：誰若見到我，他必死。上帝還三令五申禁止製作形象，不光是不許崇拜異教的偶像，而且還不許以色列人製作任何神像來同他匹配。從神像禁忌進而發展到形象禁忌，天上、地下和水中的一切形象，悉盡被上帝明令禁止。古代希伯來人的造型藝術天賦，看來在上帝形象禁忌的頻頻嚴令之下，是給無可奈何地壓抑下去了。到約翰寫《啟示錄》的光景，形象禁忌的律令早已物是人非，顯得遙遠了。可是《啟示錄》雖然一個勁地渲染天堂瑰麗，卻終未正面勾出上帝的形象，恐怕也是個妥協。但構想出這麼個大體是以人間富貴來揣度上帝居所的天堂，它的美學內涵顯然要蓋過了神學的內涵。嗣後《要理大全》等其他基督教文獻中，進一步把天堂描繪成黃金鋪

Immediately I was in the Spirit; and behold, a throne set in heaven, and *One* sat on the throne.

And He who sat there was like a jasper and a sardius stone in appearance; and *there was* a rainbow around the throne, in appearance like an emerald.

(Revelation 4:2-3)

地、寶石蓋屋，靈魂在此可眼觀美景，耳聽仙樂，口嚐美味，每一種感官都能體嚐到相應的福樂，那就與俗世幻想的西方極樂世界，毫無二致了。

《新約》中對地獄的描述，更含糊一些。《啟示錄》中，那個撒旦、異教徒、假先知，以及未能通過末日審判的亡靈等悉盡被打入其中的火湖，顯然便是地獄所在。但除了明確這火湖裡燒的是硫磺，它的構造層次等等其他情況，我們並不清楚。《馬可福音》中也提到地獄，當時耶穌對他的門徒說：

倘若你一隻眼叫你跌倒，就去掉它。你只有一隻眼進入上帝的國，強如有兩隻眼被丟在地獄裡。在那裡蟲是不死的，火是不滅的。因為必用火當鹽，醃各人。（9：47—49）

這與約翰後來幻覺中所見的硫磺火湖，基本上也是如出一轍。雖然如此，天堂和地獄的觀念，還是非常鮮明地在《新約》中被提了出來：凡信仰基督、悔改罪過的人，死後靈魂進入天國，與上帝同享福樂；凡不信基督、不思悔改的人，死後靈魂被丟入地獄，在火焰中永世受煎熬。這便是兩隻眼和一隻眼比喻的真義所在。它的神學前提，則是人類那個最為古老的神秘信仰：靈魂不滅。

基督教中，栩栩如生描繪出地獄恐怖場面的，恐怕首推中世紀意大利的著名詩人但丁。但丁的《神曲》並非僅僅是描寫人死後靈魂的生活，它有非常現實的象徵意義。事實上，因為這部長詩字裡行間濃烈的情感色彩，一直到今天，還有人指責但丁是替代基督來作末日審判，將他所憎惡的人，隨心所欲地往地獄發落。然而基督教地獄的慘烈可怖，其結構的龐大嚴密，以及魂靈在裡面活靈活現的受難之狀，但丁的描寫，委實是空前絕後的。西方文學中，但丁之前，對地獄作出精彩描寫的有羅馬詩人維吉爾的《埃涅阿斯記》，這是但丁地獄的一個直接來源。但維吉爾描畫的是羅馬神話中的地獄，實際上是好人壞人死後同歸於斯的冥界，與基督教善有善報、惡有惡報的天堂地獄觀念沒有多大關係。但丁之後，專以地獄為背景的，有英國 17 世紀詩人彌爾頓的《失樂園》，彌爾頓寫撒旦被上帝用雷電擊敗，拽著濃煙烈火，頭衝下從九重天直墜入無底的地獄。又寫眾魔頭雖敗心猶不甘，在撒旦鼓動下紛紛抽出刀劍，剎那間令一片白光照徹地獄。這些描寫，不但讀來驚心動魄，也具有強烈的視覺效果。但彌爾頓寫的是《舊約》中亞當何以被驅逐出伊甸園的故事，地獄完全就是魔鬼的居所，同凡人的亡靈毫無干係。所以，它也還不是嚴格的基督教意義上的地獄。

然而但丁不同。但丁作為一個虔誠的基督教徒，其對神學的深厚修養，加上作為一個詩人的豐富想像力，足以使《神曲》中的地獄篇成為正統神學的形象圖解。但丁所想像的地獄形似一個上寬下窄的大漏斗，頂部開在北半球，底直達地球的中心。地獄的大門上赫然寫著：你們走進來的，把一切希望拋在後面吧！這是典型的文學手法，可也叫人毛骨悚然。但丁將地獄分為九層。頗耐人尋味的是第一層的描寫，這裡雖然已是愁雲慘霧，但還有綠草和光亮，環境總還算得差強人意。居住此間的其實大都是些聖人，只因為生在基督之前，無緣得受洗禮，所以須在此間等候審判。導引但丁遊地獄的維吉爾說，基督耶穌曾光臨過這裡一次，將亞當、摩西、亞伯拉罕、大衛等《舊約》中的人物一應帶進了天國。但是但丁發現荷馬、蘇格拉底和柏拉圖等輩，依然還在這裡等候。第二層以下，便是對生前罪惡的加倍懲罰。生前耽於色慾者，如今在狂風中飄蕩。生前溺於口腹之慾者，永世為臭雨澆淋。暴君和殺人犯淹沒在血溝之中。不信死後有靈魂存在的，偏偏被合葬在為烈火燒烤的棺材之中。此外，離間父子感情者斬首，太會說話者割舌頭，誘姦婦女者被鞭打，阿諛奉承者淹沒在糞便之中。聖職買賣者所受的形罰尤駭人聽聞，一個個腳心著火被倒插在地縫裡，不啻於點天燈。地獄的結構也頗為複雜，它每一層又分為若干環，極盡變化，有水色深黑

如墨的死河，有燃著熊熊烈火的墳地，但見赤火流沙，血雨腥風，撲面而來。地獄的最下層是一片冰湖，凍住那些叛國賣主之徒。地獄的中心，則是長著三張臉的撒旦，口中分別咬著出賣耶穌的猶大和謀殺愷撒的布魯托斯和卡西奧。這個萬惡所歸的大魔王，至此已由懲罰的對象，轉而變為懲罰的工具了。

　　與地獄相倣，但丁的天堂，也稱得上博大精深，雖然它未必具有觀賞性和可讀性。但丁以中世紀的宇宙觀來框架天堂，把它分為月球、水星、金星等九重天，這裡慾望和物質的因素悉被褪盡，完全以光的強弱和色彩變化，來顯示靈魂的情感。及至在最高處見到上帝，乃是沉靜燦爛的一種光的本體。但丁說他依稀看到三個似虹模樣的圓環，這便是聖父、聖子、聖靈三位一體的象徵。其中一個圓環中，但丁又似乎看到了人的形象，這又是上帝道成肉身，化出的聖子耶穌了。此時但丁感到他的話語無能為力，實不足以表達他所見的那種光輝燦爛的美：「我的語句多麼無能，表現我的思想多麼軟弱！而我的思想和我的所見，真可說是微乎其微了。」[1] 這裡可見出一種純淨的神秘信仰，是真善美在其最高層次上，寄寓光所表達的存在形式。它與《新約》中那個珠光寶氣的天堂，以及一些基督教文獻中靈魂在此加倍享受人間福樂的描寫，相差不可以道里計。而以直觀的視覺經驗，高架於內在的思想之上，終而以形象的言所不能言的神秘感受來傳達信仰的至大至深，當也是典型的美學的邏輯。它或者可以說明，我們的五官感覺，並不總是理性思想的初階。

FIVE　復活和信仰

　　回過頭來看復活的母題。福音書載耶穌死而復生，曾以許多方式向他的信徒們證明他是活著的，他同人談話，用手上的釘痕顯示他確實就是耶穌，又吃燒魚，然後，他升入天堂，坐在聖父的右手邊。《路加福音》是這樣記載耶穌復活，顯現於他的門徒之中的：

　　　正說這話的時候，耶穌親自站在他們當中，說：「願你們平安！」他們卻驚慌害怕，以為所看見的是魂。耶穌說：「你們為什麼愁煩？為什麼心裡起疑念呢？

---

① 但丁：《神曲·天堂篇》，第33篇。

你們看我的手、我的腳,就知道實在是我了。摸我看看,魂無骨無肉,你們看,我是有的。」說了這話,就把手和腳給他們看。他們正喜得不敢信,並且稀奇,耶穌就說:「你們這裡有什麼吃的沒有?」他們便給他一片燒魚。他接過來,在他們面前吃了。(24:36—43)

這可見耶穌復活,是活生生的靈與肉的一併復活。幾天以後,耶穌用聖靈為信徒們洗禮,而信徒們則帶著聖靈的法力,在世界上傳播基督的福音。耶穌的復活這樣來看,便是死而復生,進入了每一個奉他為救世主的人的生命之中。所以謀求與上帝同在,必須通過對基督的信仰來予實現。這也是但丁悉心在地獄中構思一個「候判層」的緣由。

但是從文化人類學的角度上看,耶穌死而復生,或許並非基督教先知們悉心編撰出的虛構故事。人類的一些原始宗教中,很早就出現殺死老邁的部落酋長的習俗。這樣做的目的,據信是乘這首領的精力尚未衰竭之前,讓他進入泥土,來復興部落的食物供應。文明發展到一定程度,部落酋長以他擁有的權力,為逃避這個以性命為代價的致命責任,開始嘗試另擇一人來作替死鬼。於是在巴勒斯坦的東鄰巴比倫,就出現這樣一種風俗:每年選取一個判決死刑的犯人,給他穿上國王的衣服,將他當作國王膜拜,讓他與國王的嬪妃恣意行樂五天,然後鞭笞一頓,再絞刑處死。西鄰埃及,除了有穀神奧錫里斯死而復活的神話,亦有每年選取一名

And they told about the things *that had happened* on the road, and how He was known to them in the breaking of bread.

Now as they said these things, Jesus Himself stood in the midst of them, and said to them, "Peace to you."

(Luke 24:35-36)

犯人，化裝成奧錫里斯，替代法老作犧牲的習俗。這樣看來，福音書所記載的彼拉多的兵士給耶穌穿上紫袍，戴上棘冠，稱他為猶太人的王，對他敬禮，然後送上十字架的情節，就不僅僅是兵士們的惡作劇可以解釋，而有了一種代人受難的神秘意味。

耶穌就是彌賽亞。猶太教中上帝將派彌賽亞降臨，以自己的生命來救贖世人的信仰，與年邁的首領先被處死，繼之復活以使他的部落延綿的古老民俗，應屬同一源流。而這恰恰也應驗了耶穌受難的經過，他的信徒們尊奉自己的導師為神，進而期盼他奇蹟般地復活，可以說是一種很自然的心理。排除其間宗教的神秘主義成分，這未嘗不是人類以不朽的精神，對死亡作出的另一種偉大的超越。在這一超越面前，天堂的榮華富貴和地獄的慘烈恐怖變得渺小了，生死榮辱，一切皆成偶然。唯獨信仰有了與世長存的不朽意義。

至此《聖經》顯示的基督教的死亡價值觀，已現端倪：首先，人類一切永生的努力莫不顯得荒唐可笑，金字塔和木乃伊並不能跨過生與死的界限。其次，天堂和地獄的教義，作為對善與惡的不同回報，是誡生而不是主死。最後，對基督復活的信仰，足以使人間的一切光榮黯然失色。《舊約》中那個令人望而生畏的上帝，也因為如此犧牲了他的獨子耶穌，變得和藹可親起來。

《哥林多前書》中，保羅對哥林多人說，死亡的痛苦乃是罪惡。所以，信仰的使命不是去消除死亡本身，而是去消除導致死亡的因由，這就是罪惡。這意味著擺脫罪惡，最終得到拯救的復活，亦是應驗了保羅的老話：「死人若不復活，基督也就沒有復活了。基督若沒有復活，你們的信仰便是徒然，你們仍在罪惡裡。」（15：16—17）進一步看，復活的信念還有它很現實的道德內涵，這還是如保羅所言：

> 若死人不復活，我們就吃吃喝喝吧！因為明天就要死了。你們不要自欺，濫交是敗壞善行。你們要醒悟為善，不要犯罪，因為有人不認識上帝。（15：33—34）

在今天的後工業社會語境中，基督教的死亡價值觀，它的在復活中得救的信仰，還能不能有所作為？上帝死了的呼聲，尼采以來早已是此起彼伏。但是，經濟價值是否就是人類生活的最高價值？瑞士著名神學家漢斯昆（Hans Kueng）將宗教重新界定為不僅僅是信仰上帝或神，而同樣也是一種自我超越的努力，一種對天地自然的敬畏感，這樣來看，便也令人注目。1978 年他的大著《上帝

存在嗎？》論辯說，人類的不可轉移的苦難
和死亡，經常是人們抗議上帝、否定上帝的
理由，似乎上帝應對人被遺棄在這無邊的苦
難中負全部責任。於是有無神論者，倡導自
己承擔起自己的命運。但是結果呢，反而是
使人自己成了人類無邊苦難的被告。所以他
認為，只有《聖經》中的上帝，使人在本身
沒有意義的苦難和死亡中，找到了某種意義。
這就是信仰：即使在黑暗、悲傷和痛苦之中，
也能見到獻出自己的獨生子耶穌為人類受
過，慘遭殺戮，由此來關懷人類苦難的上帝。
漢斯昆因此認為，給人生和死亡最終提供解
答的，不是弗洛伊德，依然還是被釘死在十
字架上，繼之又復活的耶穌基督，因為耶穌
的死和復活給人展示了希望，使人看到了真
實的上帝的存在，這就是信仰。

　　其實，從保羅以降，基督教的神秘教
義，即是孜孜不倦以求賦予冷漠的宇宙以一
種富有神性，或者不如說富有人性的終極意
義。基督死而復活的信仰，意味著時間過程
中每一種過去、現時、將來的存在，都將最
終獲得永恆。永恆是人類永無止境渴望的東
西，是一個不斷更新，然而永遠難以成真的
夢幻。生命不斷將自身轉化為記憶，復從記
憶中產生新的希望，這便是注定人將畢生去
作不息追求的心路歷程。死亡，當它本身成
為這個歷程中的一個環節之時，它就是被超
越了。至於人類這一畢生追求的終極目標，
究竟是應由精神還是物質的價值來作闡釋，
想必誰都會有心領神會的切身感受的。

CHAPTER 15

關於自殺

自殺是以它自己的方式走出絕境，這是一個很典型的存在主義的哲學命題。假如說自殺可以成為文化研究的考察對象，那麼它肯定是一個苦澀而又無奈的對象。**自殺的思考是一種迷思**。它可能是**人生苦難的一種逃遁**，是**意志之獨一無二的一種自我實現的方式**，是對**自然之道的一種反駁**，因而，甚至可能是**最富有創造性的自我毀滅行為**。然而自殺的本相是死，雖然形態各異，但無一例外是沒有逆轉地撲向死亡。據說自殺過一次然後生還的人，大多數人從此不會再有自殺的念頭。這可見即便萬念俱灰，人也還是眷戀著自己的生命。生命自有它的韌勁，有時它堅不可摧，天災人禍接踵而至，可是求生意志依然苦苦掙扎著要活下去；有時它卻不堪一擊，顯得非常孤單無助，自殺就成了無可奈何的選擇。當人在一個荒誕的世界裡以自殺來顯示它轉瞬即逝的存在時，自殺就很具有一種悲劇的意味。但是對於自殺的上面這些思考，放到《聖經》裡的自殺個案來看，好像有點用不上。

《聖經》沒有專門討論過自殺，《聖經》裡的人物有自殺身亡的，可是情況各有不同。當得上可歌可泣這幾個字的，好像只有參孫。

⊛NE　*自殺個案*

　　《聖經》中有七例自殺記述，六例見於《舊約》，一例見於《新約》。《聖經》對自殺的描述基本是中立的，它肯定不是後代基督教文化嚴禁自殺的源泉。《出埃及記》中的摩西律法禁止殺人，明令打人以至打死的，必要把他治死。乃至「若有別害，就要以命償命，以眼還眼，以牙還牙，以手還手，以腳還腳，以烙還烙，以傷還傷，以打還打」（21：23—25）。可是摩西律法沒有提到人了斷自己性命，該當何罪。事實上《聖經》從來沒有像譴責殺人那樣，來明明白白譴責自殺。而細細閱讀《聖經》記載的自殺事件，大都有一種迴腸蕩氣的悲愴撲面而來。

　　首先是亞比米勒的自殺。亞比米勒是以色列士師基甸的兒子，基甸多妻，生有七十個兒子，亞比米勒則為基甸在示劍的一個小妾所生。基甸死後，亞比米勒跑回母親的老家示劍，一番花言巧語，從眾母舅那裡籌得資金，僱傭一群匪徒，一夜之間將七十個同父異母兄弟殺了個精光，只有基甸的小兒子約坦倖免於難。亞比米勒殘暴荒誕，篡位後統治以色列三年。最後提備斯城發生暴動，亞比米勒一如既往攻克城池，卻說城裡有一棟堅固的樓，提備斯人眼見大勢已去，紛紛逃進樓去，關上門，上了樓頂。亞比米勒衝到樓前，決意放火，要像先時對付同他翻臉的示劍人那樣，一把火將樓裡的人悉數送上

Then he called quickly to the young man, his armorbearer, and said to him, "Draw your sword and kill me, lest men say of me, 'A woman killed him.'" So his young man thrust him through, and he died.

(Judges 9:54)

西天。沒想到這時候樓頂上一個婦人拋下一塊磨石，不偏不斜砸到亞比米勒頭上，打破了他的腦骨。倒霉的亞比米勒無論如何忍不下這一口氣，「他就急忙喊叫幫他拿兵器的少年人，對他說：『拔出你的刀來，殺了我吧！免得人議論我，為一個婦人所殺。』於是少年人把他刺透，他就死了」（《士師記》9：54）。

亞比米勒是罪有應得，《聖經》上說他是報應。當初殺死七十個兄弟，燒死一千示劍人，以及約坦對他的詛咒，現在都落到了他的頭上。所謂天網恢恢，疏而不漏。但是亞比米勒最終是死於自己的意志，這意志雖然顯得傲慢且又愚蠢，但可見他終究不是貪生怕死之徒。由亞比米勒我們多多少少想起了莎士比亞筆下的麥克白。假如麥克白以他的心理衝突和最後關頭的不屈氣概終而成為悲劇的主人公，那麼亞比米勒的自殺裡面，應當也可以見出一種悲劇性來。

其次是參孫的死。參孫是士師時代以色列的著名英雄，力大無比，唯獨好色。他十八九歲的時候娶一非利士女孩為妻，後來妻子另嫁他人，他一口氣捉了三百隻狐狸，將狐狸尾巴捆住插上火把，點著了火放它們在田野上狂奔，由此將非利士人收割起來和正待收割的莊稼，連帶美麗的橄欖園，燒了個精光。怒不可遏的非利士人一樣燒死了參孫的妻子和岳父。參孫反過來又大力擊殺非利士人，連腿帶腰都一併砍斷。參孫的同胞不堪他同非利士人的恩恩怨怨，縛起參孫交予非利士人，非利士人欣喜若狂，可是一轉眼參孫就掙脫繩索，看到地上有一塊驢腮骨，隨手拾起來，左右開弓，殺死了一千人。

參孫作以色列士師二十年，其間大致是以色列人受非利士人轄制的時光。但是參孫喜歡女人，後來他跟一個叫大利拉的妓女泡在一起，大利拉對他其實沒有多大好感，非利士人許下一大筆銀子後，她問參孫，你哪來這麼大力氣呢，有什麼辦法可以捆住你？參孫說，假如用七條沒乾的青繩子捆住我，我軟弱就同常人無異。大利拉如法炮製，可是參孫掙斷繩索就像掙斷線索，毫不費勁。如此一而再，再而三，參孫力大無窮的根由還是沒有人知道。大利拉最後說，你一次一次欺哄我，那叫愛我嗎？可憐的參孫架不住糾纏，終於道出實情說，他的力氣都在頭髮上面，只要剃掉他的頭髮，他的力氣就不翼而飛了。這一次大利拉如願以償領到了銀子，參孫束手待斃。非利士人恨極參孫，剜去他的雙目，給他拴上銅鏈，讓他在監獄裡面推磨。

　　參孫最終和敵人同歸於盡。時當非利士人祭祀他們的大袞神，從監牢裡提出參孫，帶到神廟大廳裡戲耍取樂。參孫求告上帝再次給他力量，讓他一雪剜目之仇。《聖經》中說，那時候房內擠滿男男女女，非利士人的首領也都在那裡，房子的平頂上還有三千來人，都在看這個昔年猶太大力士的好戲。可是他們哪裡想到，天長日久，參孫的頭髮又長出來了，終於，我們看到參孫和他的夙敵們同歸於盡：

　　　　參孫就抱住托房的那兩根柱子，左手抱一根，右手抱一根，說：「我情願與非利士人同死！」就盡力屈身，房子倒塌，壓住首領和房內的眾人。這樣，參孫死時所殺的人，比活著所殺的還多。（《士師記》16：29—30）

　　參孫的個性裡有一種孩子氣的衝動，他不計後果的好色和好鬥一樣都值得好好懺悔。事實上參孫也認真作了懺悔。英國詩人彌爾頓晚年作大氣磅礡的詩劇《力士參孫》，著力刻畫了參孫的懺悔心理，寫他想到自己雙目失明，備受痛苦，屈辱行同奴隸，寫囚徒的經歷使他變得謙虛，恢復信心，最終再次得到上帝眷顧，以自己的生命贖回了青年時代的魯莽。寫作《力士參孫》時候的彌爾頓自己已經雙目失明，在黑暗和落魄中追憶英國革命的榮光，詩人感覺自己的身世與參孫在遙相呼應。這已經不光是一個悲劇的故事了。

再次是亞希多弗的自殺。亞希多弗是大衛王信任的謀士，後來大衛之子押沙龍起兵反叛父親，亞希多弗變節做了押沙龍的軍師。大衛給押沙龍逼得山窮水盡，下令十個妃嬪守宮，自己帶領家人和臣民出城，落荒而逃。但是大衛再一次顯示了他臨危不亂的英雄本色。他派亞基人戶篩打入敵陣，希望戶篩能夠成為對付亞希多弗的一個法寶。《聖經》形容亞希多弗出謀劃策，有若神諭，昔日侍奉大衛，如今侍奉押沙龍，都有一種神秘兮兮的魔力。他獻計讓押沙龍在眾人面前與大衛的妃嬪親近，以激怒大衛，使來歸順的人不再有二心。押沙龍果然聽從。亞希多弗又出一計，請求給他一萬二千兵馬，讓他乘大衛疲乏之際，追趕上去，獨殺大衛一人，招眾百姓歸順。這一計足以置大衛於死地，押沙龍和長老們都以為好。但是大衛的臥底戶篩鼓動押沙龍先聚集以色列各族人馬，然後親率大軍與大衛決戰。押沙龍和他的謀臣們轉眼就聽信了戶篩。這真是天不絕人，給了大衛喘息的機會。

亞希多弗眼見押沙龍不聽他的計謀，知道大勢已去，竟自殺身死：「亞希多弗見不依從他的計謀，就備驢歸回本城，到了家，留下遺言，便吊死了，葬在他父親的墳墓裡。」（《撒母耳記下》17：23）謀士計謀不為採納選擇自殺的，古往今來並不多見。亞希多弗恐怕是心知押沙龍不用其謀，必大勢已去，他已經看到了押沙龍的末日。亞希多弗的深謀遠慮靈驗有似先知，這是大衛對他發怵的原因。但是先知也難免被戮的命運，給阿伽門農帶回邁錫尼的特洛亞公主卡桑德拉就是例證。亞希多弗究竟是自主了自己的命運，所以，他的自殺可以見出悲劇意味。

還有心利的自殺，這是一個類似麥克白的血腥故事。心利是以拉的臣子，猶大王亞撒二十六年的時候，以拉在得撒登基作以色列王共二年。心利管轄以拉麾下一半的戰車，應是一員驍將。亞撒王二十七年，心利殺了爛醉如泥的以拉，篡位取而代之。不但殺了以拉，心利屠盡以拉全族，連帶他的親朋好友，凡男丁一概殺了個精光。不過心利只做了七天以色列王，以色列人雖然對暗殺流血司空見慣，也忍無可忍這樣赤裸裸的暴行，他們當天就立正在圍攻基比頓的元帥暗利為王，請他回師得撒，平息叛亂。「心利見城破失，就進了王宮的衛所，放火焚燒宮殿，自焚而死。」（《列王紀上》16：18）比較來看，心利恐怕是《聖經》裡同悲劇緣分最疏的自殺案例，他根本就是惡貫滿盈，死有餘

辜。他不像麥克白，更像商紂王。但是，商紂王的自殺就全無悲劇性嗎？

Two 掃羅的自殺

《聖經》記述的七例自殺中，掃羅的自殺是非常令人動容的。掃羅是以色列的第一個國王，可是他不像後代的國王那樣八面威風，反之打仗總是身先士卒，倒像一個終身制的軍事首領。他東征西戰，驍勇殺敵，為以色列國家的建立，立下了赫赫戰功。這也是他追隨者如雲、受人擁戴的原因。可是他開罪了先知撒母耳。撒母耳怪掃羅越權篡位，後悔當初立他為王，結果又另外選中了大衛。大衛殺死非利士巨人歌利亞的故事人所周知，可是掃羅聽到婦女們載歌載舞唱「掃羅殺死千千，大衛殺死萬萬」，心裡又很不是滋味。掃羅有頭痛病，常喚大衛過來彈琴祛魔。可是他恩將仇報，不止一次順手操起一根長矛，要不是大衛機靈，早就給穿透釘在了牆壁上面。掃羅同大衛的恩恩怨怨真是說不清楚。他的兒子約拿單是大衛的好朋友，他許願把大女兒嫁給大衛，結果卻食言嫁過去了二女兒米甲。眼見大衛戰功卓著，掃羅殺意越發堅決，逼得大衛落寇草莽，甚至窮途末路投奔了以色列的死敵非利士人。

不過掃羅的確是個好戰士，他死在戰場上。在同非利士人決戰之前，掃羅就有不祥的預感。《撒母耳記上》裡寫掃羅向女巫求

Then Saul said to his armorbearer, "Draw your sword, and thrust me through with it, lest these uncircumcised men come and thrust me through and abuse me." But his armorbearer would not, for he was greatly afraid. Therefore Saul took a sword and fell on it.

(1 Samuel 31:4)

卜，招來老主人撒母耳的亡魂。撒母耳卻對他說出了這樣一番話：

> 耶和華已經離開你，且與你為敵，你何必問我呢？耶和華照他藉我說的話，已經從你手裡奪去國權，賜予別人，就是大衛。因你沒有聽從耶和華的命令，他惱怒亞瑪力人，你沒有滅絕他們，所以今日耶和華向你這樣行，並且耶和華必將你和以色列人交在非利士人的手裡。明日你和你眾子必與我在一處了；耶和華必將以色列的軍兵交在非利士人手裡。（28：16—19）

掃羅聞言大驚失色，當時就暈倒在地。次日，非利士人和以色列人這一仗打得果然不比尋常，以色列軍隊大敗而逃。非利士人盯住掃羅和他的三個兒子，緊追不捨。追到基利波地方，掃羅的三個兒子約拿單、亞比拿達、麥基舒亞悉盡被殺。掃羅身中數箭，自歎迴天無力，伏刀自殺身死：

> 掃羅被弓箭手追上，射傷甚重，就吩咐拿他兵器的人說：「你拔出刀來將我刺死，免得那些未受割禮的人來刺我、凌辱我。」但拿兵器的人甚懼怕，不肯刺他，掃羅就自己伏在刀上死了。（31：3—4）

不但掃羅自殺，為掃羅拿兵器的人，雖然是一個無名小輩，也一樣追隨掃羅自殺身死，成為《聖經》記述的七個自殺個案中的一案：「拿兵器的人見掃羅已死，也伏在刀上死了。」（《撒母耳記上》31：5）就這樣，掃羅和他的三個兒子，和給他拿兵器的人，以及追隨他的眾人，都一同死去。這是非常慘烈的故事。至此，掃羅創立的以色列第一代王朝國破人亡，不復存在。

掃羅的死在基督教的闡釋傳統中，大都歸因於他的傲慢好妒。傲慢是說他犯上，對撒母耳恭敬不夠，好妒則是欺下，非欲置大衛於死地。本來是一個充滿前途的年輕人，有一個很好的開頭，也擁有在上帝的帶領下成為偉人的機會，但是因為心存悖逆，而落得悲慘的下場。但是我們總覺得掃羅是一個很正直的人，有點優柔寡斷，甚至時有婦人之仁，否則難以解釋大衛在他帳下戰戰兢兢侍奉這麼多年，終究還能全身脫逃。他同撒母耳的糾紛，思量起來似乎也有不少冤屈。他奉撒母耳命，大勝亞瑪力人，偏偏手下留情，給被擒的亞瑪力王留下一條性命。同時把亞瑪力人的上好牛羊，也保留下來。撒母耳為此大怒，理由是掃羅沒有把不潔的東西毀滅殆盡，卻忙於擄掠財物。掃羅由此被認為是剛愎自用的人，是把自己的意志高架於上帝的意志之上。可是思想下來，掃羅和撒母耳的衝突，毋寧說是君權和神權衝突的原始版式。其實至少後來大

衛的驕奢淫逸，就未見得比掃羅的素樸率直
更好。掃羅自殺的時候多半想到了參孫的命
運，但是掃羅這個人物的悲劇性與其說在於
他最後時刻寧死不願受辱的自殺選擇，莫若
說更在於他和撒母耳的衝突上面。這或許是
人類最早有記述的王權和神權的衝突，比較
悲劇的希臘模式來看，似乎也一樣可以見出
一種無可奈何的悲感來。

𝓣ʜʀᴇᴇ 猶大的自殺

　　猶大自殺是《新約》中僅有的一例自殺。
猶大把自己的老師賣了三十塊錢，達·芬奇
《最後的晚餐》中畫猶大心驚膽戰地緊攥住
一袋子銀幣，其實在最後的晚餐上，猶大銀
幣還沒有到手呢。猶大拿到賞錢，是在耶穌
給抓住之後。猶大為什麼出賣耶穌，叫人百
思不得其解。假如是為這三十塊錢，那麼他
就應當心安理得，好好受用。而且我們沒聽
說過他同耶穌之間有什麼過節。是他天生大
奸巨惡？那樣的話當初他也不至於投在耶穌
門下。而且猶大既沒有誰威逼利誘，或者嚴
刑拷打逼他坦白從寬，顯然也不像有取而代
之的蠢蠢野心。這可見人心難測，基督教的
原罪概念，就不是無稽之談。關於猶大的結
局，《馬太福音》是這樣記載的：

✝ 猶大上吊和基督殉道

　　這時候，賣耶穌的猶大看見耶穌已經定
了罪，就後悔，把那三十塊錢拿回來給祭司
長和長老，說：「我賣了無辜之人的血是有

罪了。」他們說：「那與我們有什麼相干？你自己承當吧！」猶大把那銀錢丟在殿裡，出去吊死了。（27：3—5）

看來猶大懊悔不迭自己出賣了主人，萬念俱灰，只有一死了之。偏偏誰都可以一死了之，獨獨他不可以一死了之。人之常情是罪不上自殺的人，怎麼偏偏猶大是死有餘辜，罄竹難書呢？耶穌的十二個門徒裡，後來篳路藍縷開創基督教的聖彼得，在耶穌被捕後的一時惶恐中，也有過三次不認主的怯弱行為。當時彼得坐在押解耶穌處的外面院子裡，有個使女說他是和耶穌一夥的，彼得當著眾人矢口否認。他起身就走，又一個使女來指控他是耶穌同夥，彼得再次賭神發誓，說他不認得耶穌。過不多久，又有人說他是耶穌一黨，再一次給彼得信誓旦旦否認回去。這時候破曉雞鳴，彼得想起耶穌曾經預言雞叫之先，他要三次不認老師，止不住痛哭流淚。思想起來彼得和猶大都應屬於失足然後反悔的類型。彼得後來成為聖者，被認為是因為他悔而能改，選擇了生路。猶大給釘死在萬劫不復的恥辱柱上，則被認為是沒有改過的勇氣，選擇了死路。這一闡釋能有多少說服力，還是叫人頗費猜測。

《新約》裡關於猶大的死還有另一種記載，那是《使徒行傳》裡，聖彼得追述了猶大的末日：

那時，有許多人聚會，約有一百二十名，彼得就在弟兄中間站起來，說：「弟兄們，聖靈藉大衛的口，在聖經上預言領人捉耶穌的猶大，這話是必須應驗的。他本來列在我們數中，並且在使徒的職任上得了一份。這人用他作惡的工價買了一塊田，以後身子仆倒，肚腹崩裂，腸子都流出來。」（1：15—18）

比照來看，《馬太福音》猶大自殺的記述真實性為大，彼得說猶大是天怨神怒，用那三十塊錢買下塊田後即告暴斃，更像是一種宣傳語言。買田的話頭《馬太福音》就有記載，但是買田的不是猶大，而是祭司長。祭司長眼見猶大把錢丟在殿裡，出去吊死了，就拾起錢來，說那是血價，不可以放在庫裡，遂商議下來用那銀子買了塊田，埋葬外鄉人，是為「血田」。猶大罪有應得自不待言，他的悔罪自殺怎麼就不能喚來半點同情？看來猶大和彼得的「失足」不可同日而語，根由正在於死亡的不可逆轉性。猶大把耶穌送入死地，他就必須以血還血。但是，耶穌不是復活了嗎？不正是耶穌的復活，給必死的眾生帶來了永生的希望嗎？這樣來看，《耶穌最後的誘惑》裡猶大之被塑成一個革命者

的形象，思想起來也就不是空穴來風了。

　　總觀以上《聖經》的自殺記述，自殺的方式可謂形形色色。其中有三人用的是刀，分別為亞比米勒、掃羅和為掃羅拿兵器的人。一人推倒了非利士人大廟的柱子，是為參孫。兩人是上吊，那是亞希多弗和猶大。還有一人放火自焚，那就是心利的末日了。至於自殺的動機，亞比米勒、掃羅和心利都是面臨必死的結局，如果說亞比米勒和心利是咎由自取，那麼掃羅的死無論如何是令人悲哀的。參孫的動機是要報仇雪恨，為他自己也為以色列人的恥辱。為掃羅拿兵器的人呢？他是一個小人物，他伏刀自殺是出於悲傷呢，還是害怕呢，還是鐵定心要跟著主人問路黃泉？亞希多弗也不好說，他聰明透頂，料到新主人押沙龍氣數已盡，這樣看來，他就一樣是面臨窮途末路，先作了斷。但是，亞希多弗不會是沮喪懊悔，受到良心責備，悔不該背叛老主人大衛嗎？這同樣是在情理之中。這樣來看猶大的自殺，在生機未盡的時候自尋死路，懺悔之意也可謂刻骨銘心了。

　　《聖經》對這七起自殺的記述，保持了一貫的簡潔質樸風格，沒有加以渲染評論。既沒有稱讚，也沒有譴責。但是我們發現，其中每一個事件，都應是可以用悲劇這個詞來加以形容的。《聖經》對這樣觸目驚心的事件不動聲色地加以敘述，正顯示了它那種在質樸無華裡感人至深的文學造詣。

CHAPTER 16

《舊約》中的樂器

據統計《舊約》中提及的樂器有三十餘種，但是大都已經邈不可考。依照文藝復興以降的分類模式，這三十多種樂器大體可被分為兩類：一類是適合演奏優雅音樂的樂器，另一類則是因其音色粗糲，不適合演奏高雅音樂的樂器。當代學者則傾向於把它們分為打擊樂器、鼓樂器、絃樂器和管樂器四種。《舊約》中的音樂記述的是古代以色列和巴勒斯坦的音樂，它的歷史考究不消說是遠超出了音樂本身。**如果說音樂首先是一種文化，然後才是嚴格意義上的音樂，那麼「雜多統一」這句老話，就也挺適用於它。**或者說，正是當地多元文化的融合性，導致了《舊約》音樂文化的豐富多彩，使它可以比肩埃及、巴比倫等鄰近的偉大的音樂文化。音樂還是一種社會現象，深深浸潤了我們的人文經驗，其對於一個社會、一種社會生活的闡發，常常可為一般自然科學和社會科學所不及。

但問題在於《舊約》雖然有豐富的音樂記載，卻苦於沒有闡釋旁證，大抵只能以經考經，落入闡釋循環。就**《舊約》記載樂器的流變來看，考究起來是一個老大的問題。**這些樂器到底是什麼東西，以及與後代的同類樂器有什麼差別和相似的地方，唯一的權威，理應就是原始的希伯來文。不用說後來的德文、法文、英文譯本，就是當初公元前 3 世紀的希臘七十子文本和公元 4 世紀的拉丁通俗譯本，其譯名也還只能算是第二手的闡釋。但是希伯來文本本身就令人頗費猜測。《舊約》中記載的樂器考究起來，每每具有多重語義，而且語境游移不定，其闡釋本身就爭議紛起，了無定解。有些樂器的名字即便當時，恐怕也只有記述人和他周圍的人知曉。有鑒於此，本章擬對《舊約》中出現的八種主要樂器逐一作考察分析，它們分別是琴、簫、瑟、笛、號、角、鼓、鈸。樂器的名稱，均附上希伯來語原文。

✳ONE 琴（kinnôr）

《創世記》裡有一句話交代了希伯來民族的音樂祖師：

> 雅八的兄弟名叫猶八，他是一切彈琴吹簫之人的祖師。（4：21）

雅八和猶八是亞當和夏娃的第七代子嗣，都屬於遠古各類技藝的發明祖師。如雅八是畜牧的祖師，兩人的兄弟土八該隱，則是鐵匠的祖師。上面這句話中的「琴」和「簫」，希伯來文分別為 kinnôr 和 ûgāb。這兩種樂器當然不是中國古代的琴和簫，就像《聖經》的中譯本顧名思義的那樣。那麼它們是不是英譯文裡的 harp 和 flute？問題也遠非如此簡單。對應於中文「琴」的 kinnôr，《舊約》七十子文本分別作 psaltéion、kithára、kinýra 和 órganon。這些名稱是指同一種對象嗎，還是中間有所流變？這真是你不說我還明白，你越說我越發糊塗了。而以上中文翻譯成簫的 ûgāb，到底是怎樣一種樂器，更到今天還是眾說紛紜，莫衷一是。

琴在《舊約》中一共提及四十二次，演奏場合極為廣泛。就它第一次在《創世記》中出現，即上文猶八之為一切彈琴吹簫的人的祖師而言，這裡的琴和簫就毋寧說是一切樂器的統稱。由此我們知道以色列音樂的發明人是猶八。猶八希伯來語為 yovel，意為「公羊」。公羊和音樂的祖師有什麼關係，

His brother's name was Jubal. He was the father of all those who play the harp and flute.

(Genesis 4:21)

還可以比較「羊人劇」之為希臘悲劇的起源。其間原始圖騰的神秘背景，考究起來將是意味深長的故事。甚至，公羊和音樂還可以有物質層面的聯繫，比如有人調侃說：「公羊可以和音樂發生的聯繫是：皮做鼓，腸衣做琴絃，腿骨可以做骨笛，角做號角，等等，或許還有我們現代人所設想不到的其他方式。」[1] 所謂其他方式，是說羊皮乾了，一敲崩崩作響，裝上框子，這便是「膜鳴樂器」。另外風乾的腸衣張在什麼東西上，一彈叮噹作響，於是有了「絃鳴樂器」。而公羊角乾了，吹角來召喚羊群，嘴上用點力，聲音就會有變化，由此誕生了最簡單的「氣鳴樂器」。總之，這一切都與公羊有關，所以猶八這個以公羊為名的人，當仁不讓就成了以色列人的音樂祖師？當然，這多半還是開玩笑的臆想了。

琴可視為某類樂器的統稱，就像鋼琴、月琴、胡琴、口琴，曲藝當中還有琴書。所以我們不奇怪琴不像號那樣單吹，而經常是同其他樂器一起演奏，廣泛出現在神聖和世俗的各種場合。我們看到琴同樣可用於世俗慶典，同樣在《創世記》裡，亞蘭人拉班對雅各說：「你為什麼暗暗地逃跑，偷著走，並不告訴我，叫我可以歡樂、唱歌、擊鼓、彈琴地送你回去？」（31：27）這裡就是言送別之禮。

運送約櫃的音樂裡也少不了琴，如《歷代志上》：「大衛和以色列眾人在上帝前用琴、瑟、鑼、鼓、號作樂，極力跳舞歌唱。」（13：7）最終我們看到，「以色列眾人歡呼吹角、吹號、敲鈸、鼓瑟、彈琴，大發響聲，將耶和華的約櫃抬上來。」（15：28）這是給人印象非常深刻的宏大場面。《以賽亞書》中，我們看到琴和鼓還是為宴樂助興的樂器，宴會散了，鼓聲和琴聲也一併止息：「擊鼓之樂止息，宴樂人的聲音完畢，彈琴之樂也止息了。」（24：8）而同樣是在《以賽亞書》中，我們看到包括琴在內的一應樂器，可以讚美神聖，也一樣可以褻瀆神聖：「他們在筵席上彈琴、鼓瑟、擊鼓、吹笛、飲酒，卻不顧念耶和華的作為。」（5：12）

《以賽亞書》裡，以上琴鼓助興宴樂是一個比喻，隱喻昔年繁華的推羅如今何等敗落衰殘。同樣的隱喻意象還有《以賽亞書》中的妓女彈琴：「你這被

---

[1] 陳銘道：《民族音樂學地解讀〈聖經〉》，《中國音樂學》1997 年第 3 期，頁 97。

忘記的妓女啊，拿琴周流城內，巧彈多唱，使人再想念你。」（23：16）這是妓女自憐自哀的彈唱，推羅原本是地中海東岸繁華商港，而今只剩殘垣斷壁，思想起來，正像妓女賣笑的彈琴歌唱。琴聲因此可見是極善表達悲哀，如《約伯記》：「所以我的琴聲變為悲音，我的簫聲變為哭聲。」（30：31）這正是約伯上天無路，入地無門，求生不能，求死不得的最為淒楚的時光。

彈琴運送約櫃

　　琴還每每是一種伴奏樂器。彈琴鼓瑟而歌似為多見，如《詩篇》：「你們應當彈琴稱謝耶和華，用十絃瑟歌頌他。應當向他唱新歌，彈得巧妙，聲音洪亮。」（33：2—3）彈琴唱歌，得其所哉。歌聲一旦不聞，琴聲便也戛然而止。如《以西結書》：「我必使你唱歌的聲音止息，人也不再聽見你彈琴的聲音。」（26：13）

　　琴在《舊約》提及的一切樂器中，其通靈會意功能無疑是獨佔魁首的。同樣是《詩篇》：「我要側耳聽比喻，用琴解謎語。」（49：4）其實琴本身就是一個隱喻，還是在《詩篇》裡，我們看到琴被比作靈魂：「我的靈啊，你當醒起！琴瑟啊，你們當醒起！」（57：8）這裡的琴和瑟都給擬人化了。琴和瑟很顯然是《舊約》裡並用最多的兩種樂器，雖然中文譯作「瑟」的樂器到底是什麼東西，歷代學者認真探究下來，迄至今日也了無定論。又《列王紀下》載猶大王約法沙向先知以利沙求卜未來，可能以利沙的功力

還不是十分過硬，遂道：「你們給我找一個彈琴的來，彈琴的時候，耶和華的靈就降在以利沙身上。」（3：15）這類假道琴聲入迷狂狀態，而與神靈直接交往的思想，可視為給予音樂的最高嘉獎。

音樂具有治療功能，這一點古代希伯來人看來亦已深有體會。但即便是驅魔治病，首先推重的也還是琴聲，而不是嘹亮的號，甚至悠揚的笛。《撒母耳記上》載掃羅患頭痛病，臣僕對他說，這是惡魔騷擾，可找一個善於彈琴的人來，等惡魔來臨的時候，就用手彈琴，這樣你就好了。掃羅找到了善於彈琴的少年大衛，果不其然，「惡魔臨到掃羅身上的時候，大衛就拿琴用手而彈，掃羅便舒暢爽快，惡魔離了他」（16：23）。

《舊約》裡的琴，普遍認為就是大衛的琴，琴的樣式沒有疑問是在歷史流程裡不斷變化的。《舊約》七十子文本基本是用古希臘的豎琴概念對譯 kinnôr，顯然對古代希伯來的琴是什麼模樣還沒有一個定譜。拉丁通俗譯本則相應譯作 cithara、lyra、psalterrium 和 organum，大體不外是類似豎琴和箏一類的樂器。比照中文譯古希臘的 lyre 為里拉琴，lute 為琉特琴的做法，kinnôr 亦似可譯為金諾爾琴。金諾爾琴的製作材料是什麼？《列王紀上》載是檀香木：「王用檀香木為耶和華殿和王宮作欄杆，又為歌唱的人作琴瑟。」（10：11）關於金諾爾琴的式樣，今天學界大致一體認同它就是 19 世紀近東出土不在少數的里拉琴。它有兩支不對稱的彎臂，彎臂之間支一橫竿，橫竿和共鳴盒之間張絃。典型的樣式是為七絃豎琴，通常用撥子彈奏，而不似蘇東坡《琴詩》「若言聲在指頭上，何不於君指上聽」所示，是用手指彈奏。七絃正呼應了七大行星的自然秩序，以琴為音樂的代表，以音樂為宇宙和諧的象徵，這在七絃的金諾爾琴上面，應是得到了最好的印證。

𝒯wo 簫（ʻûgāb）

前引《創世記》說：「雅八的兄弟名叫猶八，他是一切彈琴吹簫之人的祖師。」（4：21）可見簫和琴一樣，這裡是為一切樂器的統稱。這段話中的「簫」，希伯來文為 ʻûgāb，通覽《舊約》，它一共僅出現過四次。其他三處一處是在《詩篇》：「用絲絃的樂器和簫的聲音讚美他。」（150：4）簫在這裡參加了《詩

篇》最後讚美耶和華的大合唱。兩處是在《約伯記》:「他們隨琴鼓歌唱,又因簫聲歡喜。」(21:12)以及前引之「所以我的琴聲變為悲音,我的簫聲變為哭聲」(30:31)。中譯文本中其他地方出現的「簫」,均是對譯實際上是簫、笛互譯的希伯來語 halil。事實上《聖經》的英文譯本,也大體是將 'ûgāb 和 hālîl 通譯為 flute。

這個《舊約》中文譯本同樣被譯作簫的 'ûgāb,究竟是怎樣一種樂器,所指是相當含混的,這在《舊約》七十子文本裡已經表現得相當清楚。七十子文本的譯者將 'ûgāb 分別譯作 kithára、órganon 和 psalmós,可見它到底是什麼東西,早在公元前 3 世紀,這七十多位猶太賢良心裡已經是沒譜了。聖哲羅姆的拉丁通俗譯本咬咬牙將它定為 organum,一以貫之,堅持了下來。可是在後人看來,也不過是以公元 4 世紀的音樂文化來猜度古代以色列的 'ûgāb 應該是種什麼樂器。

從詞源上看,'ûgāb 的詞根 gb 相近希伯來——阿拉伯語 gaba,意思是聲色感官的男歡女愛慾望,流於粗鄙的層次。而就 'ûgāb 這個詞的發音來看,第一個字母的「嗚」音,正也是一般管樂器最為通俗的自然音。或者說,加上第二個音節「嘎」,它是不是有點像鳥獸求偶的鳴叫聲?這樣來看,這個 'ûgāba 簫就應該是民間的樂器,屬下里巴人一類,不登大雅之堂當為顯見了。

但是《創世記》說猶八是一切彈琴吹簫之人的先祖，這就賦予這個 'ûgāb 以非同一般的特殊地位。雖然，兩相比較，上文中的琴（kinnôr）在嗣後文字中出現無數，而這個簫（'ûgāb）僅僅是又出現了三次，如上所見，分別是表現讚美神聖的喜悅、不敬神的聲色之娛，乃至哀痛之情。但是，即便從這落差極大的三個不同場景來看，'ûgāb 這一多半是從民間最底層出來的「簫」，之忍辱負重，步步攀升，最終成為從神聖到世俗的一切管樂器的統稱，思想起來也很有它的必然性了。

ＴＨＲＥＥ 瑟（*nēbel*）

瑟是中國古代形似古琴的撥絃樂器，據載古有五十根絃，後為二十五根或十六根絃，每絃一柱，但無徽位。無怪乎李商隱《錦瑟》詩說：「錦瑟無端五十絃，一絃一柱思華年。」但是，古代近東有像中國的「瑟」這樣平放演奏的撥絃樂器嗎？這肯定是一個匪夷所思的問題。

這個中文譯作「瑟」的樂器 nēbel，究竟是什麼，歷代研究者有許多詮釋，如里拉琴、琉特琴、風笛（bagpipe），甚或廣泛意義上的絃樂器，都給考慮過。大多數學者則認為它是一種豎琴。但說它是豎琴，考古學上的證據並不充分，迄至今日，在迦南和古代以色列這塊土地上，尚未有前希臘時期的豎琴出土。在希伯來文中，nēbel 一語的本義是「水皮子」。這樣來看，以色列學者貝耶（Bathja Bayer）在為百科全書寫的條目《樂器演奏和歌唱》中提出的觀點，就頗有說服力，她認為 nēbel 是近東地區一種特殊的里拉琴，還沒有被完全希臘化。它的絃較金諾爾琴為多，也要粗一些，共鳴器則相似裝水或酒的皮囊。最後，因為它的絃比較粗，故而音質渾厚，功能可能類似今天的次中音或低音樂器。這可以說是兼顧到了音樂學和語義學的考證。

正因為「瑟」和「琴」原是同一類樂器，《舊約》中的通例是琴瑟並舉，如上述之《撒母耳記上》：「你到了城的時候，必遇見一班先知從邱壇下來，前面有鼓瑟的、擊鼓的、吹笛的、彈琴的，他們都受感說話。」（10：5）又比如《詩篇》：「你們應當彈琴稱謝耶和華，用十絃瑟歌頌他。」（33：2）以及同樣是在《詩篇》之中的：「我的上帝啊，我要鼓瑟稱讚你，稱讚你的

誠實。以色列的聖者啊，我要彈琴歌頌你。」
（71：22）

　　彈琴未必鼓瑟，鼓瑟則必彈琴。據統計，
《舊約》中提及這個中文翻譯成「瑟」的
樂器 nēbel 有二十八處，其中二十二處是和
「琴」（kinnôr）一道出現。所以琴的一應
功能，它也大體一樣具備。諸如用在送約櫃、
祭祀和歡慶場合等等。甚至不敬神的聲色之
樂，瑟都參與了進來。如《以賽亞書》：「他
們在筵席上彈琴、鼓瑟、擊鼓、吹笛、飲酒，
卻不顧念耶和華的作為。」（5：12）這裡
瑟和琴、鼓、笛諸般樂器一樣，可以敬畏神
聖也一樣可以煽動情慾，將人引向不敬神的
聲色感官之娛。可見虔敬說到底還是一種內
心的神秘經驗。

　　但是也有鼓瑟未必彈琴的例外，雖然是
在少數。依然是在《詩篇》裡，我們讀到，
「上帝啊，我要想你唱新歌，用十絃瑟向你
歌頌。」（144：9）這裡鼓瑟的同時沒有彈
琴，《舊約》中是僅見的一例。瑟有十根絃，
這一點倒是明確無誤的。比較琴的七絃，瑟
的十絃或許可以奏出更為曼妙的音樂吧。

　　瑟和琴一樣，是由檀香木製作而成，如
《歷代志下》的記載：「王用檀香木為耶和
華殿和王宮作台，又為歌唱的人作琴瑟；猶
大地從來沒有見過這樣的。」（9：10）而
就《阿摩司書》中，先知阿摩司譴責以色列
人醉生夢死，災禍必定不遠的話來看，瑟和
琴一樣又似為手工製作：

Also with the lute I will praise
You—*and* Your faithfulness, O my
God! To You I will sing with the
harp, O Holy One of Israel.

(Psalms 71:22)

你們躺臥在象牙床上，舒身在榻上，

吃群中的羊羔、棚裡的牛犢。

彈琴鼓瑟唱消閒的歌曲，為自己製造樂器，如同大衛所造的。（6：4—5）

可見大衛製作了琴也製作了瑟。雖然，較之琴的安撫靈魂，讓掃羅頭痛頓時平息的神秘功能，瑟似乎還是稍遜一籌。

Four 笛（ḥālîl）

笛是管樂。希伯來文 halil 的詞根 hll 同閃族語系，意思是「出空」。竹木出空是管子，再打上洞孔，就是典型的管樂器。雖然，《舊約》中的笛，未必是用竹木製成的。笛首先也是奏出歡樂的樂器，《撒母耳記上》中撒母耳為掃羅膏油，立他為以色列的第一個國王。撒母耳命掃羅進城爭取民眾支持，對他說：「你到了城的時候，必遇見一班先知從邱壇下來，前面有鼓瑟的、擊鼓的、吹笛的、彈琴的，他們都受感說話。」（10：5）這支歡慶的樂隊裡，就有笛的位置。不僅如此，笛表達歡樂，常常還可以獨當一面。如《列王紀上》：「眾民跟隨他上來，且吹笛，大大歡呼，聲音震地。」（1：40）以及《以賽亞書》：「你們必唱歌，像守聖節的夜間一樣，並且心中喜樂，像人吹笛，上耶和華的山。」（30：29）這都是笛吹奏出神秘經驗和喜慶歡呼的例子。

但是笛同樣適宜於吹奏悲哀的樂曲，如《耶利米書》：「我心腹為摩押哀鳴如簫。」（48：36）摩押遠離巴比倫通往埃及的要道，歷史上很少有兵災戰亂，現在卻不能逃脫毀滅的命運。很顯然，像笛和簫一類管樂器，吹奏悲哀自有一種如泣如訴的嗚咽之音，表達悲情，應當同樣是適得其用的。音樂可以用於哀痛之日。《馬太福音》中，寫耶穌治病，可以讓死人復活的奇蹟，其中有這樣的細節：

耶穌到了管會堂的家裡，看見有吹手，又有許多人亂嚷，就說：「退去吧！這閨女不是死了，是睡著了。」他們就嗤笑他。眾人既被攆出，耶穌就進去，拉著閨女的手，閨女便起來了。（9：23—25）

這裡的「吹手」是職業吹笛人。可見以色列人的喪禮上，有吹笛致哀的習俗。公元 3 世紀初編成的《摩西五經》闡釋文獻《密西拿》（*Mishna*）中，就

談到妻子喪儀上，以色列人再窮也會請兩位笛手，吹上數曲，以寄託哀思。這樣來看，笛的功能，與我們北方民間的嗩吶，又很有相似性了。

現代學者傾向於把 hālîl 界定為單簧管、雙簧管、黑管一類，也有學者堅持稱之為「笛」，那就應當是豎笛。那麼，它就相似於在中國遠較笛要悠久的簫？事實上《舊約》中譯文裡對 hālîl 時而譯笛，時而譯簫，沒有定準。或者，它乾脆就是一切管樂器的統稱了。

那麼，《舊約》中笛的製作材料又是什麼？據包括《密西拿》在內的號稱古猶太百科全書的《塔木德》（Talmud）載，笛可以是由銅製成，但是製作材料也可以是蘆葦甚或骨頭。或許銅管吹奏起來多少顯得粗糲，蘆笛和骨笛聽起來又稍許甜了一些。所以蘆葦和骨頭結合銅材合鑄而成，應當是最好的選擇。事實上考古發現也證明了這一點。《塔木德》就笛什麼時候使用和怎樣使用，有所說明。由此我們知道這個 hālîl 不是常規的祭儀樂器，一年裡它只有十二天是在祭壇面前演奏，一支神廟樂隊擁有的 hālîl 不能少於兩根，也不會多於十二根。當然，笛的使用場合遠不止宗教一途。在慶祝豐收和朝聖路上，我們都聽到過悠揚的笛聲。近年巴勒斯坦地區出土過刻畫酒神狄奧尼修狂歡節的鑲嵌磚，上面就有吹笛的場面。笛之傾訴悲情，如前所述也是適得其所。所以可以說，《舊

約》裡的笛的亦莊亦諧，陽春白雪和下里巴人同樣適用的特點，是相當鮮明的。這似乎也很相似笛在今天音樂文化中的定位。

Ｆｉｖｅ 號（ḥᵃṣōṣᵉrâ）

《民數記》第十章，對號有詳細描述。我們看到耶和華曉諭摩西說：

你要用銀子做兩支號，都要錘出來的，用以招聚會眾，並叫眾營起行。

吹這號的時候，全會眾要到你那裡，聚集在會幕門口。若單吹一枝，眾首領就是以色列軍中的統領，要聚集到你那裡。吹出大聲的時候，東邊安的營都要起行。二次吹出大聲的時候，南邊安的營都要起行，他們將起行必吹出大聲。但招聚會眾的時候，你們要吹號，卻不要吹出大聲。亞倫子孫作祭司的要吹這號，這要作你們世世代代永遠的定例。（10：1—8）

由此我們知道號是用銀錘煉而成，光從質地來看，它就應是一種比較顯貴的樂器。號肯定是《舊約》中提及最多的樂器之一。誠如耶和華接下去對摩西的交代，號的功能，因此也層次分明，表述得非常清楚。吹號招聚會眾，並叫眾營起行，這是說吹號集合。耶和華又告訴摩西，這兩支號都吹響時，摩西便要在會幕門口率眾集合。若吹響一支，各族首領要來集合。大聲吹便是緊急號，催促各部營隊起行，而舒緩平和的集合號，傳達意義又有不同了。不僅如此，吹號用於祭儀還要形成定例。亞倫是大祭司，可以期望他的子嗣當會世代承襲祖業，號聲由此將世代不絕，因為這是上帝耶和華的明確律令。

號是軍號，但是也普遍用於日常生活，包括用在各種祭儀上面。如還是在《民數記》中，上帝對摩西接著說：

你們在自己的地，與欺壓你們的敵人打仗，就要用號吹出大聲，便在耶和華你們的上帝面前得蒙記念，也蒙拯救脫離仇敵。在你們快樂的日子和節期，並月朔，獻燔祭和平安祭，也要吹號。這都要在你們的上帝面前作為紀念。我是耶和華你們的上帝。（10：9—10）

號是嘹亮歡快的樂器。它被廣泛用於神聖歡快的場合。例如《歷代志下》中，號和角一道用於起誓：「他們就大聲歡呼、吹號、吹角，向耶和華起誓。」（15：14）運送約櫃的時候，我們看到祭司們也在吹號，如《歷代志上》：「祭

司示巴尼、約沙法、拿坦業、亞瑪賽、撒迦利雅、比拿亞、以利以謝，在上帝的約櫃前吹號。」（15：24）這個規模應當是相當可觀的。我們可以相信，號就是聖殿祭儀的標誌性樂器。這在《以斯拉記》中也說得明白：「匠人立耶和華殿根基的時候，祭司皆穿禮服吹號。」（3：10）

　　縱觀《舊約》，號應是全書唯一給予詳細描述的樂器，無論是樂器本身還是它的製作材料，《民數記》中耶和華叮嚀摩西的那一大段文字裡，都有交代。毋庸置疑號不是今天的小號、圓號、長號。它的銀質地，比較今天的銅號，音質上肯定也要稍遜激昂。但《舊約》中的號顯而易見是一個喇叭，我們大體可以知道它是以銀錘成，長度約為一腕尺，約莫四十厘米，細長音管，底端敞口。保存至今的羅馬皇帝提圖斯（Titus）即位後所建的凱旋門，其上的浮雕裡就有號，只有兩個音孔，這恐怕是那一時期的號的通例。據考證推斷，號可能是從埃及引入巴勒斯坦，也可能是從希臘—羅馬傳入。

　　號當然具有象徵意義。但是號與角又是什麼關係？《舊約》中則號角分別各司其職，中文以「號」譯 ḥᵃsōsᵉrâ，以「角」譯 šôp̄ār，可謂盡得其好。但是誠如漢語裡號角並稱，號與角畢竟功能相似，其間的關係，說起來似也一言難盡。其中的一個區別，應是號每同其他樂器並奏，角則更多是在獨當一面。

"When you go to war in your land against the enemy who oppresses you, then you shall sound an alarm with the trumpets, and you will be remembered before the LORD your God, and you will be saved from your enemies.

(Numbers 10:9)

S*IX 角（šôp̄ār）

角無疑是《舊約》裡出現頻率最高的樂器。《舊約》裡提及角共達七十四次，它不是別的，就是古代希伯來人作戰和祭祀儀式上吹的羊角號。不僅如此，角甚至還是《舊約》中唯一延綿至今，今日猶太祭儀中依然在使用的樂器。它的外觀，看來也沒有多大改變。

同號相比，我們發現角經常是一種超自然力量的預言。《出埃及記》中耶和華囑咐摩西召以色列民眾，到西奈山等候他顯靈，但是西奈山是聖地，決非老百姓可以隨意出入，所以百姓得小心謹慎候在山外，「到角聲拖長的時候，他們才可到山根來」（19：13）。這裡角聲就是上帝出場的通報。運送約櫃的時候我們發現也在吹角。但是角並不與琴瑟鼓鈸等各樣樂器並用，相反是單獨吹奏的。如《撒母耳記下》裡約櫃運入耶路撒冷的場面：

> 抬耶和華約櫃的人走了六步，大衛就獻牛與肥羊為祭。大衛穿著細麻布的以弗得，在耶和華面前極力跳舞。這樣，大衛和以色列的全家歡呼吹角，將耶和華的約櫃抬上來。（6：13—15）

以弗得是大祭司執行職務時所穿的聖衣。大衛身穿以弗得，又獻牛羊作祭，又在耶和華面前極力跳舞，多麼慇懃！可是，隆重的盛典直到最後，我們才聽到了角聲，而且也獨有角聲。

角的用途是多方面的，神聖和世俗一併涵蓋。如《詩篇》說：「當在月朔並月望，我們過節的日期吹角。」（81：3）月朔和月望分別是初一和十五，這時候吹角歡慶，是雅各當年就定下的典章和律例。贖罪的日子也吹角，如《利未記》：「當年七月初十日，你要大發角聲。這日就是贖罪日，要在遍地發出角聲。」（25：9）這還是耶和華在西奈山交代摩西的律令，角的低沉綿長的音質，想必最能警示靈魂的反省。因此我們不奇怪角在《舊約》所有的一應樂器中，獨獨擔當起了警報的功能。

一個顯見的例子是《約珥書》，此書記載當時猶大臨到的一場空前絕後的大蝗災，蝗蟲過處，不但禾稼無存，甚至連房屋也不能倖免，乃至地震天動，日月昏暗，星宿無光。我們看到約珥是這樣命令祭司們警示災難的臨近：「你們要在錫安吹角，在我聖山吹出大聲。」（2：1）在這裡，祭司是用吹角來警

示災難的迫近，角聲這樣想像起來，就有一種驚心動魄的意味。

　　角像號一樣，也廣泛用於戰場。它的功能大抵相似於集合號，可是又遠不止是集合號。《撒母耳記上》載，掃羅同非利士人對陣的時候，遍地吹角，以使希伯來人聚集過來。《士師記》則載：「耶和華的靈降在基甸身上，他就吹角，亞比以謝族都聚集跟隨他。」（6：34）這都是以角聲召集人馬。但《約書亞記》就完全是另一種景象了。我們看到耶和華令約書亞傾全部兵力，一日六次抬著約櫃，繞行敵方城池：

　　七個祭司要拿七個羊角走在約櫃前。到第七日，你們要繞城七次，祭司也要吹角。他們吹的角聲拖長，你們聽見角聲，眾百姓要大聲呼喊，城牆就必塌陷。（6：4—5）

　　這個場面真是蔚為壯觀，這裡角聲豈止是鼓舞士氣，它足以令敵人聞風喪膽。果不其然，到第七天，以色列的老百姓聽到角聲，一齊發喊，耶利哥人的城池果然塌陷，眾人蜂擁而上，攻下城池，將城中不拘男女老少、牛羊和驢，全都用刀殺了個乾淨。

　　角的製作如《約書亞記》以上所示，它是羊角。想必可以是山羊，也可以是綿羊。後來《塔木德》對此有較為詳細的記載。由此我們大體知道古希伯來的角有兩種類型：其一是直角，吹口包金，新年時用；其二是彎角，吹口包銀，齋日時用。角可以在熱水中浸泡捋直，輔以裝飾，然而必須慎之又慎，

攻佔耶利哥城

以保持角的純正的自然音色。縱觀《舊約》，角應有兩個主要功能：一是用於祭儀和預言，它比較號更多了一種神秘氛圍；二是戰場上傳輸信息，這一點同號又有相似的地方，但是唯其神秘，即使是在戰場上，也有呼喚奇蹟的潛能。角的這兩個主要功能無疑是穿透歷史，一路延續了下來。因為即便在今天，許多民族依然在見證角的這兩個神秘功能。這恐怕不光是希伯來的傳統，但是顯而易見，《舊約》應當是這個傳統的淵源之一。

*S*EVEN 鼓（tōp）

鼓也是《舊約》中的重要樂器，而且是女性的樂器。《舊約》中鼓出現十六次，比較其他樂器，它的所指應是相當穩定的。七十子文本譯 tōp 為 týmpanon，哲羅姆的拉丁通俗文本則為 tympanum，而且都是難得的一語單傳，首尾貫穿下來。這可見鼓的所指，正相當於我們今天所說的「鼓」的概念。

鼓可以獨當一面，也可以配合其他樂器。而我們發現擊鼓的大體均為女性。《出埃及記》中記述摩西率領以色列人出埃及過紅海，法老率車騎緊追不捨，於是耶和華發神力，讓以色列人在海中走乾地，復讓海水回流，悉盡淹斃了法老的追兵。這時候，「亞倫的姐姐女先知米利暗，手裡拿著鼓，眾婦女也跟她出去拿鼓跳舞」（15：20）。這是擊鼓跳舞，載歌載舞的典型場景，凡有跳舞，必有擊鼓，而擊鼓的總是女性。

鼓配合其他樂器的描述，《舊約》中也不在少數。《撒母耳記上》載大衛殺死非利士巨人哥利亞，凱旋的時候，婦女們便是歡天喜地，打鼓復擊磬，唱歌跳舞來迎接掃羅和大衛的。我們發現鼓是被普遍用在各種神聖場合。不但祭儀和歡慶的舞蹈必有鼓聲相隨，運送約櫃的時候也一樣擊鼓，如《撒母耳記下》，大衛以隆重的盛典遷移約櫃至耶路撒冷，約櫃啟程的時候，亞希約在櫃前行走開道，「大衛和以色列的全家在耶和華面前，用松木製造的各樣樂器和琴、瑟、鼓、鈸、鑼作樂跳舞」（6：5）。這裡，鼓就顯然是和其他樂器合奏表達歡慶的。

但鼓似乎無緣於聖殿裡的演奏。《歷代志上》第十五章載希幔奉耶和華命作大衛王的先知，上帝賜給他十四個兒子、三個女兒，都在聖殿裡唱歌、彈琴、

鼓瑟、敲鈸，還吹了角，但是沒有打鼓。但是進而視之，鼓無緣於聖殿音樂，也未必盡然。如《詩篇》的例子：「願他們跳舞讚美他的名，擊鼓、彈琴歌頌他。」（149：3）以及後面一段以讚美耶和華來作結《詩篇》的文字：

> 要用角聲讚美他，鼓瑟、彈琴讚美他；擊鼓跳舞讚美他，用絲絃的樂器和簫的聲音讚美他；用大響的鈸讚美他，用高聲的鈸讚美他。（150：3—5）

　　這個場面氣勢恢宏，所有的樂器一齊發聲，讚美之音可謂天地唱和。值得注意的是，鼓在上面兩種神聖讚美的場合裡，都不是獨奏，而是和其他樂器並用。這樣來看，鼓亦有可能是在聖殿樂班所用的樂器之列，也在情理之中。

　　鼓在神聖場合中的地位應當是顯赫的。《詩篇》這樣描繪遊行隊伍進入聖殿：「歌唱的行在前，作樂的隨在後，擊鼓的童女走在中間。」（68：25）我們看到鼓的出場位居第二，在歌手後面，然在一應樂師之前。鼓在這裡毋寧說是一種序曲，一種前奏。而鼓手的女性性別，再一次顯露無遺。

　　鼓作為女性的樂器，表達的不僅僅是神聖的情感。世俗場合打鼓，也能感人至深。《創世記》中記述拉班帶眾兄弟追趕外甥雅各，連追七日追上以後，拉班責怪雅各說：「你為什麼暗暗地逃跑，偷著走，並不告訴我，叫我可以歡樂、唱歌、擊鼓、彈琴地送

你回去？」（31：27）鼓在這裡一樣是歡快的象徵。

但是擊鼓的歡欣，也可以引出非常悲痛的故事來。《士師記》裡，先知耶弗他向耶和華許了一個願：「你若將亞捫人交在我手中，我從亞捫人那裡平平安安回來的時候，無論什麼人，先從我家門出來迎接我，就必歸你，我也必將他獻上為燔祭。」（11：30—31）可是耶弗他回到家裡，第一個從家門口出來迎接他的是誰呢，他怎麼也沒有想到是他自己的獨生女兒，擊鼓跳舞出來迎接他了：

> 耶弗他回米斯巴到了自己的家。不料，他的女兒拿著鼓跳舞出來迎接他，是他獨生的，此外無兒無女。耶弗他看見她，就撕裂衣服，說：「哀哉！我的女兒啊，你使我甚是愁苦，叫我作難了，因為我已經向耶和華開口許願，不能挽回。」他女兒回答說：「父啊，你既向耶和華開口，就當照你口中所說的向我行，因耶和華已經在仇敵亞捫人身上為你報仇。」又對父親說：「有一件事求你允准：容我去兩個月，與同伴在山上，好哀哭我終為處女。」（11：34—38）

這個故事是道地的悲劇。它可以見出一直到士師的時代，近東地區活人獻祭依然流行。而部族之間戰爭的殘酷，足以讓軍事首領心甘情願以家人獻祭，來換得勝利。這豈止是血與火的洗禮呢。耶弗他想必家裡人丁興旺，獻上一個燒烤了給上帝享用，也不十分在意。可是他哪曾想到這充作燔祭的命運，偏偏會落到他最是心愛的獨生女兒身上呢。一言既出，駟馬難追。這可見許願許諾，千萬要事先考量周全才好。耶弗他的女兒哀哭的不是自己將被作燔祭的可怕命運，而是悲哀她到了這生命的最後時刻，還是處女之身，沒有親近過男人。難道耶弗他不可以轉過來跟上帝說明情況，請求換一個人來作燔祭嗎？難道他不可以偷樑換柱，施調包計矇混過去嗎？就是耶弗他的女兒，既然父親答應了她寬限兩個月，那麼她不可以再懇求父親，幫她找個小伙子，了卻心願，也強似拉個女伴到山裡哭哭啼啼？這一切都是以非常單純的邏輯鋪陳開來，所以有種驚心動魄的悲哀。《士師記》裡說，以後以色列有個規矩，那就是每年以色列的女子，將為耶弗他這位終身為處女的女兒，哀哭四天。這樣一幕錐心刺骨的悲劇，引子卻是擊鼓的歡欣。鼓這樣思想起來，擊出的真是女性的喜中之悲，悲中之喜，箇中的喜喜悲悲，真是一言難盡了。

　　《耶利米書》中有一段涉及鼓的文字值得注意，因為它涉及《聖經》的翻譯問題。我們看到耶和華這樣說：

　　以色列的民哪，我要再建立你，你就被建立；你必再以擊鼓為美，與歡樂的人一同跳舞而出。（31：4）

　　這裡鼓再一次和女性的意象緊密聯繫在一起，以《聖經》的言語為上帝之言，我們接觸最多的漢語官話和合本具有多大程度上的權威意義呢？擊鼓為美是毋庸置疑的。鼓可以擊出生命的律動，所以凡有跳舞，必有擊鼓。但是「為美」一語明顯是中譯者添入的，為希伯來文本缺失。對應「擊鼓為美」，英文的表述是 Again you will take up your tambourines（你將再度敲響你的手鼓）。但是上帝不說中文同樣也不說英文，他甚至不說拉丁文。上帝《舊約》裡說的是希伯來文。在一手傳一手的文本的移譯過程中，《聖經》的原初的本意，能夠原封不動地保留下來嗎？上文中的「以色列的民」，在希伯來文作「處女」。以處女意象來比喻以色列民眾，是說他們得上帝恩寵之深。所以以色列民擊鼓的原始意象，應是處女擊鼓。這無疑是一個美輪美奐的意象。而從「以色列民」和「擊鼓為美」的引申義，回溯向處女攜鼓而出歡樂舞蹈的原初義來看，耶和華恩待以色列人的那一份特殊情意，卻應是一脈相承，表露無遺。由此可見，根據譯文來研究《聖經》，不但是可能的，並且考慮到希伯

耶弗他女兒擊鼓迎父

來文的流通語境，也應是必然的。

《耶利米書》中處女敲擊的是一種小手鼓，單面蒙皮。《舊約》對鼓的大小和形狀均無交代，但是據以色列現代音樂史家 J·布朗（Joachim Braun）考證，一般認為是種圓形手鼓，木製框架，羊皮鼓面，直徑約為二十五至三十厘米，但是沒有金屬框邊。

E*IGHT 鈸（m^esiltayim）

鈸和號與角相似，都屬於信號樂器一類。而且在《舊約》中我們看到，鈸的演奏應有家傳，比如，敲鈸大體就是大衛王首席樂師亞薩家族的專利。如《以斯拉記》這樣記載：

> 匠人立耶和華殿根基的時候，祭司皆穿禮服吹號，亞薩的子孫利未人敲鈸，照以色列王大衛所定的例，都站著讚美耶和華。（3：10）

亞薩的子孫敲鈸，是因為他們的祖先亞薩對鈸格外垂青。《歷代志上》載，當初大衛派利未人侍奉耶和華的約櫃，讚美上帝，為首的就是亞薩，眾人鼓瑟彈琴，「唯有亞薩敲鈸，大發響聲」（16：5）。由此可見，鈸很顯然是祭祀禮儀所用的樂器，敲鈸的人則都是亞薩的子孫。而如《歷代志下》第五章所載，亞薩、希幔和耶杜頓，都還是唱歌的好手。時當耶和華的約櫃運入聖殿，所羅門召集以色列的全部會眾，聚集在約櫃面前，獻上多不勝數的牛羊為祭。祭司先已自潔，然後便是音樂頌神的熱烈場面：

> 歌唱的利未人亞薩、希幔、耶杜頓和他們的眾子、眾弟兄都穿細麻布衣服，站在壇的東邊敲鈸、鼓瑟、彈琴，同著他們有一百二十個祭司吹號。（5：12）

一百二十支號一齊吹響，這個場面無疑足以給人留下極為深刻的印象。另外樂師作為一個家族傳承的職業，以上文字也表述得相當清楚。

鈸是由銅製作成的。如《歷代志上》載：「派歌唱的希幔、亞薩、以探敲銅鈸，大發響聲。」（15：19）《詩篇》的第一百五十篇中，如上所見，說要用大響的鈸來讚美耶和華，要用高聲的鈸來讚美耶和華。美國學者薩哈（Curt Shahs）在他的《樂器史》一書裡，認為這裡是言及鈸的兩種形式：其一是水平持有，輕輕敲擊；其二是垂直持有，重重敲擊，而這也是古代西亞音樂文化

的風俗。所幸鈸出土數量不少。據 J‧布朗
《古代以色列／巴勒斯坦的音樂》一書記載，
以色列和巴勒斯坦地區至少發現了二十八對
兩種大小的鈸，一種直徑從七至十二厘米不
等，另一種直徑在三至六厘米之間。出土區
域遍佈迦南的十四個不同城市。第一種鈸可
上推到公元前 14 至 12 世紀的迦南時期，第
二種鈸則是流行在公元前 3 世紀的希臘—羅
馬時期。但是這中間近十個世紀的斷層又怎
麼說？迄今似乎也難以找到可信的解釋。這
些出土鈸的形狀似盤，中間有環凸起，環上
再裝以木頭或其他材料做的把手。而據聲學
測試，鈸的音質甚為洪亮。

　　或許這兩種鈸正好對應《詩篇》所說的
「大響的鈸」和「高聲的鈸」，更確切說，
即是水平敲擊和垂直敲擊的那兩種鈸。這也
僅僅是猜測而已。鈸是歡樂的樂器，如《尼
希米記》裡記載：

Praise Him with the sound of the trumpet; praise Him with the lute and harp!

Praise Him with the timbrel and dance; praise Him with stringed instruments and flutes!

Praise Him with loud cymbals; praise Him with clashing cymbals!

Let everything that has breath praise the LORD. Praise the LORD!

(Psalms 150:3-6)

　　耶路撒冷城牆告成的時候，眾民就把各
處的利未人招到耶路撒冷，要稱謝、歌唱、
敲鈸、鼓瑟、彈琴，歡歡喜喜地行告成之禮。
（12：27）

　　這可見它用於祭儀也一樣用於民間。但
是，就以上考古學的發現來看，橫亙在兩種
鈸中間的近千年的綿長歲月裡，是不是鈸就
退出了日常樂器之列？這似乎也不是沒有可
能。假如真是這樣，那又是為什麼呢？

　　《舊約》中的樂器可以認真稽考的當然

遠不止以上八種。《舊約》無疑具有非常豐富的音樂美學內容。固然，《摩西五經》三令五申，從偶像崇拜到整個兒形象崇拜，全面禁忌無餘，從而明顯壓抑了古代希伯來民族的繪畫、雕塑等造型藝術的創造天賦，可是這反過來使音樂在古代以色列人的宗教和社會生活中，獨獨享有至高無上的地位。音樂可以通靈會意，與神直接交通，也可以呼應我們靈魂最深邃處的神秘情感。所以不奇怪，音樂在所有的遠古文明中，幾乎無一例外都處在一切藝術形式中的至尊地位。這一點在上面《舊約》的樂器考察中，也可以見出它的某種必然性來。

CHAPTER 17

關於音樂

音樂在希伯來文化中，它比較上帝三令五申的形象禁忌，更具有獨特的殊榮。《創世記》中，當以色列人回顧遠古的歷史時，如前所述列出了遊牧、音樂和鑄造銅鐵這三個與自己民族有密切關係的行業祖師：「亞大生雅八，雅八就是住帳篷牧養牲畜之人的祖師。雅八的兄弟名叫猶八，他是一切彈琴吹簫之人的祖師。洗拉又生了土八該隱，他是打造各樣銅鐵利器的。」（4：20—22）這可見，音樂在希伯來文化中的地位，不亞於其他謀生的技術。

　　以色列人是酷愛音樂的民族，他們的歌曲也馳名於世。根據亞述文獻，公元前 701 年，猶大王希西家向亞述王西拿基立進貢，其中就包括許多男女樂師。猶大亡國後，百姓被擄到巴比倫，但《詩篇》裡我們看到，就是他們的哀歌，也反證出以色列人的音樂天賦委實是名揚四方，以至於擄掠他們的異邦人，現在也要來聽他們唱歌：

　　「我們曾在巴比倫的河邊坐下，

　　一追想錫安就哭了。

　　我們把琴掛在那裡的柳樹上，

　　因為在那裡，擄掠我們的要我們唱歌，

　　搶奪我們的要我們作樂，說：

　　『給我們唱一首錫安歌吧！』」（137：1—3）

⊛ONE
日常生活中的音樂

《民數記》記載了一首掘井之歌：

井啊，湧上水來！

你們要向這井歌唱。

這井是首領和民中的尊貴人

用圭、用杖所挖所掘的。（21：17—18）

這是遠古希伯來人最早的勞動歌曲之
一。音樂是人類的天性。最早的歌曲，很可
能就是來自於集體勞動齊心協力所產生的節
奏感，一起勞作的人藉著同聲齊唱，就使工
作有了歡快的律動。從《聖經》的許多記載
來看，唱歌和勞動的愉悅，幾乎總是形影不
離的。《以賽亞書》中，我們同樣可以看到
一個反證的例子，以賽亞說，因為戰亂，「從
肥美的田中奪去了歡喜快樂；在葡萄園裡必
無歌唱，也無歡呼的聲音」（16：10）。這
也可見，以色列人平時在田間和葡萄園裡的
勞作，是充滿了歌聲和歡呼聲的。

像大多數古代民族一樣，希伯來文化
中，音樂是表達歡迎的首選。以色列人經常
以歡笑、奏樂、唱歌和跳舞來表達心中的歡
樂。如《約伯記》裡，災難中的約伯敘述人
生的歡樂時光，就說「他們的兒女踴躍跳舞。
他們隨著琴鼓歌唱，又因簫聲歡喜」（21：
11—12）。很顯然，約伯追憶往事，就是以
長壽、子孫滿堂、家中的歡笑，小孩子們跟
著琴鼓歌唱，更隨著笛聲歡呼、跳舞作為幸
福象徵的。

Then Israel sang this song:
"Spring up, O well! all of you sing to
it—

The well the leaders sank, dug
by the nation's nobles, by the law-
giver, with their staves." And from
the wilderness *they went* to Matta-
nah,

(Numbers 21:17-18)

　　適逢歡慶生命中一些特別的日子，或社群中喜樂的佳節，以色列人更是大擺筵席，奏樂歡慶，唱歌跳舞，熱鬧慶祝一番。希律王慶祝生日，擺設筵席，招待政府顯要、文武官員和加利利的民間領袖，宴會上也有歌舞。各種招待來賓的餘興節目，其中包括美女隨樂表演艷舞（《馬可福音》6：21—22）。結婚是另一個喜慶的日子，新郎新娘在婚宴上對唱情歌。《雅歌》便是這類歌曲的彙編。有時新娘還隨著音樂載歌載舞（6：13）。《士師記》記載參孫的婚宴一共持續了七天，在筵席上有各種餘興節目，其中提到猜謎遊戲，但我們可想而知，在宴會上肯定少不了悅耳的音樂、唱歌和跳舞（14：10—18）。在希伯來的詩歌中，喜樂、歡笑、跳舞是表達喜慶，它們的反面是悲傷、哭泣、哀慟。如《傳道書》：「哭有時，笑有時；哀慟有時，跳舞有時。」（3：4）以及《以賽亞書》：

> 新酒悲哀，葡萄樹衰殘；
>
> 心中歡樂的俱都歎息。
>
> 擊鼓之樂止息，
>
> 宴樂的人聲音完畢，
>
> 彈琴之樂也止息了。
>
> 人必不得飲酒唱歌；
>
> 喝濃酒的，必以為苦。（24：7—9）。

　　所以不奇怪，《耶利米書》中，先知耶利米預言上帝的審判將要臨到猶大，到時候歡宴喜慶的聲音勢將不復聽聞：「那時，我必使猶大城邑中和耶路撒冷街上，歡喜和快樂的聲音、新郎和新婦的聲音都止息了，因為地必成為荒場。」（7：34）

　　《路加福音》中，耶穌講述了一個「浪子回頭」的比喻故事。說是某父親有兩個兒子，小兒子要求父親將他那份家產給他。小兒子得著他那份財產後，便離家出走，到遙遠的地方過著放蕩生活，揮金如土，不久就一貧如洗，生活潦倒。最後，他醒悟過來，決定回家，向父親認錯。當他回到家裡，慈愛的父親不但沒有責備他，反而因兒子知錯能改，喜出望外，設宴大事慶祝，又是奏樂，又是唱歌，又是跳舞：

> 那時，大兒子正在田裡。他回來離家不遠，聽見作樂跳舞的聲音，便叫

過一個僕人來，問是什麼事。僕人說：「你
兄弟回來了，你父親因為得他無災無病地回
來，把肥牛犢宰了。」（15：25—27）

不僅如此，收穫的季節，也充滿了歌
唱和舞蹈。《聖經》時代，大多數的以色列
人靠畜牧業和農業為生，收割季節是最喜樂
的日子。每逢剪羊毛的時節和收割季節，一
切工作完成之後，全村的人都會聚集大事慶
祝，大家在歡樂聲中飲酒作樂、彈琴、鼓
瑟、擊鼓、吹笛、跳舞（《以賽亞書》9：
3；16：10）。《士師記》裡也提到每年葡
萄收成的季節，女子在歡慶中都會出來歡樂
跳舞。而且敘述極富有戲劇性，它的背景是
以色列人中的便雅憫支派女丁不夠，眼看要
斷後，以色列長老就給便雅憫人出了一計：

你們去，在葡萄園中埋伏。若看見示
羅的女子出來跳舞，就從葡萄園出來，在示
羅的女子中各搶一個為妻，回便雅憫地去。
（21：20—21）

便雅憫人依計而行，果然如願以償，搶
得美人歸。這裡慶祝豐收的舞蹈，竟成了一
個甜蜜的陷阱。

親人離別之際，以色列人一般也都設
宴舉行歡送會。在宴會上，大家盡情享受歡
樂，擊鼓彈琴，唱歌跳舞。《創世記》裡記
載，雅各不堪給岳父兼舅父拉班當免費的長
工，帶著家人不告而別，偷偷離開了拉班的
家。拉班過了三天方才知情，於是帶了家丁
追趕。拉班追趕了七天，終於追上雅各，見

面時我們看到他這樣責問雅各：

> 你做的是什麼事呢？你背著我偷走了，又把我的女兒們帶了去，如同用刀劍擄去的一般。你為什麼暗暗地逃跑，偷著走，並不告訴我，叫我可以歡樂，唱歌、擊鼓、彈琴地送你回去？又不容我與外孫和女兒親嘴。你所行的真是愚昧！（31：26—28）

拉班責備女婿雅各不辭而別的話，正顯示了以色列人典型的送別禮節，這裡面包括唱歌、擊鼓、彈琴，以及親吻被送別的人。音樂和舞蹈，即便在送別的場合，也是在唱主角。

音樂和舞蹈在以色列人的日常生活中，同樣也是聲色之娛裡面的主要角色。其實，古時以色列許多富有人家的主要消遣，是類似今日的。那就是享受各種佳餚美味，沉迷在烈酒和歌舞之中。《傳道書》裡，據信是此卷書的作者提到，他為了追求快樂，聚集了各種財富，興建環境清幽、富麗堂皇、設備齊全的王宮，又買了許多僕婢服侍自己，娶了無數妃嬪陪伴自己，還召來了許多男女歌手天天給他提供娛樂節目，整天沉迷在佳餚和美酒之中：

> 我又為自己積蓄金銀和君王的財寶，並各省的財寶；又得唱歌的男女和世人所喜愛的物，並許多的妃嬪。（2：8）

《撒母耳記下》中，我們也讀到了音樂和娛樂的關係。時當押沙龍叛亂平息之後，大衛王過約旦河，回耶路撒冷的王宮時，基列人巴西萊前來送行。巴西萊曾在大衛王逃難時，善待大衛和他的隨行者，供給他們許多食物。大衛王非常感激巴西萊的友情，邀請他與自己一道回耶路撒冷，在王宮養老。但巴西萊已八十歲了，他以年紀老邁，嚐不出甘酒美食，辨不出音樂為由，謝絕了大衛的善意：

> 僕人現在八十歲了，還能嚐出飲食的滋味，辨別美惡嗎？還能聽男女歌唱的聲音嗎？僕人何必累贅我主我王呢？（19：35）

可見醇酒、美食、音樂、歌唱、舞蹈都是王宮中普遍的娛樂生活。而且我們由此得知獻歌宮中的，不僅有女性，同樣還有男性。耽於聲色歌舞當然不是為國之道。所以《以賽亞書》裡，先知以賽亞斥責猶大國的君主們只顧歡樂，沉迷在靡靡之音裡，完全不把上帝的作為放在心上：

> 禍哉，那些清早起來，追求濃酒，留連到夜深，甚至因酒發燒的人。他們在筵席上彈琴、鼓瑟、擊鼓、吹笛、飲酒，卻不顧念耶和華的作為，也不留心

他手所作的。（5：11—12）

無獨有偶，《阿摩司書》中，先知阿摩司也憤怒斥責以色列國和猶大國那些終日追求貴族生活的領袖們，預言他們將首先被擄到外邦：

你們躺臥在象牙床上，舒身在榻上，吃群中的羊羔、棚裡的牛犢。彈琴鼓瑟唱消閒的歌曲，為自己製造樂器，如同大衛所造的。以大碗喝酒，用上等的油抹身，卻不為約瑟的苦難擔憂。所以這些人必在被擄的人中首先被擄，舒身的人荒宴之樂必消滅了。（6：4—7）

在上面的罪名中，「彈琴鼓瑟唱消閒的歌曲，為自己製造樂器」赫然位列其中，無怪乎，在舊約時代，妓女都喜歡藉著琴聲和歌唱，來增加她們招徠顧客誘人的魅力：

你這被忘記的妓女啊，

拿琴周流城內，

巧彈多唱，使人再想念你。（《以賽亞書》23：16）。

Two 音樂和戰爭

古今中外，音樂與軍隊的生活有密切的關係。軍隊以不同的角聲代表起行、安營、發動攻勢或撤退等不同的命令，一如《哥林多前書》中保羅所言：「若吹無定的號聲，誰能預備打仗呢？」（14：8）音樂之見於軍事，主要的樂器是角和號。以色列人出埃及

> The harp and the strings, the tambourine and flute, and wine are in their feasts; but they do not regard the work of the LORD, nor consider the operation of His hands.
>
> (Isaiah 5:12)

之後在曠野行進時，隊伍如同行軍，即是以吹號施令聚集、起行和安營的。這在前面介紹號這一樂器的部分，已可清楚見出，特別是《民數記》第十章中耶和華曉諭摩西如何吹號集合起行的交代。

在戰場上，以色列軍隊以吹號指揮軍隊的行動。《士師記》中，士師以笏在以法蓮山地吹角，召集以色列人隨他去與摩押人爭戰（3：27）。士師基甸也以吹角，召集以色列的各族，跟隨他一起對抗米甸人、亞瑪力人等強敵。基甸抵達敵人營地時，將跟隨他的三百人分成三隊，每隊一百人，分散在敵營周圍。他們以吹角作為發動攻勢的暗號，基甸是這樣交代他的部下的：

> 你們要看我行事，我到了營的旁邊怎樣行，你們也要怎樣行。我和一切跟隨我的人吹角的時候，你們也要在營的四圍吹角，喊叫說：「耶和華和基甸的刀！」（7：17—18）

到了三更時分，三百個人一齊吹角，一齊打破手裡的瓦瓶，亮出藏在裡面的火把，高喊：「耶和華和基甸的刀！」一起殺上前去，那陣勢就足夠叫敵人聞風喪膽。在此，吹角不但起發施軍令的作用，三百人同時吹角也是為了製造驚嚇的聲勢，使敵人張皇失措，落荒而逃，在紛亂中自相殘殺（7：21—22）。這個場面，很相似前面講到的《約書亞記》裡，以色列人進入迦南地，攻打第一座城耶利哥時的描寫。首六天，以色列的軍隊和祭司抬著上帝的約櫃，每天繞城一周，祭司一邊走一邊吹角。第七天，他們繞城七次，到第七次時大聲吹角，百姓高聲吶喊，城牆頓時轟然倒塌（6：1—20）。這兩個戰役裡面，角的功效，真是驚天動地。

在歡迎凱旋隊伍的時候，更是少不了歡樂的音樂和歌曲。《舊約》記載了三首凱旋歌曲。第一首在《出埃及記》中，上帝使紅海分開，讓以色列人走乾地過紅海，又使法老的追兵全軍覆沒於深海中之後，摩西帶領以色列人歡唱凱歌：

> 我要向耶和華歌唱，因他大大戰勝，
> 將馬和騎馬的投在海中。
> 耶和華是我的力量、我的詩歌，
> 也成了我的拯救。
> 這是我的上帝，我要讚美他；
> 是我父親的上帝，我要尊崇他。（15：1—2）

當時婦女們還在亞倫的姐姐，先知米利暗的帶領下，擊鼓跳舞（15：20—21）。第二首在《民數記》中，在曠野中漂泊的以色列人來到亞摩利人的境界時，要求亞摩利王西宏允許他們過境，西宏不但拒絕他們的要求，還出軍攻打以色列人，結果，以色列軍隊大敗亞摩利的軍隊，戰爭勝利之後，以色列人作了一首凱歌紀念該戰役：

> 摩押啊，你有禍了！
>
> 基抹的民哪，你們滅亡了！
>
> 基抹的男子逃奔，
>
> 女子被擄，
>
> 交付亞摩利的王西宏。
>
> 我們射了他們，
>
> 希實本直到底本盡皆毀滅。（21：29—30）

第三首在《士師記》中，這是士師底波拉和統帥巴拉戰勝迦南王耶賓之後，所作的凱歌：

> 因為以色列中有軍長率領，
>
> 百姓也甘心犧牲自己，
>
> 你們應當讚頌耶和華。
>
> 君王啊，要聽！
>
> 王子啊，要側耳而聽！
>
> 我要向耶和華歌唱，
>
> 我要歌頌耶和華以色列的上帝。（5：2—3）

這三首凱歌，本身的長度遠不止上面援引的片段。它們表達的都是歡慶勝利的喜悅和對上帝耶和華的讚美。前面我們看到，士

師耶弗他大敗亞捫人奏凱而歸，到自己的家鄉米斯巴時，他的獨生女，是按著歡慶凱旋的習俗，拿著手鈴鼓跳著舞出來迎接他的，雖然，誰也不會想到因此給她帶來了作燔祭的命運。《撒母耳記上》裡，大衛用機絃甩石殺死了非利士巨人歌利亞之後，非利士軍隊在以色列軍隊面前倉皇逃竄，以色列軍隊乘勝直追，把敵軍殺得片甲不留。掃羅王帶著軍隊凱旋時，眾人夾道歡迎，婦女們沿途擊鼓彈琴，亦是載歌載舞，高唱：「掃羅殺死千千，大衛殺死萬萬！」（18：6—7）

出戰之前，音樂在祭拜神明，祈求神明祐助的儀式中，也具有獨當一面的榮光。《歷代志下》記載的一段歷史事蹟便是一個例子，當時猶大王約沙法與亞捫人、摩押人和以東人爭戰，猶大人帶著妻子兒女，一道站在耶和華面前，祈求上帝應許與他們同在，拯救他們：

> 約沙法就面伏於地；猶大眾人和耶路撒冷的居民也俯伏在耶和華面前，叩拜耶和華。哥轄族和可拉族的利未人都起來，用極大的聲音讚美耶和華以色列的上帝。（20：18—19）

利未人在這裡是組成了聖歌歌唱團。事實上耶和華也充分顯示了他對音樂的愛好。約沙法對此無疑是心領神會的。次日清晨，出戰的時候，約沙法王命令唱聖歌的利未人穿上禮服，走在軍隊前面，放聲高唱：

> 約沙法既與民商議了，就設立歌唱的人頌讚耶和華，使他們穿上聖潔的禮服，走在軍前讚美耶和華說：「當稱謝耶和華，因他的慈愛永遠長存！」（20：21）

奇蹟果然發生了。聖歌團唱歌讚美上帝的時候，因為耶和華顯靈，來犯的敵軍便潰亂起來，自相殘殺。猶大軍隊來到曠野的望樓，向敵軍陣地觀望，但見敵軍屍橫遍野，無一倖免。約沙法率領軍隊，前去拾取敵人遺下的財物。財物之多不可勝數，猶大人足足用了三天，才把戰利品收拾完。約沙法率領軍隊榮歸耶路撒冷，百姓出來歡迎軍隊，又是鼓瑟彈琴的歡樂場面：「他們彈琴、鼓瑟、吹號，來到耶路撒冷，進了耶和華的聖殿。」（20：28）

君王即位接受膏立的儀式中，同樣少不了音樂。我們發現以色列人以吹角宣告新王上任，然後百姓一起奏樂歡呼，如《列王紀上》裡所羅門即位時候的場面：

> 祭司撒督就從帳幕中取了盛膏油的角來，用膏膏所羅門。人就吹角。眾民都說：「願所羅門王萬歲！」眾民跟隨他上來，且吹笛，大大歡呼，聲音震地。（1：39—40）

新王上任必吹角。就是圖謀篡奪王位的押沙龍，也不在例外。《撒母耳下》裡寫押沙龍四處收買以色列民心四十年後，潛往希伯倫，他做的第一件事情，就是打發探子走遍以色列各支派，說：「你們一聽見角聲就說：押沙龍在希伯倫作王了。」（15：10）可憐的押沙龍！

⊹ㅓＨＲＥＥ 音樂與預言

音樂的神秘功能似乎在大多數的宗教中，都有淋漓盡致的表現。《聖經》記述的猶太教和基督教的神秘文化，顯然不在例外。我們看到以色列的先知藉著音樂和舞蹈，使上帝的靈降在他們身上，控制他們的肢體，但最重要的，是成為上帝的代言人，傳達上帝的信息，頒佈神諭。

我們先來看掃羅的例子。《撒母耳記上》中，撒母耳有心給掃羅膏油，立他為王。掃羅當時在尋找父親迷失的驢子，撒母耳給這個渾然不知的年輕人指路，告訴他路上會遇到三個人，這三個人會向他請安，給他兩個餅，然後：

你到上帝的山，在那裡有非力士人的防兵。你到了城的時候，必遇見一班先知從邱壇下來，前面有鼓瑟的、擊鼓的、吹笛的、彈琴的，他們都受感說話。耶和華的靈必大大感動你，你就與他們一同受感說話，你要變為新人。（10：5—6）

"After that you shall come to the hill of God where the Philistine garrison *is*. And it will happen, when you have come there to the city, that you will meet a group of prophets coming down from the high place with a stringed instrument, a tambourine, a flute, and a harp before them; and they will be prophesying.

"Then the Spirit of the LORD will come upon you, and you will prophesy with them and be turned into another man.

(1 Samuel 10:5-6)

這可見，掃羅和他迎面遇到的先知們一樣，都是假道音樂，被上帝的靈所控制，受感說話。掃羅由此成了「新人」。事實上掃羅還有第二次的類似經歷。那時他已作了以色列王，因妒忌大衛，一而再，再而三追殺大衛。大衛逃避追殺，跑到先知撒母耳那裡。掃羅聞訊派人去捉拿，可是差人抵達那裡，看到撒母耳正在監督一群先知，受感說話，掃羅的人見了此情此景，竟也不由自主，受耶和華的靈控制，像先知一樣受感說話起來。掃羅又派了第二班人去捉拿大衛，可是與第一班人一樣，第二班人同樣受上帝的靈所控制，身不由己地受感說話。掃羅又派了第三班人前往，他們的遭遇也是如出一轍。最後，掃羅自己親自出馬，追蹤撒母耳和大衛，來到拉瑪的拿約。沒曾想他的遭遇更加離奇：

> 上帝的靈也感動他，一面走一面說話，直到拉瑪的拿約。他就脫了衣服，在撒母耳面前受感說話，一晝一夜，露體躺臥。（《撒母耳記上》19：23—24）

掃羅第二次受感說話的事件裡雖然沒有提到音樂，但我們可以假設他們是在音樂的感應之下，受上帝的靈所支配說話的，因為這是當時先知受感說話的普遍方式。前述之《列王紀下》中，先知以利沙被問及禍福凶吉，叫約沙法王給他找個樂師來，說是樂師彈琴的時候，上帝的靈便降在他以利沙的身上，乃可以為上帝說神諭，也是這一類型。

《新約》時代的信徒也有類似的體驗。《使徒行傳》說，在五旬節，耶穌的信徒們聚集一道，敬拜上帝，忽然就有異象發生：

> 忽然，從天上有響聲下來，好像一陣大風吹過，充滿了他們所坐的屋子；又有舌頭如火焰顯現出來分開落在他們各人頭上。他們就都被聖靈充滿，按著聖靈所賜的口才說起別國的話來。（2：2—4）

這些語言包括帕提亞話、瑪代話、以攔話、美索不達米亞話、猶太話、加帕多家話、本都話、亞細亞話、弗呂家話、旁非利亞話、埃及話等等，不一而足。眾信徒各各發現，別人都在講自己的鄉音，不由得大吃一驚。而聖靈之所以降下這個奇蹟，讓信徒們身不由己開口說起從來沒有學過的外國語言，目的當然是讓更多的人明白福音，相信真道。

《哥林多前書》中，保留了專門談及以上信徒「被聖靈充滿，按著聖靈所賜的口才說起別國的話來」的現象，謂之說「方言」。這也就是說，人在神靈附會的迷狂狀態中，按著聖靈所賜的口才，用沒有學習過的語言傳達神諭。但

是保羅發現當時的哥林多教會有濫用「方言」的情況，故此，保羅寫信給他們的時候，特別與他們討論了「方言」的話題。其中就有以音樂來比喻「方言」的例子：

弟兄們！我到你們那裡去，若只說方言，不用啟示，或知識，或預言，或教訓，給你們講解，我與你們有什麼益處呢？就是那有聲無氣的物，或簫，或琴，若發出來的聲音，沒有分別，怎能知道所吹所彈的是什麼呢？若吹無定的號聲，誰能預備打仗呢？（14：6—8）

保羅的意思是講道的恩賜要勝過說方言，因為方言是自己都不知所云的外國的語言，自己不知所云，別人當然更是不知所云。他指出方言是聖靈的一種恩賜，但並不是人人都具有這種恩賜。而且，講別人聽得懂的道理，應該是比說方言更有價值。但這並不以為方言不足取。事實上，今日基督教的靈恩派裡，響亮的琴聲和鼓聲中，仍有許多信徒在唱歌敬拜讚美上帝時，常被聖靈充滿，開口說「方言」的。

Four 音樂和神聖崇拜

音樂不但可以通靈會意，而且可以直傳上帝的智慧，表徵上帝的榮光。以藝術來傳達對純精神形態超驗上帝耶和華的神聖崇拜，希伯來人看中的是音樂。與對視覺藝術的壓抑和排斥判然不同，《聖經》對音樂的推崇一如其他古代民族對這門至高藝術的醉

聖靈降臨

心和迷戀。《聖經》談到音樂的地方多不勝數，大段的文字如《歷代志下》：

> 當時在那裡所有的祭司都已自潔，並不分班供職；他們出聖所的時候，歌唱的利未人亞薩、希幔、耶杜頓和他們的眾子眾弟兄，都穿細麻布衣服，站在壇的東邊，敲鈸、鼓瑟、彈琴，同著他們有一百二十個祭司吹號。吹號的、歌唱的，都一齊發聲，聲合為一，讚美感謝耶和華；吹號、敲鈸，用各種樂器，揚聲讚美耶和華。（5：11—13）

這是說所羅門的祭司在節慶的時候，藉音樂以求與上帝的溝通。這裡展示的是聖殿崇拜的音樂。所羅門的父親大衛，原本就想為上帝建造一所堂皇的聖殿，但上帝只要他為聖殿預備藍圖和材料，把建聖殿的工程交給他的兒子所羅門王。大衛為王的年間，為上帝建造了一個帳幕安放約櫃。音樂在帳幕的崇拜中，顯然也佔有重要地位。《歷代志上》說，大衛特別挑選了四千個利未人任樂師：「四千人用大衛所作的樂器頌讚耶和華。」（23：5），又挑選了經過特別訓練的歌手二百八十八人：

> 上帝賜給希幔十四個兒子、三個女兒，都歸他們父親指教，在耶和華的殿唱歌、敲鈸、彈琴、鼓瑟，辦上帝殿的事務。亞薩、耶杜頓、希幔都是王所命定的。他們和他們的弟兄學習頌讚耶和華，善於歌唱的，供有二百八十八人。這些人無論大小，為師的、為徒的，都一同掣籤分了班次。（25：5—8）

樂師隊伍和歌手隊伍的規模，無疑是足以給人留下深刻印象的。而且我們看到，樂師和歌手，都是以色列人的家族職業。歌手二百八十八人，則被進而分成二十四班，每班十二人，輪流在每日早晚、安息日和重要的祭祀日子，以音樂和歌唱稱謝讚美上帝。

這可見，假道音樂進行神聖崇拜，正是以色列人敬拜上帝的主要模式。聖殿落成之後，所羅門把這個模式繼續應用在聖殿裡的崇拜上。《列王紀上》載，泰爾國的希蘭王不但從家鄉運來金子和寶石，還運來了不少檀香木，所羅門就用檀香木為耶和華的聖殿和王宮做欄杆，又為樂師和歌手做琴瑟。從此以後，再沒有這樣進口檀香木的盛事（10：11—12）。這可見樂器的製造材料，除了通常的松木，還可以是非常珍貴的檀香木。所羅門之後，音樂的神聖崇拜模式，顯然是給歷代君王繼續遵循下來。如《歷代志下》裡記述的希西家王做燔祭的場面：

　　王又派利未人在耶和華殿中敲鈸、鼓
瑟、彈琴，乃照大衛和他先見迦得，並先知
拿單所吩咐的，就是耶和華藉先知所吩咐
的。利未人拿大衛的樂器，祭司拿號，一同
站立。希西家吩咐在壇上獻燔祭。燔祭一獻，
就唱讚美耶和華的歌，用號，並用以色列王
大衛的樂器相和。會眾都敬拜，歌唱的歌唱，
吹號的吹號，如此直到燔祭獻完了。獻完了
祭，王和一切跟隨的人都俯伏敬拜。希西家
王與眾首領又吩咐利未人用大衛和先見亞薩
的詩詞頌讚耶和華，他們就歡歡喜喜地頌讚
耶和華，低頭敬拜。（29：25—30）

　　這裡做燔祭的音樂程序，先是敲鈸、
鼓瑟、彈琴，然後是吹號唱歌，然後又是以
一應樂器相和，最後復以配樂的詩章再表敬
拜。可以想見，這個場面是非常生動輝煌
的。這一音樂神聖崇拜的本能是如此深深流
淌在以色列人的血脈裡，以至於後來以色列
和猶大分別亡國被擄之後，也是耿耿於懷，
不敢忘卻。波斯大帝居魯士下詔准許以色列
從被擄之地巴比倫回歸故土巴勒斯坦後，在
以斯拉和尼希米的帶領下，他們也盡量模倣
當年大衛和所羅門的模式，重建聖殿的神聖
崇拜。從《以斯拉記》來看，當時職業歌手
的人數還是相當可觀的，「歌唱的亞薩的子
孫一百二十八名」（2：41），「會眾共有
四萬二千三百六十名。此外，還有他們的僕
婢七千三百三十七名，又有歌唱的男女二百
名」（2：64—65）。而重建耶和華聖殿的

儀式上，音樂崇拜的氣派與當年大衛的定例幾無二致：

匠人立耶和華殿根基的時候，祭司皆穿禮服吹號，亞薩的子孫利未人敲
鈸，照以色列王大衛所定的例，都站著讚美耶和華。他們彼此唱和、讚美稱謝
耶和華說：

「他本為善，

他向以色列人永發慈愛。」（3：10—11）

大衛本人的音樂天分是《聖經》裡面首屈一指的。他年紀輕輕就能彈奏一
手好琴，他的琴聲甚至還能驅魔，一如《撒母耳記上》裡面所說，掃羅鬧頭疼，
大衛一彈琴，盤踞在掃羅腦袋裡的惡魔就逃之夭夭了。《撒母耳記下》載大衛
成為以色列全國國王後，決定把上帝的約櫃搬運到耶路撒冷，在整個搬運過程
中，「大衛和以色列的全家在耶和華面前，用松木製造的各樣樂器和琴、瑟、
鼓、鈸、鑼作樂跳舞」（6：5）。大衛本人穿細麻布的以弗得，在耶和華面前
極力跳舞，帶領百姓們都在上帝面前盡情歡舞的描寫，更是把大衛對耶和華的
一片深情表達得栩栩如生。要不然，耶和華怎麼總是念念不忘關照大衛呢。

大衛的音樂崇拜成果，最集中體現在《詩篇》裡面。《詩篇》裡有大衛本
人的創作，也有他收集的詩歌。當中的好些詩歌，後人在崇拜中使用延續至今。
現在收集在《詩篇》中的詩最少有七十三篇。有一些詩篇收集在詩班長的名下，
如亞薩的詩共有十二首（50、73—83 篇），可拉後裔的詩共有十一首（42、
44—49、84—85、87—88 篇），還有概括性統稱為「交與伶長」的詩不少於
五十首。

《詩篇》多處呼籲以色列人唱歌讚美上帝，不但唱老歌，而且唱新歌；不
但唱歌，而且唱詩。如此上帝在以色列人的歌聲中，盡顯他的榮光：

世上的列國啊，你們要向神歌唱。願你們歌頌主，歌頌那自古駕行在諸天
以上的主。（68：32—33）

你們要向耶和華唱新歌，全地都要向耶和華歌唱。要向耶和華歌唱，稱頌
他的名，天天傳揚他的救恩。（96：1—2）

普天下當向耶和華歡呼。你們當樂意侍奉耶和華，當來向他歌唱。（100：1—2）

要向他唱詩歌頌，談論他一切奇妙的作為。（105：2）

歌猶不足，那麼還可以鼓勵人以不同的樂器來稱頌上帝，甚至，跳舞來讚美上帝：

全地都要向耶和華歡樂，要發起大聲，歡呼歌頌。要用琴歌頌耶和華，用琴和詩歌的聲音歌頌他。用號和角聲，在大君王耶和華面前歡呼。（98：4—6）

你們要讚美耶和華！向耶和華唱新歌，在聖民的會中讚美他。願以色列因造他的主歡喜；願錫安的民，因他們的王快樂。願他們跳舞讚美他的名，擊鼓、彈琴歌頌他。（149：1—3）

特別有意思的是，《詩篇》最後一篇，幾乎羅列了各種樂器，呼籲以色列人用所有這些美妙的樂器讚美上帝，《詩篇》就在這樣一部氣勢恢宏的交響曲中，拉下了帷幕：

要用角聲讚美他，鼓瑟彈琴讚美他。擊鼓跳舞讚美他，用絲絃的樂器，和簫的聲音讚美他。用大響的鈸讚美他，用高聲的鈸讚美他。（150：3—5）

值得注意的是，上帝也並不是一味沉溺在對他的讚美和頌歌裡，甚至肥牛肥羊的各式獻祭裡。《阿摩司書》中，先知阿摩司就警告說，人不能單靠獻祭、歌唱和音樂這些宗教儀式討上帝喜悅，人還必須過伸張正義、追求公平正直的生活，才能得上帝歡心，他這樣轉述上帝耶和華的話語：

Shout joyfully to the LORD, all the earth; break forth in song, rejoice, and sing praises.
Sing to the LORD with the harp, with the harp and the sound of a psalm,
With trumpets and the sound of a horn; shout joyfully before the LORD, the King.

(Psalms 98:4-6)

你們雖然向我獻燔祭和素祭，

我卻不悅納，

也不顧你們用肥畜獻的平安祭。

要使你們歌唱的聲音遠離我，

因為我不聽你們彈琴的響聲。

唯願公平如大水滾滾，

使公義如江河滔滔。（5：22—24）

這裡上帝疾惡如仇的鮮明個性，再一次展示無遺。《阿摩司書》是公元前8世紀的作品，這是以色列歷史上的一個重要時期。它先後見證了數位先知的興起，來向忤逆的以色列民眾宣告將要來臨的審判。阿摩司當時在北國以色列做先知，耶羅波安二世治下的以色列國勢相當不錯，收復了失地，經濟繁榮，政局也穩定。但是社會貧富懸殊，富人驕奢淫逸，窮人賣身為奴，執法機構卻普遍收受賄賂，顛倒是非。在這樣的情勢下，給上帝的燔祭也好，頌歌也好，多少顯得像沒有實際虔誠內容的虛情假意。所以阿摩司大聲疾呼「唯願公平如大水滾滾，使公義如江河滔滔」，正可以顯示上帝明察秋毫的公正之道，在它面前，即便音樂的輝煌，也是黯然失色了。

Ｆｉｖｅ 《新約》中的音樂

《新約》裡面也有音樂。但是隨著聖殿在公元70年被羅馬軍隊拆毀，聖殿中的音樂崇拜也告一段落。聖殿被毀之後，會堂成為維持猶太人信仰的主要場所。會堂主要的活動是朗誦律法書、吟誦禱文和詮釋經文，不准有任何音樂伴奏。初期基督教教會主要根據早期猶太人的會堂模式崇拜，鑒於這一背景，《新約》提到音樂和唱歌的地方，是遠遜於《舊約》的。

但是，《新約》中的音樂和歌唱記述雖然遜於《舊約》，卻並不等於可以熟視無睹。《路加福音》說，耶穌降生的時候，就有一大隊的天使天兵向伯利恆的牧羊人報告基督降生的佳音，他們高聲讚美：「在至高之處榮耀歸與上帝！在地上平安歸與他所喜悅的人。」（2：14）《啟示錄》中預言基督將會第二次降臨，在世上作王直到永永遠遠，也是天使吹號宣佈基督作王：

第七位天使吹號，天上就有大聲音說：

「世上的國成了我主和主基督的國；他要作王，直到永永遠遠。」（11：15）

《啟示錄》中我們看到七位天使吹號。最後一位天使吹號，是宣佈基督耶穌將再次降臨進行最後的審判。前面六支號，吹響的都是這末日降臨的恐怖預言：

第一位天使吹號，是天降冰雹和血火，禾稼毀滅慘重。

第二位天使吹號，是大山熊熊燃燒墮入海中，海的三分之一變成血，海裡的三分之一生物死於一旦。

第三位天使吹號，有巨星燃燒從天而降，毀滅三分之一的江河水源。

第四位天使吹號，日月星辰的三分之一皆被擊打漆黑無光，以至於白晝的三分之一沒有光，夜晚亦然。

第五位天使吹號，一顆星墜入無底深坑，有尾巴帶毒鉤的蝗蟲蜂擁而出。

第六位天使吹號，四個魔頭率二萬萬馬軍殺將過來，有火、煙、硫磺從馬口中噴出，殺滅了三分之一的人類。

號聲在這裡活脫脫就是毛骨悚然的發自地獄的聲音，世界末日就在這七位天使的號聲中逐次降臨。這可見音樂，同樣是具有叫人魂飛魄散的恐懼效果。或者說，這七位天使吹出的號聲，還可以算是音樂嗎？

但《新約》也秉承了唱歌讚美上帝的《舊約》的傳統。《啟示錄》裡的號聲雖然淒厲

恐怖，聽起來活像是鬼哭狼嚎，可是《啟示錄》裡也唱讚歌。該卷書好幾次記載天上敬拜的異象。其中一次異象中，天使和二十四位長老俯伏敬拜「羔羊」耶穌：

他們唱新歌說：

你配拿書卷，

配揭開七印，

因為你曾被殺，

用自己的血從各族、各方、各民、各國中買了人來，

叫他們歸於上帝，

又叫他們成為國民，

作祭司，歸於上帝，

在地上執掌王權。（5：9—10）

這個新歌相比《舊約》中的歌，篇幅明顯要短一些。另一次異象中，唱歌的規模浩大無比。使徒約翰說他看見羔羊耶穌站在錫安山上，周圍有十四萬四千人眾。這十四萬四千人一齊高唱，而且唱的什麼新歌，竟是誰也不知究竟：

我聽見從天上有聲音，像眾水的聲音，和大雷的聲音。並且我所聽見的好像彈琴的所彈的琴聲。他們在寶座前，並在四活物和眾長老前唱歌，彷彿是新歌，除了從地上買來的那十四萬四千人以外，沒有人能學這歌。（14：2—3）。

這是典型的《啟示錄》的風格。又在另一次異象中，約翰還看見那些戰勝邪惡的信徒，高唱「摩西的歌」和「羔羊的歌」的場面：「又看見那些勝了獸和獸的像並它名字數目的人，都站在玻璃海上，拿著上帝的琴，唱上帝僕人摩西的歌和羔羊的歌。」（15：2—4）。摩西的歌和羔羊的歌是同一首短歌，讚美上帝的全能和全在。這可見《舊約》和《新約》的音樂傳統，到底是一脈相承的。

耶穌和眾門徒逾越節吃最後的晚餐，也是以唱詩結束的。《馬太福音》寫耶穌讓門徒們吃過餅，喝過葡萄酒後，「他們唱了詩，就出來往橄欖山去了」（26：30）。《馬可福音》重複了這一場景，第十四章裡，同樣記述了最後的晚餐上大家唱詩，然後去往橄欖山的情節。

從《哥林多前書》中，保羅與哥林多的信徒討論「方言」話題時的情景來看，教會崇拜中歌唱還可以分成兩類，一種是用大家聽得懂的語言歌唱，一種是用聖靈所賜予，大家聽不懂的語言歌唱，又稱「用靈歌唱」：

我若用方言禱告，是我的靈禱告，但我的悟性沒有果效。這卻怎麼樣呢？我要用靈禱告，也要用悟性禱告；我要用靈歌唱，也要用悟性歌唱。（14：14—15）

事實上，保羅還鼓勵信徒們以各式各樣的詩歌讚美上帝。《以弗所書》中他說：「當用詩章、頌詞、靈歌彼此對說，口唱心和地讚美主。」（5：19）《歌羅西書》中，他也再一次重複了這樣的說法，且將不同的歌體與不同的智慧並提：

當用各樣的智慧，把基督的道理豐豐富富地存在心裡，用詩章、頌詞、靈歌，彼此教導，互相勸誡，心被恩感，歌頌上帝。（3：16）。

雖然如此，《新約》對待音樂的態度，總體上看是少了《舊約》所具有的那一種近乎迷狂的熱情。保羅可能受會堂文化的影響較深，他似乎不太欣賞樂器，提到樂器的時候，往往都帶有貶義。如《哥林多前書》中，他這樣出人意表地旁比鑼和鈸，闡示了愛之於話語的重要性，保羅說：

我若能說萬人的方言，並天使的話語，卻沒有愛，我就成了鳴的鑼、響的鈸一般。（13：1）

這不啻是說，鳴鑼敲鈸只是吵鬧響亮，卻是沒有意義。同理，前面保羅把簫和琴稱作「有聲無氣的物」，說到底是把它們看作沒有生命的樂器。這同《舊約》顯示的音樂崇拜的熱誠比較起來，已經是恍如隔世了。

Let the word of Christ dwell in you richly in all wisdom, teaching and admonishing one another in psalms and hymns and spiritual songs, singing with grace in your hearts to the Lord.

(Colossians 3:16)

參考書目

《聖經》（簡釋本），中國基督教兩會，2003 年。

奧里金：《論首要原理》，香港：道風書社，2000 年。

約翰・鮑克著，劉良淑、蘇茜譯：《聖經的世界》，台北：貓頭鷹出版社，2000 年。

柏拉圖：《理想國》，北京：商務印書館，1995 年。

陳惠榮編：《天道大眾聖經百科全書》，香港：天道書樓，1982 年。

陳惠榮編：《證主聖經百科全書》，香港：福音證主協會，1995 年。

陳銘道：《民族音樂學地解讀〈聖經〉》，《中國音樂學》1997 年第 3 期，頁 97。

約翰・德雷恩：《舊約概論》，北京：北京大學出版社，2004 年。

約翰・德雷恩：《新約概論》，北京：北京大學出版社，2005 年。

戈登・菲、道格拉斯・斯圖爾特：《聖經導讀》，北京：北京大學出版社，2005 年。

康德著，李秋零編譯：《康德論上帝與宗教》，北京：中國人民大學出版社，2004 年。

梁工編：《聖經時代的猶太社會與民俗》，北京：宗教文化出版社，2002 年。

羅蘭德富著，楊世雄譯：《古經之風俗及典章制度》，台中：光啟出版社，1980 年。

黑格爾著，朱光潛譯：《美學》，北京：商務印書館，1979 年。

韋捷著，周鳳芝譯：《聖地風俗習慣》，香港：天道書樓，1993 年。

吳羅瑜編：《聖經新辭典》，香港：天道書樓，1996 年。

禤浩榮：《聖經中的希伯來人》，香港：天道書樓，1999 年，頁 345—371。

姚正道：《聖經中的猶太習俗》，台南：人光出版社，1988 年。

朱維之主編：《希伯來文化》，杭州：浙江人民出版社，1988 年。

卓新平：《聖經欣賞》，北京：中國社會科學出版社，1992 年。

The NIV Study Bible, Zondervan Publishing House, 1995.

Adam, A.K.M. ed.,*Postmodern Interpretations of the Bible: A Reader*, Missouri: Chalice Press, 2001.

Alter, Robert and Kermode, Frank ed., *The Literary Guide to the Bible*, Cambridge: Harvard University Press, 1987.

Anderson, Bernhard W., *Understanding The Old Testament*, New Jersey: Pertice-Hall, Inc., 1975.

Arnold, Mathew, *Culture and Anarchy and Other Writings*, ed. by Stefan Collin, Cambridge: Cambridge University Press, 1993.

Athanasius, "Letter to Marcellinus", Jelena O. Krstovic ed., *Classical and Medieval Literature Criticism*, Vol. 4, New York: Thomson Gale, 1993.

Boethius, M., *The Consolation of Philosophy*, English tr. V.E. Watts, Penguin, 1969.

Braun, Joachim, *Music in Ancient Israel/Palestine*, Cambridge: W. B. Eerdmans Publishing Co., 2002.

Coward, Harold ed., *Life After Death in World Religions*, New York: Orbis Books, 1997.

Derrida, J., *Acts of Religion*, ed. Gil Anidjar, New York: Routledge, 2002.

Drane, John, *Introducing the Old Testament*, Oxford: Lion Publishing PLC, 2000.

Hornbostel, Eric M. and Sachs, Curt,"Systematik der Musikinstrumente: Ein Versuch", *Zeitschrift der Ethnologie*, 46: P.553-90.

Krstoric, Jelena O., *Classical and Medieval Literature Criticism*, Vol.4, New York: Thomas Gale, 1993.

Kugel, James L., *The Bible As It Was*, Harvard University Press, 1997.

Miller, John W., *The Origins of The Bible*, New York: Paulist Press, 1994.

Matthews, Victor H., "Music in the Bible",*The Anchor Bible Dictionary*, Dvaid Noel Freedman ed., Vol.4,New York and London: Doubleday,1992, p.930-934.

Philo Judaeus,*Philo*, Leob Classical Books, Cambridge: Harvard University Press, 1966.

Sachs, Curt, *The History of Musical Instruments*, New York, 1940, p.122.

Stackhouse, Jr., John, *Can God Be Trusted? — Faith and the Challenge of Evil*, New York: Oxford University Press, 1998.

Stalker, D. G., *Old Testament Theology*, Gerhard von Rad, trans., Edinburgh and London: Oliver and Boyd, 1967.

後記

　　醞釀寫一本有關《聖經》的書，認真記數起來，差不多已經有十年了。最初的計劃是應邱紫華教授之邀，寫《聖經》的美學，陸陸續續發表了一些文字。2004 年且承香港道風山漢語基督教文化研究所邀請，在風景秀麗的道風山上，研習過數月神聖文化。後來考慮到美學的學院氣太重，一般讀者未必有好耐心堅持下來，乾脆就從文化的視域展開，不但有思想和藝術的高頭講章，同樣也談《聖經》裡的日常生活和制度層面，以及雲譎波詭的命數變幻。2006 年在襄樊召開的神學美學研討會上，我有幸結識在新加坡三一神學院任教《舊約》的潘朝偉博士，他對《聖經》的深入和熱誠，令這本書別開生面。我們共同商定框架，合作撰寫了此書。兩人的分工如下：

　　陸揚撰寫導言，第一章，第二章第一、二節，第三章，第四章第一節，第五、六、七、八章，第十章第五節，第十三、十四、十五、十六章。潘朝偉撰寫第二章第三節，第四章第二、三、四節，第九章，第十章第一、二、三、四、六、七節，第十一、十二、十七章。最後由陸揚統稿。本書中《聖經》的引文，除了極個別根據語境的需要係作者譯出，餘皆引自「官話和合本」。

陸揚